W0085407

Freiheit und Verantwortung

Eberhard Winkler

Freiheit
und Verantwortung

Warum Luther aktuell ist

 EVANGELISCHE VERLAGSANSTALT
Leipzig

Eberhard Winkler, Dr. theol., Jahrgang 1933, studierte nach einer Tisch-
lerlehre und zweijähriger Arbeit als Geselle in Leipzig und Rostock
Theologie. Er ist Professor em. für Praktische Theologie an der Mar-
tin-Luther-Universität Halle. Daneben war er im Ehrenamt acht Jahre
Pfarrer in Halle-Büschdorf und 18 Jahre in Gutenberg bei Halle sowie
fünf Jahre Präsident des Gustav-Adolf-Werkes (Ost).

Bibliographische Information der Deutschen Nationalbibliothek
Die Deutsche Nationalbibliothek verzeichnet diese Publikation
in der Deutschen Nationalbibliographie; detaillierte bibliographische
Daten sind im Internet über http://dnb.dnb.de abrufbar.

© 2013 by Evangelische Verlagsanstalt GmbH · Leipzig
Printed in Germany · H 7574

Das Buch wurde auf alterungsbeständigem Papier gedruckt.

Cover: FRUEHBEETGRAFIK / Thomas Puschmann · Leipzig
Umschlagfoto: © Christoph Busse
Layout und Satz: Steffi Glauche, Leipzig
Druck und Binden: CPI – Clausen & Bosse · Leck

ISBN 978-3-374-03125-2
www.eva-leipzig.de

Vorwort

Wer Orientierung für den Weg in die Zukunft sucht, braucht Klarheit über die eigene Herkunft. Die Evangelische Kirche in Deutschland bereitet deshalb das Reformationsjubiläum 2017 mit einer sogenannten Luther-Dekade vor, während der in jedem der zehn Jahre jeweils ein Thema bedacht werden soll, das die Aktualität Luthers aufzeigt. Die vorliegende Schrift erscheint 2013 im Themenjahr »Luther und die Toleranz«. Dieses heute aktuelle Thema lässt sich nicht direkt aus Luthers Werk herleiten, denn Toleranz, wie sie sich seit der Aufklärung mühsam in Europa und Nordamerika ausgebreitet hat, kannte Luther nicht. Er litt unter der brutalen Intoleranz seiner Gegner, und die Situation des Kampfes erklärt manche Schärfe seiner Urteile über Andersdenkende, die uns befremdet.

Heute wird Toleranz oft als Beliebigkeit oder Gleichgültigkeit missverstanden. Echte Toleranz erträgt das Anderssein der Anderen und sucht das Gemeinsame. Solche Toleranz setzt eine klare eigene Position voraus, ohne die auch ökumenische und interreligiöse Verständigung nicht möglich ist. Ebenso wesentlich ist die Besinnung auf die eigene Identität bei der Frage nach notwendigen Reformen. Luthers erstaunliche Aktualität beruht vor allem darauf, dass er einer der größten Ausleger der Heiligen

Schrift war. Er hat Gottes Wort als Mensch seiner Zeit verstanden und verkündigt, doch es erweist sich in jeder Zeit als aktuell.

Luthers Schriften faszinieren mich seit meiner Jugend. Im Folgenden kommt er häufig selber zu Wort, wobei ich mich möglichst eng an den Originaltext gehalten habe. Um die Belege überprüfbar zu machen, habe ich die Quellen nachgewiesen. Vorrangig wurden die in der Evangelischen Verlagsanstalt erschienenen Studienausgaben und die Ausgabe von Clemen benutzt, die zu den ersten von mir als Student erworbenen Büchern gehört. Im Abkürzungsverzeichnis werden die Quellenangaben aufgeschlüsselt. Was ich der Lutherforschung verdanke, konnte ich der Kürze wegen nicht im Einzelnen nachweisen.

Inhalt

Kapitel 1

Von der Freiheit vieler Christenmenschen

Die Reformation war eine Freiheitsbewegung. »Strick ist entzwei und wir sind frei«, dichtete Luther 1524 (EG 297,4). Eine seiner wichtigsten Schriften aus dem Jahr 1520 trägt den Titel »Von der Freiheit eines Christenmenschen«. Am Anfang erklärt Luther, es gehe darum, »dass wir gründlich mögen erkennen, was ein Christenmensch sei und wie es stehe um die Freiheit, die ihm Christus erworben und gegeben hat«. Er spricht vom Christenmenschen als Individuum, denn die einzelne Person hat es jeweils mit Gott zu tun. Besonders gilt das in der extremen Situation des Sterbens. Als Luther 1522 gegen den Willen des Kurfürsten von der Wartburg nach Wittenberg zurückkehrte, um Ordnung zu schaffen, nachdem während seiner Abwesenheit Unruhen entstanden waren, begann er die sogenannten Invokavitpredigten mit den Sätzen: »Wir sind allesamt zu dem Tod gefordert und wird keiner für den andern sterben, sondern ein jeglicher in eigener Person für sich mit dem Tod kämpfen. In die Ohren könnten wir wohl schreien. Aber ein jeglicher muss für sich selber geschickt sein in der Zeit des Todes« (StA 2,530,3–6). Jede und jeder muss deshalb die Hauptstücke des Glaubens kennen und sich persönlich aneignen.

»Gründlich erkennen« heißt: das Grundlegende erkennen. Das rechte Verständnis der Freiheit ist von fundamentaler Bedeutung für das Leben eines jeden Christenmenschen und für die christliche Gemeinschaft. Luther formuliert es in einer Doppelthese:

> »Ein Christenmensch ist ein freier Herr über alle Dinge
> und niemand untertan.
> Ein Christenmensch ist ein dienstbarer Knecht aller Dinge
> und jedermann untertan«
> (StA 2,265,6–9).

Frei zur Liebe

Frei ist der Christenmensch in seiner innerlichen, geistlichen Natur, nämlich im Glauben. »Glaubst du, so hast du, glaubst du nicht, so hast du nicht« (273,2). Das gilt in jeder Hinsicht, auch in Bezug auf die Freiheit. Wie jede Gabe kann der Mensch die Freiheit nur von Gott empfangen, und er erhält sie durch den Glauben. Glauben bedeutet nicht nur, Gottes Wort für wahr zu halten oder kirchliche Lehren zu akzeptieren, sondern heißt, sich Gott anzuvertrauen. Luther folgt der Mystik, indem er von der Vereinigung der Seele mit Gott spricht: »Wer ihm mit einem rechten Glauben anhängt, dessen Seele wird mit ihm vereinigt« (273,12f.). Es vollzieht sich ein »fröhlicher Wechsel«: Christus nimmt die arme Seele zur Braut, befreit sie von ihren Sünden und beschenkt sie mit seiner ewigen Gerechtigkeit.

Alle, die an ihn glauben, macht Christus zu Königen und Priestern. Als Könige sind sie in der Weise Herren über alle Dinge, dass ihnen nichts schaden kann zur Seligkeit. Als Priester können sie für andere vor Gott eintreten. Die innere Freiheit wird nach außen hin wirksam. Entscheidend ist für Luther der Vorrang des innerlichen, geistlichen Lebens vor den »Werken«, den Anstrengungen des Menschen. Auch darin übernimmt er ein Motiv der Mystik. »Gute fromme Werke machen nimmermehr einen guten frommen Mann, sondern ein guter frommer Mann macht gute fromme Werke« (289,26–28). »Mein guten Werk, die galten nicht«, heißt es in Luthers Lied »Nun freut euch, lieben Christen g'mein« (EG 341,3). So fröhlich dieses Lied beginnt, so tiefen Einblick gibt es in das schmerzhafte innere Ringen Luthers um Freiheit für das bedrängte Gewissen:

> »… die Angst mich zu verzweifeln trieb,
> dass nichts denn Sterben bei mir blieb ,
> zur Höllen musst ich sinken«.

Luthers Erfahrung, dass nur der Glaube an Christus aus dieser seelischen Not befreit, ließ ihn unermüdlich, ja geradezu penetrant betonen, »dass allein der Glaube ohne alle Werke fromm, frei und selig macht« (271,17 f.). Diesen befreienden Glauben verstand er allerdings als eine höchst wirksame Kraft, die dazu motiviert, Gottes Willen gemäß zu handeln und ihm in den Mitmenschen zu dienen. Das diakonische Tun wird so von eigennützigen Motiven befreit. Wer an Christus glaubt, erlangt darin das Heil und muss sich nicht mit dem Gedanken quälen, ob er in ausreichender Weise Gottes Gebote erfüllt hat. Er wird durch den Glauben quasi automatisch dazu bewegt, nicht mehr seinen eigenen Interessen zu dienen, sondern seine Gaben und Kräfte dankbar in den Dienst der Mitmenschen zu stellen. »Siehe, also müssen Gottes Güter fließen aus einem in den andern und gemeinsam werden, dass ein jeglicher sich seines Nächsten so annehme, als wäre er's selbst. Aus Christus fließen sie in uns, der sich unser hat angenommen in seinem Leben, als wäre er das gewesen, das wir sind. Aus uns sollen sie fließen in die, so ihrer bedürfen … Aus dem allen folgt der Schluss, dass ein Christenmensch lebt nicht in sich selbst, sondern in Christo und seinem Nächsten; in Christo durch den Glauben, im Nächsten durch die Liebe« (305).

Diesen notwendigen Zusammenhang von Glauben und Liebe dürften alle Christenmenschen bejahen. Auch die Begründung der »Freiheit eines Christenmenschen« im Glauben an Christus ist kaum noch zwischen den Konfessionen strittig. Vom Vatikan und dem Lutherischen Weltbund konnte 1999 eine Gemeinsame Erklärung über die Rechtfertigungslehre unterzeichnet werden, die der Papst zwar nicht offiziell annahm, die aber doch eine weitgehende Übereinstimmung zwischen der römisch-katholischen und der evangelischen Kirche auf einem für die Reformation grundlegenden Lehrgebiet feststellt. Hier zeigt sich, dass die Reformation nicht nur gegen den Willen der Reformatoren zu einer Kirchenspaltung führte, sondern auch, dass die getrennten Kirchen sich weiter entwickelten und voneinander gelernt haben.

Auch Luther erlebte Veränderungen und Entwicklungen, auf die er sich einstellen musste. Es enttäuschte ihn, dass viele Menschen die »Freiheit eines Christenmenschen« negativ in Anspruch nahmen. Sie genossen die Befreiung von klerikalen Zwängen, sie waren froh, wenn sie Geld sparten, das sie im Papsttum für Stiftungen, Totenmessen und dergleichen bezahlt hatten, aber sie waren nicht bereit, nun freiwillig Gutes zu tun. Bitter bemerkte Luther, dass viele Leute nicht, wie er hoffte, gern und dankbar die freie Verkündigung des Evangeliums hörten und sich zur Kommunion einfanden, sondern Desinteresse bekundeten. Er schloss wohl zu sehr von sich auf andere. Luther war ein diakonischer Mensch, der anderen half, wo er konnte. Für ihn galt der notwendige Zusammenhang von Glauben und Liebe, und für ihn war es auch selbstverständlich, dass der Reichtum des Wortes Gottes und die Gaben der Sakramente so oft wie möglich dankbar zu empfangen sind. Bei den Kirchenvisitationen in Kursachsen 1527/28 musste er beobachten, dass das für viele Gemeindeglieder keineswegs zutraf. Weithin fehlten die grundlegenden Kenntnisse vom christlichen Glauben, so dass Luther sich entschloss, das Wichtigste im Kleinen Katechismus zusammenzufassen, der 1529 erschien. Obwohl Luther in Glaubensdingen keinen Zwang angewandt sehen wollte, verlangte er doch, dass alle den Katechismus lernen sollen. Wer sich beharrlich weigerte, der musste notfalls doch gezwungen oder des Landes verwiesen werden, denn »wer in einer Stadt wohnen will, der soll das Stadtrecht wissen«, sagt er in der Vorrede zum Kleinen Katechismus.

Innere und äußere Freiheit

»Die Freiheit eines Christenmenschen« stellte für Luther keine abstrakte Theorie dar, sondern eine persönliche Erfahrung. Sie stimmte mit den Ansprüchen und Erfahrungen vieler Christenmenschen überein, kollidierte aber mit anderen. Schon während seines Aufenthalts auf der Wartburg 1521/22 erlebte Luther, dass Anhänger der Reformation die evangelische Freiheit falsch auslegten und praktizierten. Sie nahmen sich die Freiheit, buchstäblich zu zerschlagen, was ihrer Meinung nach nicht biblisch begründet war. So zerstörten sie Bilder und andere Kunstschätze, während Luther alles Gewaltsame in Glaubensfragen verwarf und dafür eintrat, Überliefertes zu bewahren, soweit es theologisch zu rechtfertigen ist. Luther erwies sich somit als fortschrittlich und »liberal«, indem er eine fundamentale Freiheit durch den Glauben verkündete, und gleichzeitig als konservativ, da er diese Freiheit in der Bindung an Gott und sein Wort begründet sah und bewahren wollte, was sich daraus ergibt.

Innere und äußere Freiheit sind theoretisch zu unterscheiden, hängen aber im praktischen Leben zusammen. Im Bauernkrieg (1525–26) zeigte sich, wie schwierig es in der politischen Praxis sein kann, diese beiden Seiten einer Sache ins richtige Verhältnis zu bringen. Die Bauern hatten schon vor Luther und unabhängig von ihm um mehr Freiheit und Gerechtigkeit gekämpft. Durch Luthers Lehre sahen sie sich bestätigt, und Thomas Müntzer unterstützte sie darin, sich für ihren bewaffneten Kampf auf die Bibel und auf Luther zu berufen. Luther sah die sozialen Pro-

bleme nüchtern und hatte sich schon 1520 gegen Ungerechtigkeit in der Wirtschaft gewandt, die er auf friedlichem Weg mit Hilfe der Obrigkeit überwinden wollte.
Als die Bewegung der Bauern sich im Frühjahr 1525 aus-
breitete, verfasste er zunächst eine »Ermahnung zum Frieden«, in der er die Herrschenden scharf kritisierte und zu
Verhandlungen aufforderte. Ebenso deutlich warnte er
die Bauern davor, Unrecht durch neues Unrecht zu beantworten und das Evangelium gewaltsam durchzusetzen.
Als dennoch Bauern Gewalt anwandten, mordeten, Klöster
und Kirchen niederbrannten, reagierte Luther äußerst
heftig. In der Schrift »Wider die räuberischen und mörderischen Rotten der Bauern« bemühte er sich nicht mehr
um Ausgewogenheit und wurde selber verbal gewaltsam.
Seine aggressiven Worte zeigen, dass er von den Bauern
schwer enttäuscht war und auf friedlichem Wege keine
Lösung des Konfliktes mehr für möglich hielt. Die Schärfe,
mit der er die Aufständischen verurteilte, hängt damit zusammen, dass er Thomas Müntzer nicht nur für seinen
persönlichen Feind, sondern für ein Werkzeug des Teufels
hielt.

Luthers Wortwahl in dieser Schrift ist nicht zu ent-
schuldigen, aber daraus ist nicht abzuleiten, der Reformator sei ein Fürstenknecht gewesen und habe die Bauern
an die Herrschenden verraten. Ihm ging es nicht um politische Vor- oder Nachteile, sondern um das Evangelium,
das nicht mit Politik vermischt werden darf. Die durch
das Evangelium geschenkte innere Freiheit des Gewissens
ist nicht mit äußerer, politischer oder bürgerlicher Freiheit
zu verwechseln. Letzteres tat Müntzer und trug damit zu

dem schrecklichen Blutvergießen bei. Historisch gesehen lud Müntzer durch seine Beteiligung an dem dilettantischen Feldzug der Bauern Mitschuld an dem Massaker von Bad Frankenhausen auf sich.

Am Beispiel des Bauernkrieges zeigt sich, dass das Verhältnis von innerer und äußerer Freiheit jeweils im konkreten Fall geklärt werden muss. Müntzer hatte richtig gesehen, dass innere Freiheit sich im äußeren Leben zu bewähren hat. Innere und äußere Freiheit lassen sich nicht trennen, und die innere Freiheit dient nicht dazu, äußere Unterdrückung zu rechtfertigen. Die Freiheit vieler Christenmenschen enthält die Kraft, unterdrückte Menschen zu befreien. Luther ging es um den Vorrang der inneren Freiheit, die Menschen so verändert, dass das äußere Leben ohne Gewalt durch den Gehorsam gegen Gottes Gebote in gerechter Weise geordnet wird. Die äußere Ordnung war für ihn durch die Ständegesellschaft seiner Zeit vorgegeben. In diesem Rahmen war der individuelle Spielraum unvergleichlich geringer als heute in unserem Land.

Weltweit gesehen ist auch heute Freiheit extrem unterschiedlich verteilt. In afrikanischen Dörfern genießen die Menschen nicht annähernd so viel Wahl- und Entfaltungsmöglichkeiten wie der Durchschnittsbürger bei uns, weil die Interessen der meisten Menschen in Afrika wie in Lateinamerika und Asien weitgehend darauf gerichtet sind, ihre elementaren Lebensbedürfnisse zu befriedigen, wie das für die Mehrheit der Bevölkerung in Luthers Zeit auch hierzulande galt. Heute stehen die Menschen in unserem Land vor einer Überzahl von Entscheidungen. Die Wahl des Berufes, des Partners oder der Partnerin, des

Wohnsitzes und auch der Konfession sind heute viel offener als im 16. Jahrhundert. Viele Wahlmöglichkeiten heutiger Menschen gab es damals noch gar nicht: Wollen wir ein Auto kaufen? Wohin möchten wir in Urlaub fahren? Welchen Fernsehsender schalten wir an, welche Möglichkeit im Internet nutzen wir? Solche und andere Entscheidungsmöglichkeiten ergeben sich aus dem gewachsenen Wohlstand, der freilich sehr ungleich verteilt ist.

Der vervielfältigten Freiheit stehen Zwänge gegenüber, die die Spielräume einengen. Wer von Arbeitslosengeld II lebt, für den entfallen viele Wahlmöglichkeiten. Die von der Verfassung gewährte Freiheit zur Wahl des Wohnsitzes kann hinfällig werden, wenn jemand nur 300 km entfernt Arbeit findet. Freiheit ist immer relativ und hat ihren Preis. »Freie Fahrt für freie Bürger« heißt eine typische Losung, die den Preis der freien Fahrt nicht wahrhaben will. Luther musste seine zahlreichen Reisen (es waren überwiegend Dienstreisen) in unbequemen Pferdewagen auf meist miserablen Straßen zurücklegen. Wir haben die Wahl zwischen verschiedenen bequemen Reisemöglichkeiten, aber die freie Mobilität wird zum ethischen Problem, weil sich die Kosten dafür in den Umweltschäden nicht nur gegen die Verursacher, sondern auch gegen Unbeteiligte richten.

An diesem Beispiel zeigt sich die Bedeutung der *inneren* Freiheit, die sich dialektisch mit der äußeren Unterordnung verbindet. Wer innerlich frei ist von dem Bedürfnis, seinen Wert vom Kaufpreis seines Wagens abzuleiten und seine Überlegenheit durch das Überholen auf der Autobahn zu beweisen, der wird äußerlich dazu frei, sich vernünftig zu verhalten. Damit ordnet er oder sie sich dem Allgemeinwohl unter, wird zum »Knecht aller Dinge«, wie Luther es in der zitierten Eingangsthese formuliert. Wer dieses Beispiel für zu banal hält, möge bedenken, dass die meisten Entscheidungen im täglichen Leben bescheidener Art sind und geringe Auswirkungen haben. In ihrer Summe erhalten sie jedoch Gewicht. Würden alle, denen es möglich ist, fair gehandelte Produkte zu kaufen, davon Gebrauch machen, könnte die Ungerechtigkeit im Welthandel verringert werden.

Freiheit und Gerechtigkeit

Im Konzept der sozialen Marktwirtschaft wird ökonomisch deutlich, dass die Freiheit der Wirtschaft mit dem Gebot sozialer Gerechtigkeit ausgeglichen werden muss. Viele Ökonomen erkennen deshalb an, dass eine Wirtschaftsethik notwendig ist. Unter den Bedingungen seiner Zeit wusste das auch Luther, der schon 1520 einen Sermon gegen den Wucher schrieb und auch später wiederholt zu Wirtschaftsfragen Stellung nahm. Er empörte sich darüber, dass der Handel mit Geld mehr Gewinn bringt als produktive Arbeit, und er verlangte maßvolle Zinsen bei Kreditvergaben. Die Gefahr des Missbrauchs von Freiheit war ihm sehr bewusst. Wie Freiheit positiv zu gestalten und ihrem Missbrauch zu wehren ist, wird uns in den folgenden Überlegungen immer wieder beschäftigen.

Für Luther ging es vor allem darum, das Evangelium frei verkündigen und danach leben zu können. Religionsfreiheit im modernen Sinn kannte er noch nicht, wie sein Verhalten gegenüber den »Schwärmern«, insbesondere den Täufern, zeigt. Im 16. Jahrhundert ist religiöse Toleranz noch nicht verbreitet, sie gewinnt mühsam mit der Aufklärung im 18. Jahrhundert Raum und hat sich im 21. Jahrhundert immer noch nicht weltweit durchgesetzt. Zu bedenken ist auch, dass Luther selbst zwar unter dem Schutz der sächsischen Kurfürsten stand, aber der Reichsacht unterlag. Wie gefährdet er war, zeigt sich daran, dass Kaiser Karl V., sein mächtigster Gegner, wenige Monate nach Luthers Tod Wittenberg besetzte.

Heute gewährleistet die Verfassung der Bundesrepublik positive und negative Religionsfreiheit. Art. 4 (1) GG sagt: »Die Freiheit des Glaubens, des Gewissens und die Freiheit des religiösen und weltanschaulichen Bekenntnisses sind unverletzlich«. Im Unterschied zur DDR steht dieses Grundrecht nicht nur auf dem Papier, sondern es ist bei unabhängigen Gerichten einklagbar. Einen Beweis für die konkrete Gültigkeit dieses Grundrechts liefert Abs. 3 desselben Artikels, indem er festlegt: »Niemand darf gegen sein Gewissen zum Kriegsdienst mit der Waffe gezwungen werden«. Die negative Religionsfreiheit ist im Art. 140 konkretisiert, der den Art. 136 der Weimarer Verfassung von 1919 übernimmt. Dort bestimmt Abs. 4: »Niemand darf zu einer kirchlichen Handlung oder Feierlichkeit oder zur Teilnahme an religiösen Übungen oder zur Benutzung einer religiösen Eidesform gezwungen werden«. Art. 140 GG stellt ferner in Verbindung mit Art. 137 (1) der Weimarer Verfassung klar: »Es besteht keine Staatskirche«. Der Staat lässt den Kirchen wie allen religiösen und weltanschaulichen Bekenntnissen im Rahmen des für alle geltenden Rechts volle Freiheit und regelt die gegenseitigen Beziehungen einvernehmlich im Staatskirchenrecht. Von kirchenfeindlicher Seite wird das oft als unzulässige Privilegierung der Kirchen hingestellt und eine konsequente Trennung von Staat und Kirche gefordert. Man weist zum Beispiel auf die Einziehung der Kirchensteuern durch die Finanzämter hin, verschweigt aber, dass dieses Verfahren beiden Seiten nützt, weil die Dienstleistung der Finanzämter dem Staat vergütet wird. Die DDR-Regierung hat dieses Verfahren 1956 abgeschafft, um den Kirchen zu schaden, und sie war damit, wie bei anderen kirchenfeindlichen Maßnahmen, erfolgreich. Es handelt sich also keineswegs um ein Privileg, sondern um ein sinnvolles Verfahren, die positive Religionsfreiheit ökonomisch zu sichern. Damit ist das Thema der Kirchenfinanzen nicht ausreichend bedacht, aber ein wichtiger Aspekt konkreter Freiheit in den Blick genommen: Freiheit ist nicht nur auf der geistigen und rechtlichen Ebene zu begründen, sondern auch faktisch zu ermöglichen, und dazu gehören die nötigen Mittel.

Die Reformatoren konnten die einzelnen Menschen von manchem Druck entlasten, und viele nahmen die Befreiung von der Pflicht, Seelenmessen oder Ablassbriefe zu bezahlen, gern in Anspruch. Ebenso griffen die Feudalherren und die Ratsherren der Städte freudig zu, wenn sie durch die Reformation in den Besitz von Klöstern, Stiften und Ländereien gelangen konnten. Ihre Bereitschaft, dafür die Finanzierung des kirchlichen Lebens zu übernehmen, ließ dagegen oft sehr zu wünschen übrig.

So entstand eine neue Abhängigkeit der Kirche. Die gegenwärtig in Deutschland gültigen Regelungen des Staatskirchenrechts bieten den Kirchen ein Höchstmaß an Unabhängigkeit, wie es weltweit nur wenige Kirchen genießen. Allerdings zahlen die katholische und evangelische Kirche dafür den hohen Preis, dass die meisten Gemeindeglieder weder ausreichend über die finanzielle Lage ihrer Gemeinde und Kirche informiert sind noch sich dafür mitverantwortlich fühlen. Davon wird noch zu reden sein.

Das hohe Maß an Freiheit, das wir in Deutschland genießen, verpflichtet zur Solidarität mit den Milliarden Menschen, denen das Grundrecht auf Freiheit versagt wird. Vorrangig gilt das im Blick auf die Geschwister im Glauben, die keine Glaubens- und Gewissensfreiheit genießen. Die Zahl der verfolgten, unterdrückten und ermordeten Glaubensgeschwister ist seit einigen Jahren in erschreckendem Maß gestiegen. Das gilt in unterschiedlicher Weise für die noch kommunistisch regierten und für einige mehrheitlich islamische Länder. Regierungen und Bevölkerung demokratischer Länder dürfen es nicht hinnehmen, wenn Christinnen und Christen diskriminiert oder gar blutig verfolgt werden. Sie sind verpflichtet, alle verfügbaren gewaltfreien Mittel auf politischer und karitativer Ebene einzusetzen, um Unterdrückten zum Leben in Freiheit und Menschenwürde zu helfen.

»Lasst uns Gutes tun an jedermann, allermeist aber an des Glaubens Genossen« (Gal 6,10). Dieses Wort ist Leitspruch des Gustav-Adolf-Werkes der evangelischen Kirche, das evangelische Gemeinden in der Diaspora unterstützt. Gustav II. Adolf von Schweden war im Dreißigjährigen Krieg den bedrängten deutschen Protestanten zur Hilfe geeilt und 1632 bei Lützen gefallen. Im Zusammenhang mit seinem 200. Todestag 1832 entstand die Idee, evangelischen Gemeinden zu helfen, die als Minderheit im katholischen Umfeld leben und denen die materielle Basis fehlt, ihren Glauben in Freiheit zu praktizieren. Nicht antikatholisch und schon gar nicht gewaltsam wie einst bei Gustav-Adolf geschieht dieser Diasporadienst, sondern als Ausdruck der Verbundenheit, die zum Austausch der Gaben und Ausgleich der Lasten motiviert. Manche kirchlichen Hilfswerke wie »Brot für die Welt« oder die Christoffel-Blindenmission helfen in der ganzen Welt, ohne nach dem Glauben der Hilfsbedürftigen zu fragen. Sie folgen der Aufforderung, Gutes zu tun an *jedermann*, wobei freilich weder jedem Mann noch jeder Frau oder jedem Kind wirklich geholfen werden kann, sondern nur einem kleinen Teil. Das Gustav-Adolf-Werk ist dem zweiten Satzteil verpflichtet: »… allermeist aber des Glaubens Genossen«. Zum Beispiel unterstützt das Werk ebenso wie der Martin-Luther-Bund die kleinen evangelischen Gemeinden im riesigen Gebiet der ehemaligen Sowjetunion. In 70 Jahren brutaler Unterdrückung hatten die Kommunisten die einst blühende evangelisch-lutherische Kirche ausgelöscht, doch in den 80er Jahren des 20. Jahrhunderts entstand sie aus bescheidensten Resten und Neuanfängen wie Phönix aus der Asche. Es fehlten die äußeren Mittel, vom Kirchenraum bis zur Bibel und dem Gesangbuch, ganz zu schweigen von theologisch ausgebildeten Männern und Frauen. Auf abenteuerliche Weise wurden Bibeln und andere kirchliche Literatur in die Sowjetunion geschmuggelt. Mit der Perestroika unter Gorbatschow erhielten die Gemeindeglieder Freiheit, ihren Glauben auszuüben, aber die Mangelsituation verschärfte sich, weil die neuen Möglichkeiten erhöhte finanzielle Mittel erforderten. Wenn der Staat der Kirche Gebäude zurückgab, befanden diese sich durchweg in einem miserablen Zustand und mussten mit hohen Kosten saniert werden, die die kleinen und armen Gemeinden unmöglich aufbringen konnten. Der größte Teil des nötigen Geldes floss aus deutschen und skandinavischen Kirchen und ihren Diasporawerken sowie aus Kirchgemeinden und privaten Initiativen in die ELKRAS, die Evangelisch-Lutherische Kirche in Russland und anderen Staaten, und solche solidarischen Hilfen sind weiterhin notwendig.

Wer die Freiheit des Glaubens genießt, schuldet denen Unterstützung, denen diese Freiheit versagt bleibt, sei es durch politisch oder religiös motivierte Verfolgung oder durch den Mangel an äußeren Mitteln, die ein Leben in Freiheit tatsächlich ermöglichen. Eine aus dem Iran stammende Frau, die zum christlichen Glauben konvertiert war und sich von ihrem im Iran lebenden Mann hatte scheiden lassen, stellte in Niedersachsen den Antrag auf Asyl, da sie fürchtete, im Iran gesteinigt zu werden. Der

Antrag wurde abgelehnt, und zwei Gerichte bestätigten die Ablehnung mit der Begründung, das Leben der Frau sei im Iran nicht gefährdet. Der Innenminister von Niedersachsen (CDU) erklärte, er sei an die Gerichtsurteile gebunden, ihm fehle jeder Ermessensspielraum. Als die Frau zur Abschiebung in den Iran auf den Flughafen gebracht wurde, brach sie zusammen. Jetzt ergab sich die Möglichkeit, den Asylantrag aus Gesundheitsgründen zu genehmigen, und die Frau wurde gerettet. In einer Fernsehdebatte betonte der CDU-Minister mit Recht, es sei gefährlich für einen Rechtsstaat, wenn Menschen sich über Gerichtsurteile meinen hinwegsetzen zu dürfen.

Es muss aber erlaubt sein, Gerichtsurteile zu kritisieren. Wie die beiden Gerichte ihre Urteile begründeten, darf hinterfragt werden. Es fiel auf, dass der CDU-Minister sich mit keinem Wort zum Grundrecht der Religionsfreiheit äußerte und als Christ kein Zeichen der Solidarität mit einer Frau gab, die wegen ihrer Bekehrung zum Christentum in Lebensgefahr geraten war.

Martin Luther, der auf Wunsch seines Vaters mit dem Jurastudium begonnen hatte, hielt nichts davon, alles gesetzlich regeln zu wollen: »Je weniger Gesetz, je besser Recht«, erklärte er (WA 6,353,6). Wer die Willkür der Herrschenden in einer Diktatur oder gar in deren zwei erlebt hat, weiß den Schutz zu schätzen, den unabhängige Gerichte gewähren. Die Freiheit der Christenmenschen erhebt sie nicht über die Autorität der Gerichte. Nach Luther muss der Christ notfalls Unrecht leiden, wenn er nicht das erhoffte Recht erhält. Die innere Freiheit bewährt sich dann im Leiden, nicht im gewaltsamen Widerstand wie bei den Bauern. Fraglich wird diese Weisung, wenn man unter Berufung darauf Menschen ihrer Not überlässt. In Deutschland ist das Rechtssystem so geordnet, dass möglichst alle Menschen ihr Recht erhalten und kein rechtsfreier Raum bleibt. Dieses Ideal lässt sich nie vollkommen verwirklichen. Trotz ständiger Klagen über Bürokratie breitet diese sich immer mehr aus und engt die Freiheit auf vielen Gebieten des Lebens ein. Wissenschaftler klagen in Deutschland darüber, dass ihnen die Freiheit zur Forschung verwehrt wird, die ihre Kollegen in anderen Ländern genießen. Darauf ist noch einzugehen, weil ethische Motive dafür maßgebend sind, dass in unserem Land manche Experimente und Handlungen verboten wurden, die in anderen Ländern erlaubt sind.

Freiheit im Konflikt

Viele gesetzliche Einschränkungen der Freiheit ergeben sich aus dem Verdacht auf Missbrauch. Im Frühjahr 2011 diskutierte der Deutsche Bundestag über die Präimplantationsdiagnostik (PID): Dürfen befruchtete embryonale Zellen vor der Einpflanzung in die Gebärmutter auf schwere Erbkrankheiten untersucht und bei positivem Befund selektiert werden, um entsprechend gefährdeten Eltern gesunde Kinder zu ermöglichen? Es spricht für das Verantwortungsbewusstsein der Politikerinnen und Politiker, dass sie Probleme wie dieses gewissenhaft diskutieren und quer durch die Parteien unterschiedlich beurteilen. Die Bundeskanzlerin tritt für das Verbot der PID ein, weil sie meint, es sei keine klare Grenze zu ziehen, ab wann eine Krankheit den Betroffenen nicht zumutbar ist. Der volle Schutz des menschlichen Lebens wird von der befruchteten Eizelle an gefordert. Andernfalls bestehe die Gefahr, behinderten Menschen ihr Existenzrecht abzusprechen. Es wird befürchtet, dass sich eine Mentalität entwickelt, wie sie sich in den Verbrechen der Euthanasie im Dritten Reich zuspitzte, die behindertes Leben als lebensunwert beurteilte und vernichtete. Eine andere Perversion könnte darin bestehen, dass Leute sich ein »Designerbaby« wünschen mit einem bestimmten Geschlecht, gewählter Haar- und Augenfarbe usw. Realistischer ist die Gefahr, dass behinderten Menschen ihr Lebensrecht abgesprochen wird oder dass Eltern sich für das Leben eines behinderten Kindes rechtfertigen müssen.

Es ist aber zu bedenken, dass die weitaus meisten Behinderungen erst im Laufe des Lebens durch Unfälle oder Krankheiten entstehen. Die Einstellung gegenüber behinderten Menschen hängt nicht von der PID ab, die nach Expertenschätzungen nur für 200 bis 300 Paare jährlich in Deutschland in Frage kommt. Auch die längst und viel häufiger praktizierte pränatale Diagnostik (PND) verursachte keine negativen Folgen dieser Art.

Wir haben es hier mit einem Problem zu tun, das den Reformatoren fernlag und dessen Lösung nicht direkt aus der Bibel ableitbar ist. Der katholische Kardinal Meisner aus Köln stellte die Selektion von befruchteten Eizellen auf eine Stufe mit dem Kindermord von Bethlehem und zeigte damit, wie emotionale Keulenschläge an die Stelle ernsthafter Argumente treten können. Der Kindermord von Bethlehem ist mit den scheußlichen Verbrechen der Nazis an jüdischen Kindern oder mit den Völkermorden in Kambodscha und Ruanda vergleichbar, nicht aber mit der Selektion von befruchteten Eizellen, die nur in seltenen Fällen erlaubt wird. Der Ratsvorsitzende der EKD Nikolaus Schneider sprach sich dafür aus, die PID in begrenztem Rahmen als eine Möglichkeit der Hilfe für Eltern in einer besonderen Not zu ermöglichen, aber das Plenum des Rates trat für das Verbot ein. Die konkrete Hilfe in Not sollte jedoch Vorrang vor einem abstrakten Prinzip haben. Wer die PID kompromisslos verwirft, folgt der Prämisse, dass der Mensch mit der Verschmelzung von Samen- und Eizelle existiert. Eine Abstufung zwischen dieser frühesten Stufe und dem voll entwickelten Menschen ist danach nicht möglich. So kann man argumentieren, aber dabei nimmt man auf das konkrete Menschenleben einschließlich des Lebens der Mutter keine Rücksicht. Ich sehe nicht, dass eine solche Haltung, die ein abstraktes Prinzip über das konkrete Menschenleben stellt, im Sinne Jesu und der Reformatoren ist. Evangelische Freiheit folgt aus der Freiheit, die Jesus lebte, dem die Not kranker Menschen wichtiger war als die menschliche Auslegung des Sabbatgebots. Vor allem darf die Entscheidung in so schwierigen Gewissensfragen nicht zum Maßstab für die Christlichkeit erhoben werden. Keineswegs sind diejenigen die besseren Christen, die im Konfliktsfall einen rigoroseren Standpunkt wie zum Beispiel das Verbot der PID vertreten. Die evangelische Kirche darf sich in dieser Hinsicht nicht von der katholischen Seite unter Druck setzen lassen.

Luther schrieb 1521 von der Wartburg seinem Freund Melanchthon, der unter seiner Sündhaftigkeit litt: »Sei ein Sünder und sündige tapfer *(pecca fortiter)*, aber noch tapferer glaube an Christus und freue dich in ihm, dem Sieger über Sünde, Tod und Welt« (Cl 6,56,1f.). Keinesfalls wollte Luther den gewissenhaften Freund zur Leichtfertigkeit verführen, sondern ihm helfen, sich im Glauben an Christus zu bejahen, als einen auf Vergebung angewiesenen Menschen, und dadurch Freiheit zum Handeln zu gewinnen, das der Gefahr des Schuldigwerdens ausgesetzt ist.

Frei zur Erneuerung

Im Jahre 2006 veröffentlichte der Rat der Evangelischen Kirche in Deutschland ein inzwischen rege diskutiertes »Impulspapier« unter dem Titel »Kirche der Freiheit« mit dem Untertitel »Perspektiven für die evangelische Kirche im 21. Jahrhundert«. Unter diesem Titel wurde ein Reformprozess angestoßen, der einen Paradigmen- und Mentalitätswechsel bewirken soll, damit »ein Wachsen gegen den Trend möglich« wird (7). Darin heißt es: »Die ›Freiheit eines Christenmenschen‹ erweitert die Wahrnehmung hin auf die Nächsten und die Fernsten. Sie schärft das Gewissen und inspiriert Menschen zur Wahrnehmung ihrer Verantwortung. An der diakonischen Arbeit wird exemplarisch deutlich: Christliche Freiheit ist eine Kraft zur Selbstverpflichtung, das Eigene für Andere und zum Wohl des gemeinsamen Lebens einzubringen. Die evangelischen Kirchen selbst wollen aus dieser Kraft

mehr Freiheit wagen und gestalten« (34). Das Impulspapier nennt anspruchsvolle Ziele, es ist vom Pathos des
Aufbruchs durchdrungen. Allerdings enthält es so viele
Aufforderungen und Erwartungen an die Mitarbeiter und
Mitarbeiterinnen, dass das Motiv der Freiheit verblasst
und sich die Frage stellt, ob es für unsere Kirche wirklich
an der Zeit ist, mehr Freiheit zu wagen. Vielleicht fügen
die Autoren deshalb hinzu: »… und gestalten«. In der Tat
brauchen wir nicht *mehr* Freiheit, sondern es geht darum,
sie besser zu nutzen. Das Impulspapier verlangt Leis-
tungssteigerungen und Qualitätsverbesserungen, und beides ist zweifellos höchst wünschenswert. Doch wie ist es
möglich, in Freiheit mehr zu leisten? Die Hoffnung, durch
Beratung aus der Wirtschaft und die Übernahme von Methoden des Managements effizienter zu arbeiten, erfüllte
sich bisher nicht. Trotzdem wird über Fragen der Organisation, der Leitung und Strukturen weiter nachzudenken
sein. Wenn ein Reformprozess unter der Überschrift »Kirche der Freiheit« steht, liegt es nahe, zunächst das Motiv
»Freiheit« zu bedenken. Was kann es bedeuten, mehr Freiheit zu wagen und zu gestalten? Ist das überhaupt möglich? Wie frei sind wir in unserm Wollen und Tun?

Nach der Freiheitsschrift von 1520 äußerte Luther sich
zu dieser Frage im Schicksalsjahr 1525 auf provozierende
Weise mit der Schrift *De servo arbitrio* (Vom unfreien
Willen). Der große Humanist Erasmus von Rotterdam
hatte 1524 ein »Gespräch über den freien Willen« veröffentlicht, in dem er sich von Luther distanzierte. Etliche
Reformatoren, darunter Melanchthon, schätzten Erasmus
sehr und wollten Luther zu einer maßvollen Antwort be-

wegen. Auch Luther achtete Erasmus als Gelehrten, doch die genannte Schrift ärgerte ihn, sie erschien ihm oberflächlich, er fühlte sich missverstanden. Die Frage der Willensfreiheit betraf den Kern der Theologie Luthers. Kann der Mensch nur durch Gottes Gnade das Heil erlangen (*sola gratia*), dann ist er ganz, auch in seinem Willen, von Gott abhängig. Erasmus fürchtete negative ethische Folgen, wenn die Willensfreiheit geleugnet wird. Luther ging davon aus, dass der Mensch durch den Glauben, der die Gnade annimmt (*sola fide*), zum Tun des Guten bewegt wird. Ihn interessierte nicht die psychologische oder philosophische Frage der Willensfreiheit, sondern der Vorrang des Glaubens vor dem Handeln. Bei Erasmus fand er eine Relativierung des Glaubens, die ihn abstieß. »Der Heilige Geist ist kein Skeptiker«, hält er Erasmus entgegen *(Spiritus sanctus non est Scepticus*, LDStA 1,232,28). Es ist notwendig, die Wahrheit in klaren Sätzen zu bezeugen, die Luther *assertiones* nennt. Eine *assertio* ist eine gültige Behauptung, die sich skeptischer Relativierung entzieht. »Nimm die Wahrheitsbezeugungen [*assertiones*] weg, und du hast das Christliche weggenommen«, erklärt Luther (229,7–9), und er fragt rhetorisch: »Was gibt es denn Schlimmeres als Ungewissheit?« (231,27). Gegen Erasmus, der auf dunkle Stellen der Heiligen Schrift hinwies, hält Luther an ihrer Klarheit fest, die alles zum Heil Notwendige verstehbar macht. Als Seelsorger und aus eigener Erfahrung kannte Luther den Zweifel allzu gut, und es lag ihm fern, den vom Zweifel angefochtenen Menschen zu verurteilen. Der Zweifel darf aber nicht durch theologische Skepsis unterstützt werden.

Erasmus definierte Willensfreiheit als »die Kraft des menschlichen Willens, durch die er sich dem zuwenden kann, was zum ewigen Heil führt, oder sich davon abwenden kann« (StA 3,215, Anm. 266). Luther galt es als Anmaßung, wenn der Mensch kraft seines Willens an seiner eigenen Rettung mitwirkt. »Ich glaube, dass ich nicht aus eigener Vernunft noch Kraft an Jesus Christus meinen Herrn glauben oder zu ihm kommen kann«, sagt er im Kleinen Katechismus zur Erklärung des Glaubens an den Heiligen Geist. Dass ich glauben kann, liegt nicht in meiner Kraft, sondern ist durch Gottes Geist bewirkt. Luther leugnet damit nicht die Willensfreiheit im psychologischen Sinn, wie es einige Hirnforscher tun.

Willensfreiheit ist von Handlungsfreiheit zu unterscheiden. Wir können uns frei für vieles entscheiden, was wir nicht tun, entweder weil es uns objektiv nicht möglich ist oder weil wir es subjektiv nicht schaffen. »Ich tue nicht, was ich will; sondern was ich hasse, das tue ich … Wollen habe ich wohl, aber das Gute vollbringen kann ich nicht. Denn das Gute, das ich will, das tue ich nicht; sondern das Böse, das ich nicht will, das tue ich« (Röm 7,15.18b.19). Die Erfahrung dieses Widerspruchs bildet eine Wurzel in Luthers Theologie. Freiheit heißt vor allem Entlastung von der Depression, die dieser Widerspruch bewirkt.

Kapitel 2

Verantwortung vor Gott und den Menschen

Das Grundgesetz der Bundesrepublik Deutschland beginnt in seiner Präambel mit einem Bekenntnis zur »Verantwortung vor Gott und den Menschen«. Wir Christen haben allen Grund, den Vätern und Müttern des Grundgesetzes für dieses Bekenntnis dankbar zu sein, zumal diese Formulierung auch Juden und Moslems einschließt. Mit einem weitgefassten Gottesbegriff können sich auch viele Menschen identifizieren, die keiner Kirche angehören. Wenn Atheisten die Gottesformel stört, müssen sie sich damit abfinden, eine Minderheit zu bilden. Andererseits müssen Christen es hinnehmen, dass die europäische Verfassung keinen Gottesbezug enthält, obwohl auch in Europa die Atheisten eine Minderheit darstellen. Die sogenannten Laizisten, die eine strikte Trennung von Staat und Kirche fordern, üben erheblichen politischen Einfluss aus, klagen aber über Privilegien und zu starke Einflussnahme der Kirchen. Sie möchten das wohlwollende deutsche Staatskirchenrecht zu Lasten der Kirchen verändern, und Letztere dürfen sich nicht darauf verlassen, dass der Status quo erhalten bleibt. Im Jahr 2010 brach über die katholische Kirche eine Flut von Anklagen wegen sexuellen Missbrauchs junger Menschen herein. Die Verbrechen liegen meist lange zurück, aber die katastrophalen Folgen sind gegenwärtig. Die hohe Zahl der Austritte aus beiden Kirchen zeigt, wie labil die Verbundenheit vieler Menschen mit der Kirche nach wie vor ist. Verantwortung vor Gott und den Menschen haben die Kirchen zuerst wahrzunehmen, indem sie vor ihrer eigenen Tür kehren. Im Blick auf die Gesellschaft sitzen die Mitglieder der verschiedenen Kirchen in einem Boot.

Verantwortung vor dem Richter

Die Reformation entstand aus Verantwortung vor Gott und den Menschen, die Gott der Kirche anvertraut hat. Das Bewusstsein der Verantwortung vor Gott war für Luther das Hauptmotiv, und zwar zunächst das Wissen, Gott als dem Richter verantwortlich zu sein und seinem Urteil zu verfallen. In einem Lied drückt er die dadurch verursachte innere Bedrängnis so aus:

> »Mein guten Werk, die galten nicht, es war mit ihn' verdorben;
> der frei Will hasste Gotts Gericht, er war zum Gutn erstorben;
> die Angst mich zu verzweifeln trieb, dass nichts denn Sterben bei mir blieb,
> zur Höllen musst ich sinken.« (EG 341,3)

Die Erkenntnis, dass Christus die Schuld aller sündigen Menschen auf sich genommen hat und Gott um seinetwillen denen vergibt, die im Glauben seine Gnade ergreifen, also die Rechtfertigung, befreite Luther aus dieser Not, so dass er das eben zitierte Lied mit der Aufforderung zur Freude beginnt:

> »Nun freut euch, lieben Christen g'mein, und lasst uns fröhlich springen,
> dass wir getrost und all in ein mit Lust und Liebe singen,
> was Gott an uns gewendet hat und seine süße Wundertat;
> gar teu'r hat er's erworben.« (EG 341,1)

Diese »süße Wundertat« wollen die Reformatoren bezeugen und erfahrbar machen. Aus der persönlichen Verantwortung vor Gott erwächst die Verantwortung für die Mitmenschen. »Aus Liebe zur Wahrheit und im Verlangen, sie zu erhellen«, veröffentlichte Luther seine 95 Thesen (LDStA 2,3,1). Der Theologieprofessor und Seelsorger Luther nahm in Verantwortung vor Gott und für die Menschen zu dem theologischen Thema des Ablasses Stellung, das von großer Bedeutung für die Seelsorge und zugleich für die Kirche in der Gesellschaft war. Zum Beispiel lautet These 43: » Man muss die Christen lehren: Wer einem Armen gibt oder einem Bedürftigen leiht, handelt besser, als wenn er Ablässe kaufte« (7,40f.).

Theologie und Ökonomie, Geistliches und Weltliches sind in der Reformation von Anfang an verflochten, wenn auch das seelsorgerliche Motiv maßgeblich ist. Im Laufe der Jahre nimmt Luther zu fast allen wichtigen Themen seiner Zeit Stellung.

Zum Verhältnis von Staat und Kirche entwickelte Luther seine Lehre von den beiden Reichen oder Regimenten. 1523 erschien seine Schrift »Von weltlicher Obrigkeit, wie weit man ihr Gehorsam schuldig sei«. Die weltliche Obrigkeit sieht Luther durchaus kritisch, er nennt manche Fürsten Spitzbuben, aber »es ist Gottes Wille, das weltliche Schwert und Recht [zu] handhaben zur Bestrafung der Bösen und zum Schutz der Frommen [= Rechtschaffenen]« (StA 3,37,2 f.). Im weltlichen Regiment, dem »Reich zur Linken«, regiert das mit Gewalt durchzusetzende Recht, das die Möglichkeiten des Krieges und der Todesstrafe einschließt. Unter dem geistlichen Regiment, dem »Reich zur Rechten«, leitet der Heilige Geist das durch Liebe und Leidensbereitschaft bestimmte, am Evangelium orientierte Handeln. Christus ist König und Herr im Reich Gottes. Unter seinem Regiment leben die aus Glauben Gerechten, die gern das Rechte tun und lieber Unrecht erleiden, als es selber tun. Luther unterscheidet die Menschen hier sehr grob: Unter 1000 Menschen sei kaum ein rechter Christ (39,24 f.). Deshalb würde einer den andern fressen und die Welt in Trümmer sinken ohne das weltliche Recht. Das Evangelium setzt der Obrigkeit Grenzen. Sie ist nicht befugt, Menschen zum Tun gegen Gottes Gebot zu zwingen. Im Konfliktfall muss man Gott mehr gehorchen als den Menschen (Apg 5,29; 57,30). Er ist der Herr über beide Reiche, ihm ist der Mensch in beiden Regimenten verantwortlich.

Diese Verantwortung vor Gott in *beiden* Reichen wurde von manchen Interpreten übersehen, wenn sie das »Reich zur Linken« zum autonomen Gebiet erklärten, in dem der Mensch nicht an Gottes Gebot gebunden sei. Karl Barth lehnte von seinem reformierten Standpunkt aus die »Zwei-Reiche-Lehre« ab und fühlte sich darin durch ihre

Missdeutung im Kirchenkampf unter nationalsozialistischer Herrschaft bestätigt, als manche Lutheraner das »Reich zur Linken« den Nazis freigaben. Luthers Konzept läuft aber nicht auf einen Dualismus hinaus, der das weltliche Regiment sich selbst überlässt. Vielmehr liegt in seinem Ansatz ein befreiender Impuls. Die Kirche wird frei von der Versuchung, ihre Ziele mit Hilfe weltlicher Gewalt durchzusetzen. Sie ist frei dazu, sich vom Geist Gottes leiten zu lassen und sich auf ihr eigenes Thema zu konzentrieren. Andererseits sind die Christenmenschen frei dazu, sich auch im »Reich zur Linken« verantwortlich zu betätigen und »der Stadt Bestes zu suchen« (Jer 29,7). Für klerikales Machtstreben bleibt kein Raum.

Verantwortung in der Politik

Luther sah die weltlichen Machthaber nüchtern und scheute sich nicht, sie zu kritisieren. Er erlebte die Fürsten sehr unterschiedlich. Kurfürst Friedrich der Weise hielt seine schützende Hand über ihn und rettete ihm damit wahrscheinlich das Leben. Friedrichs Bruder und Nachfolger Johann war ein treuer und frommer Anhänger der Reformation, ebenso wie dessen ab 1532 regierender Sohn Johann Friedrich der Großmütige. Mit dem Regenten seiner Heimat Graf Albrecht von Mansfeld verband Luther dagegen ein schwieriges Verhältnis. Einerseits unterstützte Albrecht die Reformation, andererseits handelte er unchristlich und unmenschlich an Untertanen, zu denen Luthers Verwandte gehörten. Der Landgraf Philipp von Hessen erwarb sich große Verdienste um die Reformation, brachte aber die Reformatoren mit seiner illegalen Doppelehe in arge Verlegenheit. Luther hatte allen Grund, im Kleinen Katechismus »fromme und treue Oberherren« sowie »gute Regierung« zu den Gaben Gottes zu zählen, um die wir bitten, wenn wir sprechen: »Unser tägliches Brot gib uns heute«. Das Engagement der Reformatoren für eine gediegene Bildung hatte einen Grund darin, Menschen heranzubilden, die in Verantwortung vor Gott und den Menschen fähig und bereit sind, in beiden Reichen das Nötige und Rechte zu tun.

Unter den völlig anderen Umständen der Gegenwart ist es ebenso wichtig wie in Luthers Zeit, dass Christinnen und Christen sich am politischen Leben aktiv beteiligen. Bei allen Mängeln, die wir an der freiheitlich-demokratischen Ordnung beklagen, bietet sie die relativ besten Möglichkeiten für die Menschen, Verantwortung zu übernehmen. An der beliebten pauschalen Politikerschelte sollten Christen sich nicht beteiligen. Luther erweitert das 8. Gebot »Du sollst nicht falsches Zeugnis reden wider deinen Nächsten« so, dass wir positiv aufgefordert werden, von unserem Nächsten Gutes zu reden und alles zum Besten zu kehren. Natürlich ist damit nicht die notwendige sachliche Kritik ausgeschlossen, wohl aber die unqualifizierte Nörgelei, die das Positive übersieht und nicht sagt, wie etwas besser zu machen ist. Ein Alarmsignal ist auf dem politischen Gebiet der drastische Rückgang der Wahlbeteiligung. Viele derer, die von ihrem Wahlrecht keinen Gebrauch machen, sind unter dem Druck der Diktatur zu »Wahlen« gegangen, bei denen es nichts zu wählen gab, und sie verzichten jetzt ohne Not auf die Freiheit, die ihnen in der Demokratie gegeben ist. Ihre Verweigerung stärkt nur die Feinde der Demokratie. Die Kirchen sind heute in dieser Hinsicht wacher als in der ersten deutschen Demokratie von 1919 bis 1933. Dass die Weimarer Demokratie den Nazis zum Opfer fiel, lag mit an der mangelnden Unterstützung durch die Kirchen.

In Verantwortung vor Gott und den Menschen üben viele Christinnen und Christen im Bund, in den Ländern und in den Gemeinden politische Ämter aus. Ihnen gebührt Dank und Solidarität, auch wenn die Suche nach Problemlösungen oft Auseinandersetzungen erfordert. 1990 war es in den neuen Bundesländern eine ungewohnte Erfahrung, dass Frauen und Männer christlichen Glaubens, die bisher von politischen Ämtern ausgeschlossen waren, sich in verschiedenen Parteien vorfanden und sich als politische Gegner gegenüberstanden, während sie vorher in kirchlichen Gremien zusammengearbeitet hatten und gemeinsam mit einem antireligiösen Staat konfrontiert waren. In Synoden hatten sie demokratische Verfahren geübt und fair diskutieren gelernt. Jetzt mussten sie lernen, dass es nicht nur auf sachliche Argumente ankommt, sondern noch mehr auf öffentliche Wirksamkeit, auf das Sammeln von Punkten gegen den politischen Gegner und für die eigene Karriere. Was politisch nützlich scheint, kann sich als schädlich erweisen, wenn die Glaubwürdigkeit leidet und die Politikverdrossenheit in der Bevölkerung zunimmt.

Weil die Christenmenschen in beiden Reichen und in der Verantwortung vor Gott und den Mitmenschen leben, werden sie von den politischen Problemen genauso betroffen wie die Nichtchristen, und sie sind ebenso verpflichtet, zu deren Lösung beizutragen. Eine Bischöfin oder der Ratsvorsitzende der EKD haben ihre Meinung zu diesen Fragen, müssen aber abwägen, in welchem Rahmen sie diese äußern. Sind sie in der konkreten Situation Sprecher ihrer Landeskirche oder der EKD? Das ist der Fall, wenn sie einen Beschluss der Synode oder der Kirchenleitung wiedergeben. In der Reformationszeit war Luthers Meinung in Streitfragen von größtem Gewicht. Seine persönliche Autorität musste die der damals noch nicht vorhandenen Synoden ersetzen. So fern viele heutige Probleme den Reformatoren lagen, so klar ist doch, dass sie großen Wert darauf legten, jede chaotische Unordnung zu vermeiden.

Die evangelische Seite kann in strittigen Fragen weniger einheitlich auftreten als die katholische. Der gesellschaftliche Pluralismus spiegelt sich in der evangelischen Kirche stärker wider als in der katholischen mit ihren hierarchischen Strukturen. Niemand kann für die ganze evangelische Christenheit sprechen wie der Papst für die katholische. In der Mediengesellschaft sind die evangelischen Kirchen gegenüber der katholischen benachteiligt. Allerdings gibt auch der Papst nicht die Meinung aller Katholiken wider. Was er zum Beispiel zur Empfängnisverhütung sagt, wird von unzähligen Katholiken entweder schlicht ignoriert oder sogar für schädlich gehalten, worin sie mit den meisten Evangelischen übereinstimmen. Angesichts der HIV-Katastrophe Kondome zu verbieten, muss als unverantwortlich beurteilt werden. Neuerdings werten es manche Medien als großen Fortschritt, dass der Papst in Ausnahmefällen den Kondomgebrauch erlaubt, wenn dadurch schwere Infektionen wie HIV vermieden werden. Peinlich ist solche Kasuistik, die mit der Freiheit eines Christenmenschen nichts zu tun hat. Bei Luther führte die Verantwortung vor Gott und den Menschen zum Bruch mit dem Papst, der freilich seinerseits die Exkommunikation vollzog und eine Feindschaft eskalieren ließ, die sich beim Reformator so weit steigerte, dass er den Papst zum Antichristen erklärte und ihn wüst beschimpfte. Heute spricht niemand mehr von einer Tyrannei des Papstes. Johannes XXIII. und Johannes Paul II. genossen große Sympathien in der ganzen Christenheit, und auch Benedikt XVI. erfährt Respekt. Die gewaltigen Probleme der Menschheit und die Verantwortung gegenüber der ganzen Schöpfung zwingen die Christinnen und Christen weltweit dazu, gemeinsame Aufgaben zu erkennen und zu erfüllen.

Verantwortung angesichts islamistischer Bedrohung

Über die innerchristliche Ökumene hinaus erfordert die Weltverantwortung auch die Verständigung mit der dazu bereiten Mehrheit der Moslems. In der Reformationszeit fürchtete sich das ganze Abendland vor den Türken. Luther wandte sich schon 1518 gegen den Plan, einen Kreuzzug gegen die Türken durchzuführen. Stattdessen sollten die Christen Buße tun, denn Gott straft sie durch die Türken für ihre Sünden. 1526 siegten die Türken über die Ungarn, und die näherrückende Gefahr verstärkte den Druck auf die Reformatoren, einen Krieg gegen die Türken zu unterstützen. 1529 veröffentlichte Luther eine Schrift »Vom Kriege wider die Türken«. Er wendet sich gegen das Kreuzzugsdenken und betont den vorrangig geistlichen Charakter der Auseinandersetzung. Im Sinne der Zwei-Regimenten-Lehre muss allerdings der Kaiser auch den Kampf mit dem Schwert führen. Luther beklagt die geringe Kenntnis vom Islam. Er besitzt Teile des Koran und gewinnt aus ihnen ein sehr negatives Bild vom Islam. Dieser zerstöre die wahre Religion, die wahre Politik und die wahre Ökonomie. Später steigert sich sein negatives Urteil dahin, dass er im Türken den endzeitlichen Zorn des Teufels gegen Christus sieht. Eine Ironie der Geschichte liegt darin, dass die Bedrohung des Abendlandes durch die Türken den Verlauf der Reformation gefördert hat. Kaiser Karl V., der es sich zum Ziel gesetzt hatte, die lutherische Ketzerei auszurotten und die Einheit der Kirche wiederherzustellen, musste immer wieder auf die protestantischen Fürsten Rücksicht nehmen und auf kriegerische Maßnahmen gegen die evangelische Seite verzichten.

500 Jahre später erweisen sich Luthers Gedanken trotz der völlig anderen Situation als erstaunlich aktuell. Die leidenschaftliche Diskussion um die islamkritischen Thesen von Thilo Sarrazin offenbart eine verbreitete Furcht vor dem Islam. Sie wird durch die Tätigkeit weniger islamistischer Terroristen, aber auch durch die Erfolge der Taliban in Afghanistan und Pakistan verstärkt. Bedrohlich wirkt ebenso das vermutete Streben des Iran nach der Atomwaffe. Die Stimmung in der Bevölkerung gegenüber

dem Islam ist mit der zu Luthers Zeit vergleichbar. Luther begegnete der Furcht vor den Türken, die damals den Islam repräsentierten, mit der Aufforderung an die Christen, Buße zu tun. Vor allem anderen geht es darum, sich auf die eigenen Wurzeln zu besinnen und auf den Weg des Glaubens umzukehren. Deutlicher als in der Reformationszeit ist heute zu betonen, dass Buße bedeutet, das eigene Versagen zu erkennen, die eigene Schuld zu bekennen, das eigene Verhalten zu ändern, statt andere zu verurteilen.

Schwierig ist es, in der pluralistischen Gesellschaft eine »Leitkultur« zu definieren. Die religiöse und kulturelle Vielfalt unserer Gesellschaft ist eine Realität, die sich nicht durch die Konstruktion einer Leitkultur aufheben lässt. Im Heiligen Römischen Reich deutscher Nation erhob die römisch-katholische Kirche den Anspruch auf die Leitkultur, wenn auch ohne diesen modernen Begriff. Der Augsburger Religionsfrieden von 1555, dessen Ergebnis später mit der Formel *cuius regio eius religio* (= wessen Herrschaft, dessen Religion) zusammengefasst wurde, ließ die Landesfürsten bestimmen, welche Konfession in ihrem Territorium die »Leitkultur« bildet. Wenn heute von einer christlich-jüdischen Leitkultur gesprochen wird, ist zu bedenken, dass die jüdische Kultur und Religion in Europa eher unterdrückt als integriert wurde. Als der Bundespräsident Wulff erklärte, der Islam gehöre zu Deutschland, erntete er neben Zustimmung auch Widerspruch, obwohl niemand leugnen kann, dass drei bis vier Millionen Moslems in Deutschland leben. Auch unter historischem Aspekt verbinden den Islam viele Beziehungen mit dem

Abendland. Dabei ist nicht nur an die Geschichte Spaniens im Mittelalter zu denken, sondern vor allem an die Bedeutung arabischer Gelehrter für die Wissenschaft. Der deutsche Theologe, Philosoph und Mystiker Meister Eckhart (ca. 1260–1328) zitierte unbefangen arabisch-moslemische und jüdische Wissenschaftler. In negativer Perspektive ist daran zu denken, wie unter den Kreuzrittern auch viele Deutsche das Christentum im Orient in Verruf brachten. Es gibt also eine Geschichte der positiven und negativen gegenseitigen Beziehungen der monotheistischen Religionen, die uns Christen vor dem Gefühl geistiger oder moralischer Überlegenheit ebenso wie vor Minderwertigkeitsgefühlen bewahren sollte.

Im 16. und 17. Jahrhundert verbündeten sich konfessionell unterschiedlich geprägte Länder zur bewaffneten Verteidigung gegen die vordringenden islamischen Osmanen. Heute bilden sich neue Bündnisse, in denen sich nicht mehr das christliche Abendland gegen den moslemischen Orient wehrt, aber doch die religiöse Komponente eine Rolle spielt. Luthers Aufruf zur Buße trifft die geistliche Schwäche aller christlichen Kirchen, deren Mitglieder weithin gern, wie schon der Reformator beklagte, Freiheit von religiösen Verpflichtungen in Anspruch nehmen, aber wenig nach der Bedeutung des Wortes Gottes für ihr Leben fragen. Viele Moslems, die ihre Frömmigkeit offen praktizieren, verachten den areligiösen Lebensstil der Christen, die ihren Glauben verstecken oder ihre Gleichgültigkeit zur Schau tragen. Obwohl die Reformation neben der Freiheits- auch eine Bildungsbewegung war und in den folgenden Jahrhunderten beide Kirchen viel für die Volksbildung leisteten, ist heute eine erschreckende Unkenntnis auf religiösem Gebiet zu verzeichnen. Nicht nur über den Islam ist wenig bekannt, sondern auch der eigene Glauben liegt weitgehend im Nebel des Unwissens. Die Kenntnis des eigenen Glaubens ist aber Voraussetzung dafür, Verantwortung vor Gott und den Menschen wahrzunehmen.

Verantwortung und Gewalt

Zur Verantwortung der Politikerinnen und Politiker gehört die Sorge um die Sicherheit der Bevölkerung. Angesichts gewaltbereiter Terroristen erfordert diese Aufgabe bewaffnete Kräfte des Staates. Ein konsequenter Pazifismus, wie er besonders von evangelischen Kreisen vertreten wird, kommt dafür nicht ernsthaft in Betracht. In der Reformationszeit bekannten die Mennoniten sich zum Pazifismus. Luther publizierte 1526, also bald nach dem Bauernkrieg, auf die Bitte eines Offiziers die Schrift »Ob Kriegsleute auch in seligem Stande sein können«, also ob Christen mit gutem Gewissen Soldaten sein und Krieg führen können. Er bejaht diese Frage, weil er den Krieg als Bestrafung von Unrecht versteht und Gott nach Röm 13 und 1Petr 2 dafür die Obrigkeit eingesetzt hat, in deren Dienst die Soldaten ebenso stehen wie Richter und Henker. Für erlaubt hält er den Krieg gegen Untergebene im Fall des Aufruhrs und den Verteidigungskrieg, während der Angriffskrieg Unrecht ist. Im Fall des unrechten Krieges gilt das Gebot, Gott mehr zu gehorchen als den Menschen (Apg 5,29). Ob der einfache Soldat zwischen Angriffs- und Verteidigungskrieg zu unterscheiden vermag, den Krieg als einen gerechten oder ungerechten beurteilen kann, ist fraglich.

Heute wird in demokratisch verfassten Ländern niemand mehr zum Kriegsdienst gezwungen. Der Staat muss aber gerüstet sein, gewaltsame Bedrohungen aller Art von seinen Bürgerinnen und Bürgern fernzuhalten oder ihnen bewaffnet zu begegnen. Insofern ist Luthers Rede vom Amt der Soldaten als Auftrag Gottes weiterhin gültig. Ein Amt des Henkers gibt es erfreulicherweise in Europa nicht mehr, aber die Polizei handelt im Auftrag Gottes, wenn sie notfalls das Unrecht mit dem Einsatz von Waffen bekämpft. Im Rechtsstaat wird genau geregelt, wann und wie Gewalt angewandt werden darf. Soziologische Befragungen ergeben, dass das Vertrauen unserer Bevölkerung in die Polizei hoch ist, während die Polizisten sich oft ungenügend anerkannt und unterstützt fühlen. Das Verhältnis der Kirchen zur Polizei war in der DDR äußerst schwierig, weil die bewaffneten staatlichen Organe in den Kirchen Gegner sahen. Heute sind die Beziehungen entspannt bis freundlich, die Arbeit der Polizeipfarrerinnen und -pfarrer findet Anerkennung. Ähnlich sieht es bei der Bundeswehr aus. Die ostdeutschen Landeskirchen taten sich schwer, die Militärseelsorge zu bejahen. In evangelischen Kreisen war die Meinung verbreitet, Christsein und Militär seien nicht vereinbar. Jede Nachricht vom Tod eines Soldaten im Auslandseinsatz wirft die Frage auf, ob der konkrete bewaffnete Kampf verantwortbar ist. Wie in anderen schwierigen Fragen gehen die Meinungen auseinander. Es war gut, dass Deutschland sich nicht am Einmarsch in den Irak beteiligt hat. In Afghanistan nimmt die Bundeswehr an einem völkerrechtlich legalen Militäreinsatz teil. Ob er politisch richtig ist, haben die zuständigen demokratisch legitimierten Gremien zu beurteilen, aber die Kirche ist verpflichtet, denen beizustehen, die ihr Leben einsetzen, um als Soldatinnen und Soldaten anderen Menschen zu helfen.

Der unglückliche Verlauf der Kriege im Irak und in Afghanistan zeigt, dass der Einsatz von Waffen mehr Unheil als Hilfe bringt, wenn die Waffen nicht dazu dienen, das zivile Leben zu sichern und das Wohl der Bevölkerung deutlich zu heben. Soziales Unrecht führte einst im Zarenreich zur Oktoberrevolution von 1917, die eine noch brutalere Diktatur nach sich zog. Der Zusammenbruch des Sowjetimperiums in den 1990er Jahren brachte neue soziale Ungerechtigkeit mit krassen Einkommensunterschieden. Auf die Diktatur des Proletariats folgte die des Kapitals. Die soziale Marktwirtschaft bändigt die Macht des Kapitals in unserem Land relativ erfolgreich und schuf einen Lebensstandard der breiten Bevölkerung, von dem nicht nur die Menschen zu Luthers Zeit, sondern noch vor 60 Jahren nur träumen konnten. Dennoch ist das Vertrauen in die Politik, die Ökonomie und besonders die Finanzwirtschaft in verheerender Weise gesunken. Die Wirtschafts- und Finanzkrise der Jahre 2008/9 haben umsichtige Politiker in Deutschland gut gemeistert, aber die Verunsicherung dauert an, und es befremdet angesichts der enormen Steuergelder, die zur Rettung von Banken bereitgestellt wurden, dass deren Manager weiter sagenhafte Gehälter und Boni kassieren, als sei nichts passiert. Ein Verantwortungsbewusstsein ist nicht erkennbar, es sei denn, der »Shareholder-Value« wird als Ausdruck der Verantwortung vor den Aktionären interpretiert, die jede andere Verantwortung erübrigt. Leute, die sich ungehemmt auf Kosten anderer bereichern, erklären sich zu Leistungsträgern und behaupten, alles werde vom Markt geregelt. Ihnen fehlt jedes Gespür dafür, wie es auf andere wirkt, die ebenfalls hart und verantwortungsvoll arbeiten und ein Hundertstel von ihrem Einkommen verdienen. Soziale Ungerechtigkeit war schon ein wichtiges Thema der Propheten wie Amos im Alten Testament, und wenn Menschen sich zu Lasten anderer von der Gier treiben lassen, muss die Kirche sich nicht nur zur Frage der individuellen Moral äußern, sondern auch zu dem System, das solches Unrecht zulässt.

Verantwortung in der Wirtschaft

Die Reformationszeit ist nicht nur in religiöser, sondern auch in ökonomischer Hinsicht eine Epoche des Umbruchs und Neuanfangs. Der Handel und die Geldwirtschaft entwickelten sich sprunghaft und veränderten die feudalen Strukturen der Gesellschaft. Beispielhaft steht für die als frühkapitalistisch bezeichnete Zeit das Haus der Fugger in Augsburg, von dessen Krediten der Kaiser und der Papst abhingen. Wie erwähnt, nahm Luther schon 1519/20 im »Sermon vom Wucher« zur Wirtschaftsethik Stellung. »Wucher« bedeutete damals noch wertneutral den Zins, nicht betrügerisches Handeln auf dem Kapitalmarkt. Allerdings sah schon die mittelalterliche Kirche das Zinsgeschäft kritisch, ähnlich wie der Islam es offiziell bis heute tut. Der evangelische Prediger Jakob Strauß verwarf das Geschäft mit Geld 1523 radikal als Sünde. Luther nahm 1524 mit seiner Schrift »Von Kaufshandlung und Wucher« Stellung. Er geht davon aus, dass Kaufen und Verkaufen notwendig sind, und er will zu finanziellen Problemen nur Stellung nehmen, soweit sie die Gewissen angehen. Dabei nimmt er aber zu konkreten und grundsätzlichen ökonomischen Fragen Stellung. Das ökonomische Gesetz von Angebot und Nachfrage als Preisregulativ, das besagt: »Ich kann meine Ware so teuer verkaufen, wie ich es vermag« (Cl 3,2,38 f.) öffnet der Habsucht und damit der Hölle Tor und Tür. Die freie Marktwirtschaft, die Luther nicht mit diesem Begriff, aber der Sache nach kennt, fragt nicht nach dem Nächsten und verstößt damit sowohl gegen die christliche Liebe als auch gegen das Naturgesetz.

Weil der Handel in einem sozialen Rahmen stattfindet, muss er nach Luther durch Gesetze geregelt und mit dem Gewissen vereinbar sein: »weil solches dein Verkaufen ein Werk ist, das du gegen(über) deinem Nächsten übst, soll es mit solchem Gesetz und Gewissen verfasst (= geordnet) sein, dass du es übest ohne Schaden und Nachteil deines Nächsten« (3,32–34). Am liebsten wäre es Luther, wenn die Obrigkeit die Preise regelte, aber er hält das selbst für nicht durchführbar und appelliert daher an das Gewissen der Kaufleute, das rechte Maß einzuhalten. Sie sollen für ihr Risiko und für ihre Leistungen den angemessenen

Lohn erhalten. Was angemessen ist, zeigt seiner Meinung nach der Vergleich mit einem gewöhnlichen Arbeiter (5,39). Luther ist kein ökonomischer Fachmann, er lässt sich vom gesunden Menschenverstand und vom Liebesgebot leiten. Der Erstere sagt ihm, dass unterschiedlich schwere Arbeit Unterschiede im Einkommen rechtfertigt, aber sie müssen im vertretbaren Rahmen bleiben. Bei den Zinsen denkt er an 5 % als angemessene Grenze. Das Liebesgebot verbietet es, die Not des Mitmenschen auszunutzen, und gebietet den Einsatz der von Gott empfangenen Güter zum Wohl der Bedürftigen. Dabei ging Luther mit gutem Beispiel voran und verdankte es seiner wirtschaftlich ihm überlegenen Frau Käthe, dass sein eigener großer Haushalt im Gleichgewicht blieb.

Für Luther existierte noch nicht das Problem der anonym in Sekunden über den Erdball fließenden Geldströme und er kannte die abenteuerlichen Spekulationsgeschäfte nicht, mit denen durch einen Mausklick am Computer Milliarden Dollar gewonnen oder verloren werden. Seinem ökonomischen Denken lag die Arbeit der Bauern und Handwerker zugrunde, die unmittelbar Sachwerte produzierten und deren Produkte teilweise durch Händler verkauft oder durch die Lieferung von Rohstoffen ermöglicht wurden. Vom Handel mit Geld zu leben, war ein notwendiges Übel. Luther dachte ganz und gar in persönlichen Kategorien, und er ahnte, dass er nur begrenzt Gehör finden würde, wie er das auch auf anderen Gebieten seiner Tätigkeit kannte. Entscheidend ist für sein ökonomisches Denken, dass die Verantwortung vor Gott und den Menschen untrennbar zusammengehört.

Der ungezähmte Kapitalismus kennt diese Verantwortung nicht, für ihn zählt nur die in Bilanzen sichtbare Effizienz. In einem Fernsehinterview fragte der Reporter einen Professor der Wirtschaftswissenschaft, ob es moralisch zulässig sei, dass ein Manager das Hundertfache einer in seinem Konzern tätigen Sekretärin verdient. Der Professor erklärte, das sei keine Frage der Moral, sondern des Marktes. Wirtschaft und Moral oder Ethik derartig zu trennen, wird glücklicherweise neuerdings von Wissenschaftlern verschiedener Fachrichtungen in Frage gestellt. Es entstanden Lehrstühle für Wirtschaftsethik, und manche Manager haben erkannt, dass der wirtschaftliche Erfolg sogar durch ethische Standards gefördert werden kann. Für Luther galt die Goldene Regel Mt 7,12: »Alles nun, was ihr wollt, dass euch die Leute tun sollen, das tut ihnen auch«. Wer nicht betrogen sein will, möge selber niemanden betrügen. Wer für sich angemessene Bezahlung erwartet, lasse sie auch anderen zukommen. Da diese Gegenseitigkeit weithin nicht auf individueller Ebene regelbar ist, wird der Eingriff übergeordneter Instanzen erforderlich.

Die sozialistische Planwirtschaft vermochte diese Aufgabe nicht zu lösen. Sie verhinderte zwar die weit überzogenen Einkommensunterschiede, wie sie der ungezügelte Kapitalismus hervorbringt, aber sie ertötete auch Leistungsmotivation, Kreativität und Verantwortungsbewusstsein mit dem Ergebnis einer krassen Mangelwirtschaft und Umweltzerstörung. Die soziale Marktwirtschaft erweist sich als ungleich erfolgreicher, wird aber von vielen als weniger gerecht empfunden, obwohl die sozial Schwachen in Deutschland noch nie so viel Unterstützung aus öffentlichen Mitteln erhielten wie gegenwärtig. Andererseits kritisieren die Wohlfahrtsverbände einschließlich der Diakonie und der Caritas, dass die Schere zwischen Arm und Reich sich weiter öffnet und von den notwendigen Sparmaßnahmen des Staates die Schwachen am stärksten betroffen sind. Angesichts einer immensen Verschuldung von Bund, Ländern und Gemeinden stieß die von der rot-grünen Bundesregierung geschaffene »Agenda 2010«, die unter anderem die »Hartz IV« genannte Zusammenlegung von Arbeitslosenhilfe II und Sozialhilfe enthielt, zunächst auf viel Zustimmung. Die Losung »Fordern und fördern« schien plausibel, und tatsächlich sank die Zahl der Langzeitarbeitslosen erheblich. Die SPD als die für diese Initiative hauptsächlich verantwortliche Partei wurde jedoch bei den folgenden Wahlen bestraft. Solche Erfahrungen verführen viele Politiker und Politikerinnen dazu, aus Furcht vor weiteren Sympathieverlusten und Wahlniederlagen das als notwendig und richtig Erkannte weder offen auszusprechen noch zu tun.

Das Prinzip »Fordern und fördern« stimmt mit der christlichen Ethik überein. »Wer nicht arbeiten will, der soll auch nicht essen«, heißt es schon im Neuen Testament (2Thess 3,10). Wenn jemand nicht arbeiten *kann*, ist die Gemeinschaft zur Hilfe verpflichtet. Fehlende Leistungsbereitschaft darf die Gemeinschaft dagegen nicht unterstützen. Friedrich von Bodelschwingh, unter dessen Leitung Bethel zur »Stadt der Barmherzigkeit« wurde, legte großen Wert darauf, dass Bettler und Obdachlose, denen geholfen wurde, im Rahmen ihrer Möglichkeiten etwas leisteten, in der Regel durch körperliche Arbeit. Die vom Leistungsfähigen geforderte Leistung fördert das Selbstwertgefühl, das zur Menschenwürde gehört. Wenn ein gesunder junger Mensch »keinen Bock auf Arbeit« hat, darf der Staat ihm nicht die Möglichkeit bieten, von Steuergeldern zu leben. Luther erklärt dazu: »Christen sind Brüder, und einer lässt den anderen nicht (im Stich). So ist auch keiner so faul und unverschämt, dass er ohne Arbeit sich auf des andern Gut und Arbeit verlasse und zehren wolle mit Müßiggang von eines anderen Habe« (Cl 3,10,24–27). Weder die soziale Gerechtigkeit noch die Nächstenliebe veranlassen dazu, solche Unverschämtheit und die damit verbundene Anspruchshaltung gegenüber der Gesellschaft zu unterstützen.

Verantwortung und Demokratie

Luther kannte keine Demokratie aus Erfahrung, und er hatte vom »pöfel« (Pöbel von lat. *populus* = Volk) eine so schlechte Meinung, dass er in dieser Hinsicht nicht als Vorbild dienen kann. Zu fragen ist, ob in seiner skeptischen Meinung zur Urteilsfähigkeit des Volkes ein Wahrheitsmoment im Blick auf die Praxis direkter Demokratie in Volksentscheiden liegt. Wie manipulierbar ist die Bevölkerung? Gewiss, welche Verfahrensweisen der politischen Urteilsbildung am besten dienen, ist ein Thema der Politologie, nicht der Theologie. Aber Letztere muss sich dafür einsetzen, dass die Verantwortung vor Gott und den

Menschen so klar und so gut begründet wie möglich zur Geltung kommt.

Grobe und unsachliche Polemik gibt es immer, und auch Luther beteiligte sich daran mitunter in drastischer Weise. Der Buchdruck ermöglichte die Verbreitung von Flugblättern, die in Wort und Bild keine Schüchternheit zeigten. Heute wird meist von kirchlichen Autoren über Kirchen- und Religionsgrenzen hinweg das Gebot des Anstands und des fairen Umgangs mit Andersdenkenden anerkannt. In der Politik und in den weltlichen Medien gilt das nicht im gleichen Maß. Wer den politischen Gegner nicht scharfzüngig attackiert, wird schnell als langweilig abgetan.

Luther war im Unterschied zu Melanchthon kein Vorbild im Ausgleichen von Gegensätzen, aber er bleibt aktuell für die Besinnung auf das Grundsätzliche. Grundlegend ist für ihn in allem Tun und Lassen die Verantwortung vor Gott. Jede Erklärung eines Gebotes im Kleinen Katechismus beginnt mit den Worten: »Wir sollen Gott fürchten und lieben …«. Beim siebten Gebot heißt dies: »… dass wir unsers Nächsten Geld oder Gut nicht nehmen noch mit falscher Ware oder Handel an uns bringen, sondern ihm sein Gut und Nahrung helfen bessern und behüten«. Gottesfurcht und Liebe zu Gott werden im Gehorsam gegen sein Gebot zur Tat. Gott fürchten heißt nicht, vor ihm als dem Richter Angst zu haben, sondern sein Gebot in Ehrfurcht zu befolgen suchen. Für Luther bedeutet das: Der Schuhmacher fertigt gute Schuhe zu einem angemessenen Preis an und der Bäcker bereichert sich in einer Hungerszeit nicht auf Kosten der Armen. So übersichtlich ist die Ökonomie heute nicht mehr. Volkswirtschaft und Betriebswirtschaft haben ein umfangreiches wissenschaftliches Arsenal entwickelt und sind doch nicht in der Lage, Wirtschafts- und Finanzkrisen zu verhindern, die mehr und mehr die ganze Weltwirtschaft bedrohen. Sie sind auch an entscheidenden Punkten nicht einig, welcher Weg geeignet ist, eine akute Krise zu überwinden. Die Männer und Frauen an den politischen Schalthebeln brauchen aber kompetente Beratung, um die richtigen Maßnahmen zu treffen. Sie benötigen dabei Rückhalt in der Bevölkerung. Für die Christen gehört es seit ihren Anfängen in neutestamentlicher Zeit zum Gottesdienst, für die Regierenden zu beten. Darin sind sich alle Konfessionen einig, und darin sollte auch Übereinstimmung mit den Menschen aus anderen Religionen bestehen. Atheisten werden nicht mit uns beten, aber in der Verantwortung vor den Mitmenschen, im Dienst für Menschen in Not, im Einsatz für die Menschenwürde aller gibt es Gemeinsamkeiten, die auf politischem Feld verbinden.

Verantwortung von Männern und Frauen

In der patriarchalischen Gesellschaft der Reformationszeit spielten Frauen eine bedeutende Rolle, die in der Geschichtsschreibung lange zu wenig beachtet wurde (vgl. Sonja Domröse, Frauen der Reformationszeit, Göttingen 2010; Lisbeth Haase, Mutig und Glaubensstark. Frauen und die Reformation, Leipzig 2011). Neben der mit Abstand bekanntesten Frau, Katharina von Bora, sind viele andere zu würdigen, zum Beispiel Argula von Grumbach, Elisabeth Cruciger, Katharina Zell. Im Rahmen des allgemeinen Priestertums aller Glaubenden konnte Luther erklären: »Alle Christenmänner sind Pfarrer, alle Frauen Pfarrerinnen, es sei jung oder alt, Herr oder Knecht, Frau oder Magd, Gelehrter oder Laie« (StA 1,304,22–24). Geschlecht und sozialer Stand begründen keinen Unterschied vor Gott. Alle sind durch die Taufe zum priesterlichen Dienst berufen und tragen füreinander Verantwortung vor Gott.

In besonderer Weise gilt das innerhalb der Familie. Luther wurde oft als Begründer des evangelischen Pfarrhauses und damit der evangelischen Pfarrersfamilie bezeichnet. Das stimmt nicht ganz, denn als er 1525 seine Käthe heiratete, gab es schon mehrere evangelische Pfarrersehen. Andreas Karlstadt, Justus Jonas, Johannes Bugenhagen und andere hatten bereits 1522 die Ehe geschlossen. Außerdem kann der große, von Käthe im ehemaligen Augustinerkloster geführte Haushalt nicht als typisch für ein Pfarrhaus gelten. Trotzdem ist Luthers Bedeutung für das Pfarrhaus und darüber hinaus für das evangelische Verständnis der Ehe und der Familie hoch zu veranschlagen. Der Reformator äußerte sich nicht nur in verschiedenen Schriften grundsätzlich zur Ehe, sondern er beantwortete auch zahlreiche Anfragen, wenn sich Probleme ergaben, und er stöhnte über die damit verbundene Belastung. Schon 1522, also noch als Junggeselle, schrieb er »Welche Personen verboten sind zu ehelichen. Vom ehelichen Leben«. Wie der Titel sagt, setzt er sich zuerst mit den vom römischen Kirchenrecht gesetzten Ehehindernissen auseinander und verwirft die meisten. Die Ehe ist die normale, von Gott gewollte Beziehung zwischen Mann und Frau. Das Gelübde der Ehelosigkeit gilt nur für Leute, die dazu von Gott berufen und dafür geschaffen sind. Für wen das nicht zutrifft, dem rät Luther, er möge geloben, sich nicht die Nase abzubeißen, das könne er halten (Cl 2,343,35).

Oft wurde behauptet, für Luther sei die Ehe »ein weltlich Ding«, also geistlich ohne Bedeutung. Das ist ein Missverständnis. Luther lehnt das sakramentale Verständnis der Ehe ab, aus dem das kanonische Recht zahlreiche Verbote und Gebote ableitete. Die bis heute am schwersten wiegende Konsequenz besteht im Verbot der Ehescheidung und in den Strafen für geschiedene Katholiken und Katholikinnen, die wieder heiraten. Luther versteht die Ehe als »ein weltlich Ding«, insofern ihre rechtliche Ordnung nicht von der Kirche zu regeln ist. Da Mann und Frau aber von Gott füreinander geschaffen sind, nennt er die Ehe auch einen »göttlichen Stand«. Das weltliche Geschäft und der göttliche Auftrag verbinden sich in der Ehe untrennbar. Deshalb wendet Luther auch das göttliche Gebot in einer für heutiges Denken und Fühlen untragbaren Weise auf die Ehe an.

Am anstößigsten wirkt sein rigoroses Urteil zum Ehebruch. Dieser müsse eigentlich mit dem Tod bestraft werden. Da die Obrigkeit dazu nicht bereit sei, sollen Ehebrecher wenigstens des Landes verwiesen werden. Luther beruft sich auf das alttestamentliche Gesetz, ohne an dieser Stelle Jesu Verhalten gegenüber der Ehebrecherin und ihren Anklägern nach Joh 8 in Betracht zu ziehen. Ehebruch gilt ihm nach Mt 19,3 ff. als Grund für eine Scheidung. Das patriarchalische Denken bricht bei Luther durch, wenn er die Verweigerung der ehelichen Pflicht durch die Frau als Scheidungsgrund anerkennt (348,3–13), wobei er sich auf 1Kor 7,4 ff. beruft. Andererseits wirken manche Äußerungen modern. Luther spricht von einem Mann, dessen Kumpane ihn verspotten, weil er Windeln wäscht und andere verächtlich angesehene Arbeiten mit Kindern tut. Er gilt als Maulaffe und Frauenmann, aber Gott freut sich mit seinen Engeln, wenn der Mann diese geringgeschätzten Dinge im Glauben tut (353,10–15).

Luther weiß, dass Glück und Leiden, Köstliches und Schweres im Eheleben dicht beieinanderliegen. Jede romantische Verklärung fehlt, zumal sich täglich zeigt, »was an Unglück der Teufel anrichtet in dem Ehestand mit Ehebruch, Untreue, Uneinigkeit und allerlei Jammer« (BSLK 530,23–26). Die Ehe ist Gottes gute Gabe und zugleich Aufgabe, in der sich der Glaube bewährt und die Liebe übt. Eheleute nehmen gemeinsam mit der Obrigkeit ein Amt an der ganzen Familie wahr, zu der außer den eigenen Kindern das »Gesinde« gehört. Sie sind verpflichtet, für eine christliche Erziehung zu sorgen. Der Hausvater soll die Hauptstücke des Kleinen Katechismus »seinem Gesinde einfältig vorhalten«. Die Eltern sind Gott dafür verantwortlich, »ihre Kinder, Gesind, Untertanen etc. nicht allein zu nähren und leiblich zu versorgen, sondern allermeist zu Gottes Lob und Ehre aufzuziehen« (BSLK 603,34–38).

Luther verstand seine Sicht von Ehe und Familie als biblisch begründeten Gegenentwurf zum mönchischen

Lebensideal. Natürlich wird sein Konzept auch von den sozialen Gegebenheiten im Übergang vom späten Mittelalter zur frühen Neuzeit beeinflusst. Schon damals saß nicht überall der Hausvater mit der Großfamilie am Tisch zum gemeinsamen Essen und Lernen des Katechismus. Ein erheblicher Teil der Männer und Frauen im heiratsfähigen Alter verfügte nicht über die Voraussetzungen für eine reguläre Ehe. Schuld waren bei Weitem nicht nur die päpstlichen Ehehindernisse, sondern war noch mehr der soziale Status. Vielen jungen Leuten blieb daher nur die »heimliche Ehe«, die auf dem damals anerkannten Grundsatz beruhte, dass die Übereinkunft von Mann und Frau die Ehe konstituiert (*consensus facit nuptias*). Luther verwarf die heimlichen Ehen, weil sie oft Ärger verursachten und er auch dadurch behelligt wurde. Zum Beispiel konnte ein Mann seine heimlich angetraute Frau leicht verlassen und sich der Verpflichtung für die Familie entziehen. Dann ergab sich die Frage, ob die Frau einen anderen Mann heiraten durfte.

In der Ehe übernehmen die Frau und der Mann Verantwortung füreinander und für ihre Kinder. Diese Verantwortung gründet in der gegenseitigen Liebe, wie der Ehestand ohne Liebe nicht zustande kommt und keinen Bestand hat. Liebe als Gefühl des Glücks und der Harmonie unterliegt Schwankungen, Verantwortung aber darf davon nicht abhängen. Darin liegt ein Grund für die Ehe als rechtliche Institution. Verantwortlich denken und handeln können auch die Partnerin und der Partner in einer »Ehe ohne Trauschein«, aber die Gefahr einer Flucht aus der Verantwortung ist größer, wenn die Beziehung ohne recht-

liche Sicherung besteht. Der Ausdruck »Ehe ohne Trauschein« zeigt im Übrigen, dass es sich um eine Art von
Ehe handelt, die der »heimlichen Ehe« in Luthers Zeit
ähnlich ist. Neuerdings ist es möglich, eine solche Ehe
ohne Trauschein kirchlich segnen zu lassen. Der Staat verlangt nicht mehr die standesamtliche Trauung als Voraussetzung für die kirchliche, betrachtet Ehepaare ohne standesamtliche Eheschließung allerdings als nicht verheiratet.
Bisher zeigt die evangelische Kirche keine Neigung, diese
Möglichkeit zu nutzen. Wenn Mann und Frau einander
vor Gott lebenslange Treue geloben, sollten sie das erst
recht im Standesamt tun können. Für Christinnen und
Christen sollte die Verantwortung vor Gott verbindlicher
sein als das Gelöbnis vor Menschen.

In Luthers Zeit war der Mann dafür verantwortlich, die
Familie zu ernähren. War er dazu nicht in der Lage, konnte
er nicht heiraten. Heute muss niemand aus finanziellen
Gründen auf eine Ehe oder Partnerschaft verzichten. Die
Frauen verfügen in der Regel über eigenes Einkommen.
Ökonomische Unabhängigkeit ermöglicht Freiheit in den
Beziehungen. Hier liegt ein Grund für die hohe Schei-
dungsrate und den stark angestiegenen Anteil der Alleinerziehenden, bei denen allerdings die ökonomische Unabhängigkeit oft nicht wirklich besteht. Darin liegt nicht
nur ein Problem für die Gesellschaft, sondern darunter
leiden vor allem die Kinder. Sie sind die Opfer der vielen
Scheidungen und instabilen Beziehungen. Auch von den
Alleinerziehenden, bei denen die Frauen weit überwiegen,
wünschen sich die meisten eine feste, zuverlässige Partnerschaft. Die Erwartungen an eine solche sind oft unrea-

listisch. Vermutlich liegt darin nicht nur ein Grund für viele Scheidungen, sondern auch für die Bindungsscheu, die vom Wagnis der Ehe abhält. Einerseits wird zu viel von der Liebe erwartet, was zwangsläufig Enttäuschungen hervorruft; andererseits wird der Liebe zu wenig zugetraut und zu wenig ausprobiert, was Paulus im Hohenlied der Liebe 1Kor 13 sagt.

Kapitel 3

Der verborgene und der offenbare Gott

Zwischen Luther und seinen Gegnern war nicht strittig, ob Gott existiert, sondern welche Folgen sich aus seiner Existenz und aus seinem Wort für die Menschen ergeben. Luthers Gottesbild hing wie seine Theologie insgesamt eng mit seiner Erfahrung zusammen. Gebet, Meditation und Anfechtung (*oratio, meditatio, tentatio*, WA 50,659,4) machen nach seinen Worten den Theologen. Als deprimierende Anfechtung erlitt er die Ferne Gottes, dessen Nähe er im Gebet und in der Meditation der Heiligen Schrift suchte. Die Anfechtung nennt er einen Prüfstein der Theologie: »… die lehrt dich nicht allein wissen und verstehen, sondern auch erfahren, wie recht, wie wahrhaftig, wie süß, wie lieblich, wie mächtig, wie tröstlich Gottes Wort sei, Weisheit über alle Weisheit« (660,1–4).

Gotteserfahrung im Widerspruch

»Wenn Gott lebendig macht, tut er dies, indem er tötet; wenn er rechtfertigt, tut er dies, indem er schuldig spricht; wenn er in den Himmel führt, tut er dies, indem er in die Hölle hinabführt« (LDStA 1,287,11–13). Luther bezieht sich auf 1Sam 2,6: »Der Herr tötet und macht lebendig, er führt in das Totenreich und wieder heraus«. Gott verbirgt seine Barmherzigkeit unter seinem Zorn, seine Gerechtigkeit unter Ungerechtigkeit. Diese provozierende Behauptung ist seelsorgerlich wichtig: Wer unter Anfechtungen leidet, seien es Zweifel oder eine andere Not, der soll darin Gottes Handeln erkennen, das aus Dunkel ins Licht führt. Er soll »von Gott zu Gott fliehen«, vom zornigen und strafenden Richter zum liebevollen, barmherzigen Vater. Luther kennt den harmlosen lieben Gott nicht, der in Wolfgang Borcherts Stück »Draußen vor der Tür« hilflos auf das Elend der Menschen sieht.

Bedrängend stellt sich angesichts großer Katastrophen die Frage, warum Gott sie nicht verhindert. Kann er nicht helfen, oder will er es nicht? Für Luther ist der Mensch nicht befugt, über Gott zu richten und zu beurteilen, ob er gerecht handelt, sondern im Glauben bekennt er sich zu Gott als dem Gerechten, auch wenn er ungerecht zu sein scheint. »Wenn seine Gerechtigkeit nämlich so beschaffen wäre, dass sie nach menschlichem Fassungsvermögen als gerecht beurteilt werden könnte, wäre sie überhaupt nicht göttlich und unterschiede sich in nichts von menschlicher Gerechtigkeit. Aber weil Gott wahrhaft und einer ist, ferner für die menschliche Vernunft ganz unbegreiflich und unzugänglich, ist es angemessen, ja sogar notwendig, dass seine Gerechtigkeit unbegreiflich ist« (LDStA 1,653,3–10).

Es gibt keine den Verstand oder das Gefühl befriedigende Antwort auf die Theodizeefrage, wie überhaupt das Leiden von Menschen und Tieren nicht durch Erklärungen irgendwelcher Art überwunden werden kann. Für Luther hat es der Mensch immer mit Gott zu tun, auch im Unbegreiflichen und Unerträglichen. Er hat aber nicht über Gott zu richten und darüber zu befinden, ob er allmächtig ist und was mit seiner Allmacht und Liebe vereinbar ist oder nicht. »Gott ist ein glühender Backofen voller Liebe, der da von der Erde bis an den Himmel reicht« (StA 2,555,2). Dem liebenden Gott steht kein liebloser gegenüber, aber den Menschen fehlt oft die Liebe. Luther sprach von Gott als »Backofen voller Liebe«, als er im März 1522 von der Wartburg nach Wittenberg zurückkehrte, wo einiges während seiner Abwesenheit aus dem Ruder geraten war. Er bezeugt Gott als Liebe und kritisiert zugleich die Gemeinde, dass ihr die Liebe fehlt, die Paulus 1Kor 13 bezeugt.

Der Widerspruch in der Gotteserfahrung liegt also nicht darin begründet, dass Gott in sich gespalten wäre in einen zornigen und einen gnädigen Gott, sondern er hat seinen Grund im Menschen, der ihn »nicht aus eigener Vernunft noch Kraft« erkennen kann, wie es im Kleinen Katechismus heißt. Die Wirklichkeit Gottes ist dem Menschen nur im Glauben zugänglich, den der Heilige Geist gibt, also Gott wird nur durch Gott erkannt. Der erkenntnistheoretische Satz, dass Gleiches durch Gleiches erkannt wird, galt schon im Mittelalter und geht auf Aristoteles zurück. Er besagt im Umkehrschluss, dass der Mensch als solcher in der Begrenztheit seines Wesens Gott nicht erkennen kann. Die Vernunft kann zwar laut Röm 1,19–21 Gottes Existenz aus seinen Werken erschließen (vgl. WA 28,610,17–21), aber an ihn glauben heißt mehr: »Ein Gott heißt das, dazu man sich versehen soll alles Guten und Zuflucht haben in allen Nöten. Also dass einen Gott haben nichts anderes ist, denn ihm von Herzen trauen und glauben, wie ich oft gesagt habe, dass allein das Trauen und Glauben des Herzens macht beide, Gott und Abgott. Ist der Glaube und Vertrauen recht, so ist auch dein Gott recht, und wiederum, wo das Vertrauen falsch und unrecht ist, da ist auch der rechte Gott nicht. Denn die zwei gehören zusammen, Glaube und Gott. Worauf du nun, sage ich, dein Herz hängst und verlässt, das ist eigentlich dein Gott« (BSLK 560,10–24). An anderer Stelle sagt Luther: »Wie du [an Gott] glaubst, so hast du ihn. Glaubst du, dass er gütig und barmherzig ist, wirst du ihn so haben« (WA 17 I,412,19–20).

Wird damit Gott vom Menschen abhängig, wird er zum Produkt menschlicher Gedanken und Wünsche? Die marxistische Religionskritik behauptet das und beruft sich auf den Philosophen Ludwig Feuerbach (1804–1872), der Luther intensiv studierte. Religiöses Bewusstsein ist für Feuerbach eine Form des Selbstbewusstseins. Indem der Mensch sich Gott vorstellt, projiziert er sein Selbstbewusstsein in eine religiöse Sprachwelt. Nicht Gott schuf den Menschen, sondern der Mensch schafft sich seine Götter. Aus der Heidenwelt kennt Luther diesen Vorgang: »So haben die Heiden getan und erst den Jupiter zum Helfer und Gott gemacht, dass er gutes Regiment gebe; danach haben sie aus der Vernunft viel Abgötterei gemacht. Die Römer haben viele Götter aufgestellt um mancherlei Anliegen und Hilfe willen, die ihnen nötig war, dass einer den Leuten hülfe im Kriege, einem diese Gewalt, jenem das zugeschrieben, als: Der sollte Korn wachsen lassen, jener zu Wasser beim Schiffbruch helfen. So viel Not, Gut und Nutzen auf Erden war, so viele Götter hatte man erwählt« (WA 28,609,32–610,13). Was Feuerbach als typisch für jede Religion ansieht, bezieht Luther nur auf das Heidentum.

Für Feuerbach wird aus Theologie als Lehre von Gott Anthropologie, also die Lehre vom Menschen. Er sah richtig, dass die Rede von Gott bei Luther immer durch das Interesse an der Beziehung zwischen Gott und Mensch motiviert ist. Die Frage nach Gott »an sich« als abstrakte metaphysische Frage ist unwichtig. Theologie ist für Luther immer praktisch, auch wenn er sich in der Auseinandersetzung mit seinen Gegnern auf Themen einlässt, die abstrakt und den heutigen Menschen fernliegend erscheinen. Aus der Tatsache, dass Gottesglaube immer eine Beziehung zwischen dem Menschen und Gott darstellt, folgert Luther im Gegensatz zu Feuerbach nicht, dass der Mensch diese Beziehung herstellt und Gott als das Gegenüber erfindet. Umgekehrt geht er davon aus, dass Gott als Schöpfer, Erlöser und Leben schaffender Geist diese Beziehung ermöglicht, in die der Mensch durch den Glauben hineingenommen wird.

Der Schöpfer der Welt in der Krippe

Zutreffend hebt Feuerbach hervor, dass Luther großen Wert auf die menschliche Natur Christi legt. Ihm fehlt aber das Verständnis dafür, dass der Reformator die Gottheit Jesu genauso stark betont. In dieser Hinsicht gab es nichts zu reformieren, sondern es galt das gemeinsame Bekenntnis der Christenheit zu dem einen Gott, der sich in Christus durch den Heiligen Geist offenbart. Unterschiede im Verständnis der Dreieinigkeit sowie der Göttlichkeit und Menschlichkeit Christi brachen allerdings bereits in der Alten Kirche auf und führten zu Kirchentrennungen, die bis heute bestehen. Es ist also falsch zu behaupten, die Reformation habe die bis dahin geeinte Christenheit gespalten. Vielmehr legte Luther großen Wert darauf, in der Christologie und in der Trinitätslehre mit den Bekenntnissen der frühen Christenheit und den ökumenischen Konzilen übereinzustimmen.

Auch im Streit um das sogenannte *filioque* hält Luther an der Tradition fest. Im frühen Mittelalter fügte die abendländische Kirche in das Nicaeno-Constantinopolitanum zusätzlich dieses Wort ein, das die Herkunft des Heiligen Geistes aus dem Vater *und dem Sohn* zum Ausdruck bringt. Dabei scheint es sich um eine Feinheit für Theologen, wenn nicht um Haarspalterei zu handeln, aber der Streit um das *filioque* trug zur Spaltung zwischen den Ostkirchen, die sich Orthodoxe Kirchen nennen, und der abendländischen Christenheit bei. Die lange schwelenden Konflikte führten 1054 zum Bruch zwischen der lateinischen (römisch-katholischen) und der griechischen (orthodoxen) Kirche, und bis heute belastet die *Filioque*-Frage die ökumenischen Beziehungen.

Die Reformatoren betonten, in der Verbindung zu den Ursprüngen der Christenheit zu stehen und nicht eine neue Kirche zu bilden, sondern den Glauben der Alten Kirche neu zur Geltung zu bringen. In vielen oft harten und manchmal sogar gewaltsamen Auseinandersetzungen hat die Kirche der ersten Jahrhunderte eine Lehre vom dreieinigen Gott und von Christus entwickelt, mit der sie versuchte, das facettenreiche biblische Gottesbild und das ebenso vielfältige biblische Christuszeugnis mit den Denkmöglichkeiten ihrer Zeit zu erfassen und angesichts mannigfacher Meinungsverschiedenheiten eine einheitliche Lehre zu formulieren. Die Reformatoren wollten die Einheit bewahren, soweit die biblischen Befunde es erlaubten. Heute halten manche Leute es für modern und fortschrittlich, von Dogmen geringschätzig zu reden und sich über Dogmatik erhaben zu fühlen. Dogma heißt aber zunächst nur »Meinung«, und somit vertritt auch der Verächter von Dogmatik ein Dogma. Es gibt gut durchdachte, tiefgründige und oberflächliche Meinungen, und die Aufgabe der Dogmatik besteht darin, geglaubte Meinungen gründlich und kritisch zu reflektieren.

Luther war kein so systematischer Denker wie Melanchthon und Calvin. Angesichts der unglaublichen Fülle von Aufgaben, die er täglich zu bewältigen hatte, oft unter gesundheitlichen Nöten, ist es erstaunlich, in welchem Ausmaß er grundlegende theologische Themen bearbeitet und dazu Schriften verfasst hat. Wenn er sich mit Gelehrten wie Erasmus oder Zwingli auseinandersetzte, ließ er sich auch auf abstrakte, komplizierte Gedankengänge ein, aber meist fand er eine Sprache, die in elementarer Weise das Schwierige einfach ausdrückt, ohne es zu vereinfachen. Ein schönes Beispiel ist dafür die Liedstrophe, in der Luther die Einheit von göttlicher und menschlicher Natur poetisch zum Ausdruck bringt:

»Ach Herr, du Schöpfer aller Ding, wie bist du worden so
  gering,
dass du da liegst auf dürrem Gras, davon ein Rind und Esel
  aß!« (EG 24,9)

Das Gleiche sagt Luther in der Liedstrophe (EG 23,3):

»Den aller Welt Kreis nie beschloss, der liegt in Marien
  Schoß;
er ist ein Kindlein worden klein, der alle Ding erhält allein.
  Kyrieleis.«

Für Luther handelt es sich in der Weihnachtsgeschichte
um historische Tatsachen, aber ihr Sinn geht über die bloßen Fakten hinaus und erschließt sich nur dem Glauben.
Jesu Geburt in Bethlehem wäre für uns bedeutungslos,
würde er nicht auch in uns geboren, sagt Luther mit den
Mystikern des Mittelalters: »Ach mein herzliebes Jesulein,
mach dir ein rein sanft Bettelein, zu ruhen in meins Herzens Schrein, dass ich nimmer vergesse dein« (EG 24,13).
Einige heutige Bibelwissenschaftler beurteilen die Weih-
nachtsgeschichten aus Mt 1 und Lk 2 nicht als historische
Dokumentation, sondern als Glaubenszeugnis. Sie nehmen
an, Jesus sei in Nazareth geboren, und manche behaupten
sogar, er sei nie in Bethlehem gewesen. Es spricht manches
für diese Thesen, aber sie sind ohne Bedeutung für die
Weihnachtsbotschaft. Viel aufregender als die Frage, wo
Jesus geboren wurde und ob wirklich die Hirten das Kind
im Stall besuchten, gefolgt von den Sterndeutern aus dem
Morgenland, ist die Behauptung, in diesem Kind sei Gott
in die Welt gekommen. Die Menschwerdung Gottes ist

das Thema des wichtigsten Festes im weitgehend entkirchlichten Deutschland. Die sonst oft sehr spärlich besuchten Kirchen sind zu Weihnachten überfüllt. Drückt sich darin ein Bedürfnis aus, die Menschlichkeit Gottes zu erfahren? Die Beliebtheit des Weihnachtsfestes ist nicht nur mit Sentimentalität und Lichterglanz in der dunklen Jahreszeit zu erklären. »Wahr' Mensch und wahrer Gott, hilft uns aus allem Leide, rettet von Sünd und Tod«, singen wir in einem der bekanntesten Weihnachtslieder (EG 30,3). Unerschöpflich stellt sich zu Weihnachten die Aufgabe und Möglichkeit, Jesus als den wahren Menschen und Gott zu erkennen und zu verkündigen.

Von einer Jungfrau – ist das wahr?

> »Gelobet seist du, Jesu Christ, dass du Mensch geboren bist
> von einer Jungfrau, das ist wahr; des freuet sich der Engel Schar.
> Kyrieleis.« (EG 23,1)

Für Luther gab es keinen Zweifel an der Geburt Jesu durch eine Jungfrau. Im Apostolischen Glaubensbekenntnis sprechen wir: »… geboren von der Jungfrau Maria«. Die römisch-katholische Kirche hat die Mariologie durch biblisch nicht begründete Dogmen erweitert. So verfügte Pius IX. im Jahr 1854, es sei »von allen Gläubigen fest und standhaft zu glauben«, dass die Jungfrau Maria von ihrer Empfängnis an rein von der Erbsünde sei. Pius XII. verkündete 1950 das Dogma von der leiblichen Aufnahme

Marias in den Himmel. Beide Dogmen haben die ökumenischen Beziehungen belastet und die protestantische Zurückhaltung gegenüber der Marienverehrung verstärkt, obwohl die vielfältigen Verständigungsbemühungen seit dem 2. Vatikanischen Konzil und davon unabhängig die Impulse der Feministischen Theologie eigentlich auf evangelischer Seite das Interesse an Maria fördern müssten.

Im Unterschied zu den genannten neuen Mariendogmen hat die Lehre von der Jungfrauengeburt biblische Wurzeln. Sie ist eindeutig in Mt 1,18–25 und Lk 1,26–35 belegt. Bei Matthäus steht Joseph im Mittelpunkt, der still und heimlich die Verlobung mit Maria auflösen will, weil sie ohne seine Beteiligung vom Heiligen Geist schwanger geworden ist. Ihm erscheint ein Engel, der Marias Schwangerschaft als Frucht des Heiligen Geistes erklärt und die Geburt des Sohnes verkündigt, den er Jesus nennen soll und in dem sich die Verheißung von Jes 7,14 erfüllt. Nach Lukas kommt der Engel zu Maria, um ihr die Geburt durch den Heiligen Geist anzukündigen. Beide Evangelien stimmen darin überein, dass Maria noch mit keinem Mann Geschlechtsverkehr hatte. Weder Joseph noch ein anderer Mann kommt als leiblicher Vater in Frage. Darin drückt sich die Besonderheit und Einmaligkeit Jesu aus, die sein Leben von Anfang an bestimmt. Seine unmittelbare Herkunft von Gott unterscheidet ihn von allen anderen Menschen. So bringt die Jungfrauengeburt zur Geltung, dass der wahre Mensch zugleich wahrer Gott ist. Dass Maria Jesus vom Heiligen Geist empfangen und ihn als Jungfrau geboren hat, ist somit in erster Linie eine christologische Aussage. Das biologische

Wunder steht im Dienst des Zeugnisses von Gottes Handeln an Jesus Christus und durch ihn, wie Maria sich selber als »Magd des Herrn« versteht (Lk 1,38).

Es fällt auf, dass weder Markus noch Johannes, weder Paulus noch die übrigen Autoren des Neuen Testamentes die Jungfrauengeburt erwähnen. Offensichtlich stand dieser Gedanke für die Urchristenheit beim Zeugnis von Jesus nicht im Vordergrund. Für die Reformatoren gab es keinen Grund, diesen Bestandteil des Glaubensbekenntnisses zu problematisieren. Ich gestehe, dass die Frage nach der biologischen Herkunft Jesu für meinen Glauben unwichtig ist, aber ich weiß, dass andere Christenmenschen sich damit schwertun. Ein Mitchrist erklärte, er könne das Glaubensbekenntnis (Credo) im Gottesdienst nicht mitsprechen, weil Aussagen wie »geboren von der Jungfrau Maria« mit seinem Denken unvereinbar seien. Er plädierte für moderne Formen des Credo, die solche unzumutbaren Aussagen vermeiden. Ein anderer kritisierte die Theologen dafür, dass sie nicht glaubten, was in der Bibel steht, und er nannte ebenfalls die Jungfrauengeburt als Beispiel dafür. Er selber hielt am wörtlichen Verständnis der Inhalte von Mt 1 und Lk 1 fest und empfand es als Heuchelei, wenn Leute das Glaubensbekenntnis sprechen, ohne an die Jungfrauengeburt im biologischen Sinn zu glauben. Für ihn war nicht die Aussage des Credo unerträglich, sondern ihre moderne theologische Deutung, die er als Zeichen des Unglaubens empfand.

Für mich ist das Bekenntnis »empfangen durch den Heiligen Geist, geboren von der Jungfrau Maria« wahr, aber ich verstehe es nicht als biologische Aussage. Darin unterscheide ich mich von Lukas, von Luther und von vielen Christinnen und Christen, die den biologischen und den theologischen Aspekt als Einheit betrachten. Zugleich bin ich sicher, dass ein großer Teil derer, die als glaubende zugleich denkende Menschen sein möchten, mit mir darin übereinstimmen, die Wahrheit dieses Bekenntnisses nicht an die biologische Seite des Wunders der Menschwerdung Gottes zu binden. Wahrer Gott ist Jesus auch dann, wenn Joseph sein leiblicher Vater war. Ich kann in ihm den wahren Menschen besser erkennen, wenn ich mir die biologische Vaterschaft so erkläre. Nach meinem Verständnis schmälert das weder die Einmaligkeit Jesu noch seine Herkunft von Gott.

Glauben heißt für Luther in erster Linie, Gottes gute Gabe annehmen und alles von ihm erwarten. »Der Glaube ist kein Werk, sondern Lehrmeisterin und Leben(skraft) der Werke« (StA 2,201,20). Zwar gehört es zum Glauben, bestimmte Inhalte zu kennen und als bedeutsam anzuerkennen, aber damit vollzieht der glaubende Mensch kein Werk im Sinne einer Gott wohlgefälligen Leistung. Oft wird Glauben in diesem Sinn missverstanden, sowohl von Gläubigen wie von Ungläubigen. Sie meinen, ein richtiger Christ müsse es für eine Tatsache halten, dass Maria ihren Sohn Jesus als Jungfrau geboren hat. Wer das nicht für möglich hält, gilt als schlechter Christ, oder er meint, als denkender Mensch nicht glauben zu können. Die Jungfrauengeburt steht hier nur als Beispiel für den Konflikt zwischen Glauben und Denken, der oft auf einem Missverständnis des Glaubens beruht. Zum christlichen Glauben gehört das Bemühen, die Wahrheit sowohl auf der

Ebene der Frömmigkeit zu leben als auch denkend zu ergründen. Das geschieht individuell auf höchst unterschiedliche Weise. Im Glaubensbekenntnis, das die Gemeinde im Gottesdienst spricht, abstrahiert sie vom Glauben der Einzelnen, um den Glauben der Kirche »mit den Worten der Väter und Mütter« auszusagen. Jede und jeder Einzelne kann die Aussagen persönlich deuten. Möglich ist es, den gemeinsamen Glauben durch ein Glaubenslied oder ein modernes Credo zu bekennen, aber auf die Sprache der Tradition kann die Kirche nicht verzichten.

Muss Gott Blut sehen?

Den Glaubensartikel »Von der Erlösung« erläutert Luther im Kleinen Katechismus so:

> »Ich glaube, dass Jesus Christus, wahrhaftiger Gott vom
>   Vater in Ewigkeit geboren
> und auch wahrhaftiger Mensch von der Jungfrau Maria
>   geboren, sei mein Herr,
> der mich verlornen und verdammten Menschen erlöst hat,
>   erworben, gewonnen von allen Sünden, vom Tode und
>   von der Gewalt des Teufels,
> nicht mit Gold oder Silber, sondern mit seinem heiligen,
>   teuren Blut
> und mit seinem unschuldigen Leiden und Sterben,
> auf dass ich sein eigen sei …«.

Damit stimmt die Antwort auf die Frage 37 im reformierten Heidelberger Katechismus überein:

»Was verstehst du unter dem Wörtlein gelitten?

Dass er an Leib und Seele die ganze Zeit seines Lebens auf Erden, sonderlich am Ende desselben, den Zorn Gottes wider die Sünde des ganzen menschlichen Geschlechts getragen hat, auf dass er mit seinem Leiden, als mit dem einzigen Sühnopfer, unsern Leib und unsere Seele von der ewigen Verdammnis erlöste und uns Gottes Gnade, Gerechtigkeit und ewiges Leben erwürbe.«

So heftig Lutheraner und Reformierte einander im Konfessionellen Zeitalter bekämpften, so einig waren sie sich im Blick auf die grundlegende Bedeutung des Sühnetodes Jesu für den christlichen Glauben. Immer wieder betonen die Reformatoren, dass Christus sich ein für allemal zur Rettung der Welt geopfert hat. Die Lehre von Christus (Christologie) gehört für sie untrennbar zusammen mit der Lehre von der Erlösung (Soteriologie), und Erlösung erfährt der Mensch im Glauben an Gottes Handeln in Christus. An der katholischen Kirche kritisierten die Reformatoren, dass das menschliche Tun mit dem allein rettenden Wirken Gottes vermischt und nicht deutlich gemacht wurde, dass nur in Christus (*solo Christo*) das Heil zu erlangen ist.

Für Luther ist der Sühnetod Jesu seelsorglich von zentraler Bedeutung. Im »Sermon von der Bereitung zum Sterben« (1519) rät er, den Blick vom Tod an sich auf Christus am Kreuz zu richten: »Das ist Gnade und Barmherzigkeit, dass Christus am Kreuz deine Sünde von dir nimmt, trägt sie für dich und erwürgt sie, und dasselbe fest glauben und vor Augen haben, nicht dran zweifeln,

das heißt das Gnadenbild ansehen und in sich bilden«
(StA 1,236,17–20). »Er ist das Bild der Gnade Gottes wider
die Sünde, die er auf sich genommen und durch seinen
unüberwindlichen Gehorsam überwunden« hat (237,38f.).
Luther folgt einer mittelalterlichen Tradition der Seelsorge,
indem er dazu aufruft, das Bild der göttlichen Gnade nicht
nur äußerlich zu betrachten, sondern sich zu Herzen zu
nehmen, sich »einzubilden«: »Siehe so musst du Christum
in dich bilden und sehen, wie in ihm Gott seine Barmherzigkeit dir vorhält und anbietet ohne alle deine vorherge-
hende Verdienste. Und aus solchem Bild seiner Gnaden
schöpfen den Glauben und (die) Zuversicht der Vergebung
aller deiner Sünden. Darum hebt der Glaube nicht bei den
Werken an, sie machen ihn auch nicht, sondern er muss
aus dem Blut, (den) Wunden und (dem) Sterben Christi
quellen und fließen« (StA 2,30,4–9).

Nach Mk 10,45 hat Jesus seine Lebenshingabe als »Lö-
segeld für viele« verstanden. Beim Abendmahl deutet er
den Kelch als »das Blut des Bundes, das für viele vergossen
wird« (Mk 14,24). Durch Jesu Tod wurden wir mit Gott
versöhnt (Röm 5,10), und dabei ist Gott selbst der Han-
delnde, er hat in Christus die Welt mit sich selbst versöhnt
(2Kor 5,19). Der Hebräerbrief interpretiert Jesu Sühnetod,
indem er ihn zum jüdischen Opferkult in Beziehung setzt
und als dessen Überbietung und Vollendung auslegt. Jesus
ist Hoherpriester und Opfer zugleich, der mit seinem Blut
die Sünder ein für allemal erlöste (7,27; 9,12; 10,14). Die
Rechtfertigung, die Annahme der Verlorenen durch Gott,
ist nur möglich, weil Jesus am Kreuz ihre Sünden auf sich
genommen hat (Röm 5,9; Eph 1,7; Kol 1,20; 1Petr 1,19;

1Joh 1,7). Weitere Stellen wären zu nennen, um die zentrale Bedeutung des Kreuzestodes Jesu im Neuen Testament zu belegen. Es handelt sich also nicht um ein theologisch zweitrangiges Thema wie bei der Jungfrauengeburt.

Das Wort vom Kreuz provoziert von Anfang an Widerspruch. Schon Paulus bemerkt, dass es die Juden für skandalös und die Griechen für töricht halten (1Kor 1,23). Heute wirkt die Rede vom Sühnetod Jesu auch für viele Christenmenschen anstößig. Warum lässt Gott seinen geliebten Sohn grausam zu Tode quälen? Kann er sich nicht ohne dieses schreckliche Unrecht mit den Menschen versöhnen? Ist es gerecht, einen Unschuldigen anstelle der Schuldigen zu bestrafen? Ästhetische Abneigung tritt hinzu: Ein gefolterter Mensch wird öffentlich zur Schau gestellt, und zugleich wird behauptet, er sei Gottes Sohn.

Der Theologe Anselm von Canterbury (1033–1109) wollte in seiner Schrift *Cur deus homo* (= Warum Gott Mensch wurde) das Kreuzesopfer plausibel machen. Da der Mensch seinem Schöpfer die geschuldete Ehrerbietung verweigerte, müsse Gott entweder Genugtuung fordern oder eine entsprechende Strafe verhängen (*aut satisfactio aut poena*). Für unendliche Schuld muss unendliche Satisfaktion geschehen. Dazu ist der Mensch nicht in der Lage. Deshalb konnte nur Gott selbst in Christus die Schuld sühnen. Adolf von Harnack (1851–1930) wandte dagegen ein, es sei ein erschreckender Gedanke, dass Gott nicht aus Liebe vergeben könne, sondern stets eine Bezahlung brauche (TRE 2,775,11).

»Meine Gedanken sind nicht eure Gedanken«, sagt Gott (Jes 55,9). Was wir für einleuchtend halten, bindet

Gott nicht. Wir kommen mit unserer Logik nicht weiter als bis zum biblischen Zeugnis. Paulus wehrt sich heftig dagegen, den Skandal des Kreuzes aufzuheben (Gal 5,11). Er will von keinem anderen Jesus wissen als vom Gekreuzigten (1Kor 2,2). Luther folgt ihm darin leidenschaftlich. Wer Gott in Christus erkennt, der begegnet dem verborgenen und dem offenbarten Gott. Wir haben nicht über Gottes verborgenen Willen zu spekulieren, sondern ihn ehrfürchtig anzubeten als das Geheimnis seiner Majestät, das er sich vorbehalten hat. Klar ist, dass Gott nicht Blut sehen muss, um sich versöhnen zu können. Klar ist aber auch, dass der religiöse Skandal des Kreuzestodes Jesu nicht zu beseitigen ist, ohne dass man dem christlichen Glauben die Basis entzieht.

Luther flieht vom verborgenen zum offenbarten, in Christus uns begegnenden Gott, der am Kreuz zu scheitern scheint, aber in der Auferstehung sich als Sieger erweist. Ohne Ostern ist der Karfreitag nicht zu verstehen. Der Gekreuzigte ist als der Auferstandene gegenwärtig und für alle da. Luther betont immer wieder, dass Christus *für mich, für uns* (*pro me, pro nobis*) gestorben und auferstanden ist. Es geht um die persönliche Aneignung und Wirkung dessen, was Christus für uns getan hat. Sie vollzieht sich im individuellen und im gemeinsamen Leben. Viele Menschen erfahren das Wort vom Kreuz nicht als rational, moralisch oder ästhetisch abstoßend, sondern wie Luther als tröstlich. Der große, verborgene Gott wurde in Jesus mit uns Menschen solidarisch, erlitt die Tiefen des Leides bis hin zur Gottverlassenheit, aber Gott führte ihn durch den Tod zum Leben, und er nimmt uns auf diesem Weg mit. Wer den »Christus für mich« glaubend annimmt, kann die Frage offen lassen, warum Gott mit Jesus den Weg wählte, den das Neue Testament bezeugt.

Dass Jesus sein Leben für die Menschheit hingab, wird weniger durch Verstandes- oder Gefühlswiderstände verdunkelt als vielmehr durch unzählige Untaten, die im Zeichen des Kreuzes verübt wurden. Von den mittelalterlichen Kreuzzügen bis zu den Eisernen Kreuzen zweier Weltkriege erstreckt sich eine Geschichte der Gewalt, die der Botschaft vom Kreuz, durch das Christus Frieden schuf (Eph 2, 14–16), widersprach und seiner Glaubwürdigkeit schadete. Bis heute nährt die Erinnerung an die Kreuzzüge unter orientalischen Moslems die Abneigung gegenüber dem Christentum. Im Jahre 1203 eroberten die Kreuzfahrer im Namen Jesu Christi die von orthodoxen Christen bewohnte Stadt Konstantinopel, plünderten und verwüsteten sie unter Gräueltaten an der Zivilbevölkerung. Im Zeichen des Kreuzes schleppte die Inquisition Ketzer zum qualvollen Tod auf dem Scheiterhaufen. Auch im protestantischen Raum starben Menschen den Feuertod. Calvin versuchte zwar in Genf, für den Ketzer Michael Servet die Enthauptung statt des Verbrennens zu erreichen, aber für die Hinrichtung trat er ein, ebenso wie der sonst milde Melanchthon. Während Servet seine Katastrophe durch provozierende Äußerungen und unkluges Verhalten mit verursacht hatte, traf die Barbarei der Folter und der Verbrennung viele angebliche Hexen, ohne dass sie tatsächlich ein nach damaligem Recht todeswürdiges Verbrechen begangen hatten. Der Hexenwahn wütete in katholischen, lutherischen und reformierten Gebieten.

Die Liste der von Christen begangenen Freveltaten ist lang und wird von Feinden des Christentums gern ausgebreitet. Das in der Kolonialgeschichte besonders in Lateinamerika geschehene Unrecht lässt bis heute giftige Früchte wachsen. Der Blick in die Geschichte wirft die Frage auf: Woher kommt der Widerspruch zwischen der Botschaft von der Versöhnung (2Kor 5,17–21) und der unversöhnten Realität auch bei Christen? Dieser Widerspruch ist ja bis heute vorhanden, obwohl die Zeiten der Kreuzzüge und Hexenverbrennungen weit zurückliegen. In den USA bekämpfen konservative Christen die Bemühungen des ersten afroamerikanischen Präsidenten, alle in die medizinische Versorgung einzubeziehen. Sie verleumden seine Anstrengungen für mehr soziale Gerechtigkeit als Sozialismus und scheuen sich nicht, ihn mit Terroristen in Verbindung zu bringen. Das achte Gebot »Du sollst nicht falsches Zeugnis reden wider deinen Nächsten« ignorieren sie und beten zugleich zu dem Gott, der das geboten hat.

Kapitel 4

»Der alt böse Feind«

»… dein heiliger Engel sei mit mir, dass der böse Feind keine Macht an mir finde«. So endet Luthers Morgen- und Abendsegen. Engel gehören wieder zur Frömmigkeit, nachdem sie weitgehend aus dem theologischen Blickfeld verschwunden waren. Sie tragen nicht immer das Attribut »heilig«, aber sie haben einen guten Ruf. Dass die Tradition auch von »gefallenen« Engeln spricht, ist weniger bekannt. Den Teufel samt der Hölle hat das moderne Denken in die Welt der Märchen und Mythen abgeschoben. Ob er sich dort einsperren lässt, ist fraglich. Für Luther ist er ein stets negativ wirksamer Teil des Lebens, den er sich wie Gott als Person vorstellt. Der Mensch ist wie ein Pferd, das entweder von Gott oder vom Teufel geritten wird und dorthin gehen muss, wohin der jeweilige Reiter führt. Beide streiten sich darum, den Menschen zu besitzen und zu führen (LDStA 1,290,23–28). Dieses Bild, das Luther in der Schrift *De servo arbitrio* (= Vom unfreien Willen) gebraucht, ist nicht so zu verstehen, als sei der Mensch jeweils total von Gott oder vom Teufel regiert. An anderer Stelle bezeichnet Luther den glaubenden Menschen als zugleich gerecht und sündig (*simul iustus et peccator*). Er kann aber nicht zugleich Gott und dem

Teufel gehören. Wer getauft ist, gehört Gott, hat sich stets daran zu halten und dieser Tatsache zu vergewissern, besonders, wenn der Teufel ihm diese Gewissheit rauben will.

Bilder des Lebens und des Todes

Als Gegenspieler Gottes ist der Teufel zwar unterlegen, aber »groß Macht und viel List sein grausam Rüstung ist, auf Erd ist nicht seinsgleichen« (EG 362,1). Die Macht des Teufels ist auf die Erde beschränkt, aber dort ist sie so gewaltig, dass Luther ihn in seinem wohl populärsten Lied von der festen Burg den »Fürst dieser Welt« nennt. Ihm gelingt es immer wieder, die Menschen zum Bösen zu verführen und auch die Gläubigen zu ängstigen und zu verunsichern. Wer glaubt, braucht ihn aber nicht zu fürchten, denn »er ist gericht', ein Wörtlein kann ihn fällen«: Jesus. In den Bedrängnissen des Lebens, besonders aber in der letzten Anfechtung durch den Tod versucht der Teufel, die Glaubenden von Gott zu entfernen. Er muss weichen, wenn ihm Christus entgegengehalten wird. Schon in der mittelalterlichen Frömmigkeit, namentlich in der *ars moriendi*, der Anleitung zur »Kunst des (seligen) Sterbens«, empfahl man, dem sterbenden Menschen ein Kruzifix in die Hand zu geben, damit er sich gegen den Versucher buchstäblich an Christus hält, den Sieger über Sünde, Tod und Teufel.

Luther folgt dieser Tradition, wie beispielhaft am »Sermon von der Bereitung zum Sterben« (1519) gezeigt sei.

Der Teufel verleitet die Menschen dazu, dass sie sich im Sterben die erschreckenden Bilder des Todes, der Sünden und der Hölle vorhalten. Was der Mensch in gesunden Tagen hätte bedenken und anschauen sollen, das stellt der böse Geist ihnen jetzt vor Augen, ganz und gar zur Unzeit. Die Seelsorge lenkt den Blick weg von den negativen Bildern: Du musst »deine Augen, deines Herzens Gedanken und alle deine Sinne gewaltig abkehren von demselben Bild und den Tod stark und emsig ansehen nur in denen, die in Gottes Gnaden gestorben (sind) und den Tod überwunden haben, vornehmlich in Christo, danach in allen seinen Heiligen. Sieh, in diesen Bildern wird dir der Tod nicht schrecklich noch gräulich, sondern gering geachtet und getötet und im Leben erwürgt und überwunden. Denn Christus ist nichts als nur Leben, seine Heiligen auch, und je tiefer und fester du dir dies Bild einprägst und ansiehst, desto mehr fällt des Todes Bild ab und verschwindet von selbst« (StA 1,235,36–236,2).

Wie der glaubende Mensch im Blick auf Christus das Leben gewinnt, so verfällt er dem geistlichen Tod, wenn er dem Locken des Teufels folgt. Das Leben ereignet sich als Auseinandersetzung zwischen dem positiven Bild Christi, das der Heilige Geist vor Augen malt, und dem negativen des Todes, das der Teufel eingibt. Wie Jesus in der bildenden Kunst als Mensch anschaulich wird, so nimmt auch der Teufel samt seinen Spießgesellen die Form von Personen an, meist in abstoßender Art dargestellt. Diese bildhafte Personifizierung wurde seit dem Mittelalter auf bestimmte Menschen übertragen. Das Böse erschien somit nicht mehr nur als abstraktes Prinzip, sondern es wurde Person in Ketzern, Hexen, Juden oder Türken. Der Menschwerdung (Inkarnation) des Guten steht nun die Inkarnation des Bösen in konkreten Menschen gegenüber. Vermeintliche und echte Gefahren werden in irrationaler Weise vermischt, zum Beispiel die reale Bedrohung durch die Türken im 16. und 17. Jahrhundert und die absurden Vorwürfe gegen Hexen und Juden. Verbündet sich die Kirche mit der staatlichen Macht, führt der Kampf gegen das vermeintlich Böse zu brutalem Unrecht. In der Reformationszeit geschah das bei der Verfolgung der Täuferbewegung.

Der Teufel und die Ideologien

Mit der Aufklärung entwickelte sich Toleranz in den geistigen Auseinandersetzungen. Als die verhängnisvolle Verflechtung von kirchlicher und staatlicher Macht sich allmählich auflöste, traten andere Kräfte auf die Bühne der Geschichte, um ihre Ideologie gewaltsam durchzusetzen. »Freiheit, Gleichheit und Brüderlichkeit« (*liberté, égalité, fraternité*), proklamierte die Französische Revolution 1789, aber wenige Jahre später wütete die Guillotine unter dem Terrorregime der Jakobiner. Tausende von katholischen Priestern, Mönchen und Nonnen, aber auch zahlreiche evangelische Pfarrer fielen dem Blutrausch einer Bewegung zum Opfer, in der die Vernunft als neue Gottheit verehrt werden sollte. Katholische und evangelische Christen sahen sich erstmalig in Europa gemeinsam einer brutalen Verfolgung ausgesetzt, die sich gegen das Christentum als Ganzes richtete. Robespierre war der führende Kopf des Revolutionstribunals, dem er selber schließlich 1794 zum Opfer fiel. In seiner Person verbindet sich eine politische Ideologie mit einem rücksichtslosen diktatorischen Machtanspruch, ähnlich wie im 20. Jahrhundert bei Hitler und Stalin.

Die Gräueltaten der Französischen Revolution sind aber nicht auf die Person von Robespierre einzugrenzen, ebenso wenig wie die Verbrechen des Nationalsozialismus auf Hitler und die des Stalinismus auf Josef Wissarionowitsch Stalin. Das unermesslich Böse, das unter der Verantwortung der beiden Letztgenannten geschah, ist nicht in ihnen zu personifizieren. Sie stehen exemplarisch für die teuflischen Mächte, die sich aller Aufklärung zum Trotz ihre Opfer suchen und dafür massenhaft Täter finden. Weder Hitler noch Stalin oder Pol Pot haben eigenhändig Frauen und Kinder in Gaskammern getrieben, erhängt oder erschlagen. Sie fanden bereitwillige Handlanger, die die teuflischen Befehle ausführten und danach meist ein bürgerliches Leben führten. Teuflische Befehle trieben auch amerikanische und englische Bomberpiloten dazu, im Frühjahr 1945 ohne jeden militärischen Sinn die deutsche Zivilbevölkerung durch ihre mörderischen Angriffe zu terrorisieren. Die Besatzungen der Flugzeuge, meist junge Leute, wurden gezwungen, an Handlungen teilzunehmen, die selbst unter Kriegsbedingungen nicht zu verantworten waren und auch nicht durch den berechtigten Hinweis auf die deutschen Verbrechen entschuldbar sind. Daran zeigt sich, wie schwierig es ist, das Böse zu identifizieren und zu personifizieren. Der oder die Einzelne wird in das

Unrecht verstrickt, ohne die Zusammenhänge zu durchschauen und ohne sie erkennbar ändern zu können.

In der Geschichte des Christentums wurde das Böse oft einseitig und in übertriebener Weise in der Sexualität gesehen. Der große Kirchenvater Augustin (354–430), der starken Einfluss auf das Mittelalter und auf Luther ausübte, brachte die Sexualität mit der Erbsünde in Verbindung, und noch bei Lew Tolstoi (1828–1910), der selber 13 Kinder zeugte, erscheint das Sexuelle als negativ. Heute steht mit Recht die positive Sicht des Sexuellen als Schöpfungsgabe im Vordergrund. Allerdings zeigen die Fälle sexuellen Missbrauchs, von dem auch die evangelische Kirche nicht frei ist, wie wichtig der verantwortliche Umgang mit Sexualität nach wie vor ist. Auf evangelischer Seite sind die fragwürdigen Elemente von Kirchenzucht aus Gründen sexueller Verfehlung, die bis ins 20. Jahrhundert praktiziert wurden, im Vergleich zu Missbrauchshandlungen harmlos oder sogar läppisch. Zum Beispiel wurde noch in den 1920er Jahren »gefallenen Bräuten« bei der kirchlichen Trauung der Brautkranz verwehrt. In vielen Fällen fand der »Sündenfall« vor der Trauung statt, ohne dass ihn jemand entdeckte. Bestraft wurde, wer ehrlich war oder Pech hatte. Hinter dieser seelsorglich kontraproduktiven Praxis stand die negative Sicht des Sexuellen, für die der voreheliche Geschlechtsverkehr als besonders verwerflich galt. Heute freut sich die Gemeinde, wenn sich junge Leute überhaupt zur Ehe entschließen, und noch mehr, wenn sie dafür in der Kirche Gottes Segen erbitten.

Stand im Sündenspiegel lange das 6. Gebot im Vordergrund, als sei das Böse vorwiegend im sexuellen Bereich konzentriert, so ist es heute mehr vom 5. und 7. Gebot her zu identifizieren. Zum Tötungsverbot sagt Luther im Kleinen Katechismus: »Wir sollen Gott fürchten und lieben, dass wir unserm Nächsten an seinem Leibe keinen Schaden noch Leid tun, sondern ihm helfen und fördern in allen Leibesnöten«. Es genügt nicht, die aktive böse Tat zu unterlassen. Gottes Gebot zielt auf die Überwindung des Bösen durch das Gute, wie Röm 12,21 sagt: »Lass dich nicht vom Bösen überwinden, sondern überwinde das Böse mit Gutem«. Dem Mitmenschen in allen Leibesnöten helfen, heißt: ihm beistehen, wenn sein Leben gefährdet ist. Ebenso schreitet Luther beim 7. Gebot von der Abwehr des Negativen zum positiven Tun fort: »Du sollst nicht stehlen« bedeutet: »Wir sollen Gott fürchten und lieben, dass wir unsers Nächsten Geld oder Gut nicht nehmen noch mit falscher Ware oder Handel an uns bringen, sondern ihm sein Gut und Nahrung helfen bessern und behüten«.

Als falsche Ware oder Handel würde Luther sicher die Finanzspekulationen unserer Zeit verurteilen, bei denen mit nicht vorhandenem Geld gehandelt und Milliarden Dollar verdient oder verloren werden. Im Großen Katechismus kritisiert er Händler, die mit »seltsamen Finanzen« andere betrügen (BSLK 617,42). Heute würde er die Rücksichtslosigkeit verdammen, mit der Menschen verführt werden, Kredite aufzunehmen, die sie nicht abzahlen können, um dann ihr teuer erworbenes Haus für einen Spottpreis verkaufen zu müssen und in einem Wohnmobil zu kampieren, wie es in den USA massenhaft geschah. Gegen das 7. Gebot verstoßen wir, indem wir Schulden anhäufen, die unsere Nachkommen bezahlen müssen. So nehmen wir »unseres Nächsten Geld oder Gut«, und wir tun es nicht nur auf dem ökonomischen, sondern auch auf dem ökologischen Gebiet, indem wir die Natur ausplündern, von der kommende Generationen leben wollen und müssen. Auch auf diesem Gebiet ist das Böse oft undeutlich oder gar nicht identifizierbar. Was macht das bisschen CO_2, das mein Auto ausstößt, angesichts der Flut von Lastwagen? Es finden sich Wissenschaftler, die nachweisen wollen, dass der Klimawandel nicht durch Menschen verursacht wird, sondern einen natürlichen Prozess darstellt. Sie fallen im Interesse der fossilen Industrie dem Präsidenten der USA und den Umwelt-Aktivisten in den Rücken, um ein weltweites Abkommen zum Klimaschutz zu sabotieren. Manche behaupten, dabei ein soziales Interesse zu verfolgen. Es gehe um Arbeitsplätze, die durch zu viel Umweltschutz gefährdet würden.

Unsere Gesellschaft wird mitunter als »Wissensgesellschaft« charakterisiert. Melanchthon konnte noch als Universalgelehrter das Wissen seiner Zeit so überblicken, dass er in der Lage war, Lehrbücher der meisten Wissenschaften zu verfassen. Heute ist das Wissen so spezialisiert, dass die meisten Wissenschaftler nur für einen kleinen Ausschnitt der Wirklichkeit Experten sind. Die Gefahr ist groß, Urteile abzugeben, für die die eigene Kompetenz nicht ausreicht, und gerade Theologen sind sich dieses Problems bewusst. Es ist aber notwendig, über den eigenen Fachbereich hinauszuschauen und Zusammenhänge zu sehen und möglichst zu verstehen, die für das Leben bedeutsam sind. Das Wissen der Wissensgesellschaft reicht dennoch in vielen Fällen nicht aus, um zu erkennen, was gut oder böse ist, und mitunter wird die Wissenschaft dazu missbraucht, eigennützige Interessen zu begründen.

Gott und Abgott

Die Frage, was jeweils ethisch geboten ist, und die Entscheidung, was wir tun oder lassen sollen, ist für Luther im Grunde eine Glaubensfrage. Was das Gute ist, das wir zu tun haben, ergibt sich aus dem 1. Gebot, das uns anhält, Gott über alle Dinge zu fürchten, zu lieben und ihm zu vertrauen. Daran will der Teufel uns hindern. Viele Menschen lassen sich von ihm dazu verführen, dass sie bei ihm, bei Menschen oder Kreaturen suchen, »was allein bei Gott durch einen reinen, bloßen Glauben, Zuversicht und fröhliches Erwägen und Anrufen seines heiligen Namens sollte gesucht und gefunden werden« (StA 2,37,25–27). »Alleine das Trauen und Glauben des Herzens macht beide, Gott und Abgott« (BSLK 560,16f.). Aberglaube ist Sünde gegen das 1. Gebot, denn im Aberglauben vertraut der Mensch anderen Mächten als Gott, und das heißt, er lässt sich vom Teufel verführen und sucht Beistand bei ihm statt bei Gott. Schwarze Magie ist für Luther kein Hokuspokus, sondern wirksames Handeln, weil die Beteiligten daran glauben (WA 1,402,21). Gegen die Anwendung okkulter Heilmethoden bei behexten Kindern wendet er ein: »Suche entweder die natürliche Medizin, oder bete in schlichtem Glauben zu Gott. Warum bringst du das Geschöpf Gottes dem Teufel zum Dienst und zur

Heilung dar?« (402,30 f.). Von der Astrologie hielt Luther im Unterschied zu Melanchthon nichts, er beurteilte sie als wirkungslos und spottete darüber, dass sie »heftig begehrt, eine Wissenschaft zu sein, aber die ihr angeborene Torheit nicht ablegen kann« (404,1 f.). Seine Ablehnung dieser damals wissenschaftlich anerkannten Lehre hängt mit seinem Menschenbild zusammen: »Jede schlechte Neigung kommt nicht von außen, sondern aus unserem Inneren« (404,24 f., wo Luther sich auf Mt 15,19 bezieht), deshalb können die Sterne uns weder positiv noch negativ beeinflussen. Wer sein Leben vom Lauf der Sterne abhängig macht, verstößt gegen das Gebot, Gott über alle Dinge zu fürchten, zu lieben und zu vertrauen.

Die marxistische wie die neue materialistische Religionskritik wirft Glauben und Aberglauben in einen Topf. Ob Menschen zu Gott beten oder den Teufel beschwören, gilt gleichermaßen als reaktionäres, wissenschaftsfeindliches Verhalten. Der Materialismus ist zwar tief in das Denken der modernen Menschen eingedrungen, lässt aber doch viele unbefriedigt. Als Ersatz für den verlorenen Gottesglauben etablierte sich ein reichhaltiger Esoterik-Markt. »Esoterik« ist ein Sammelbegriff für eine unüberschaubare Menge von Angeboten einer diffus religiösen Praxis. Von der Wortbedeutung her ist Esoterik für einen »inneren Kreis« bestimmt, man könnte es auf Neudeutsch mit religiösem »Insiderwissen« übersetzen. »Religiös« ist dabei in einem weiten Sinn zu verstehen, und bei dem Wissen handelt es sich meist um ein Geheimwissen. Im Handel werden Artikel angeboten, die in der Esoterik-Szene Absatz finden, deren Zusammenhang mit Religion aber schwer erkennbar ist, zum Beispiel Lichtnahrungsessenzen für 30 Euro, Aurasprays für 25 Euro, Verjüngungscremes für 99,90 Euro. Nach Schätzungen beträgt der Umsatz bei Esoterik-Artikeln in Deutschland bei steigender Tendenz jährlich bis zu 35 Milliarden Euro.

Zwischen schwarzer und weißer Magie wird unterschieden. Schwarze Magie ist das Bemühen, mit Hilfe bestimmter Praktiken übersinnliche Kräfte gegen andere Menschen zu mobilisieren. Weiße Magie will dagegen Menschen oder Tieren helfen, zum Beispiel durch das Besprechen von Hautkrankheiten, die durch ärztliche Behandlung nicht geheilt werden können. Zur Magie gehören festgelegte Formeln und Riten, denen Macht zugeschrieben wird. Wer magische Handlungen vornimmt, übt vermeintlich oder wirklich Macht aus und will das Unverfügbare seinem Willen unterwerfen.

Die Grenze zwischen ernster Gefährdung und spielerischem Umgang mit Okkultismus und Aberglauben ist unscharf. Wenn 77 % der Westdeutschen und sogar 78 % der Ostdeutschen regelmäßig oder hin und wieder Horoskope studieren (zeitzeichen 2004/12), dürfte ein großer Teil das mehr aus Neugier denn aus Glauben an die Sterne tun. Manche magischen Handlungen, die früher verworfen wurden, sind heute als harmlos einzustufen. Zum Beispiel galt das Suchen von Wasseradern mit der Wünschelrute lange als okkulte und damit verwerfliche Handlung. Auch Luther sprach kritisch darüber. Bemerkenswert ist, dass auch der Materialist Otto Prokop in seiner Okkultismus-Kritik den Wünschelrutengang kritisierte, weil er dem materialistischen Weltbild widerspricht. Natürlich ist das für Christen nicht maßgeblich, und es ist nicht einzusehen, was an dieser Handlung teuflisch sein soll. Prokop verwarf ebenso die Homöopathie und die Akupunktur, weil ihre Wirkungen naturwissenschaftlich nicht erklärbar sind. Dagegen ist zu sagen: »Wer heilt, hat Recht«. Es gibt ja auch Gebetsheilungen, die schulmedizinisch nicht zu erklären, aber auch nicht als magische Handlungen zu bezeichnen sind.

Jahrhundertelang wurden Hexen grausam verfolgt, weil sie sich angeblich mit dem Teufel eingelassen hatten, was auch sexuellen Umgang eingeschlossen haben soll. Luther teilte diesen Wahn mit den Menschen seiner Zeit. Nachdem die Aufklärung diese Verirrung überwunden hatte, spukten die Hexen weiter als negative Gestalten im Märchen, und Hexe galt als Schimpfwort. Heute gibt es die sogenannten »neuen Hexen«, die sich im 20. Jahrhundert in Großbritannien zunächst als Geheimzirkel bildeten und einen neuheidnischen Kult pflegen. Frauen und Männer werden durch einen Einweihungsritus in die Gruppe aufgenommen, die in der Regel von einer Hohepriesterin und einem Hohepriester geleitet wird. Neben diesem im strengen Sinn esoterischen Kult entwickelte sich eine mehr individuelle Form des modernen Hexentums. Ohne ideologischen Hintergrund dient die Hexe spielerischen Unternehmungen, die oft als örtliches Brauchtum gepflegt werden, zum Beispiel die Walpurgisnacht am 30. April. Hier handelt es sich mehr um eine ästhetische als eine religiöse Frage. Das gilt auch für Halloween, den Kürbisabend am 31. Oktober. Am Vorabend von Allerheiligen (1.11.) veröffentlichte Luther bekanntlich seine 95 Thesen in

Wittenberg. Der Reformationstag hat seine Bedeutung für die Bevölkerung weitgehend auch dort verloren, wo er als staatlicher Feiertag begangen wird. In vielen Gemeinden findet kein Gottesdienst oder eine andere dem Inhalt des Tages gewidmete Veranstaltung statt. Dass Halloween innerhalb weniger Jahre so populär werden konnte, zeigt den starken Einfluss des kommerziellen Marketing auf die Gesellschaft. Sollten in diesem neuen Brauch uralte heidnische Elemente überleben, spielen sie heute keine Rolle mehr.

Neben dem harmlosen steht das bösartige Spiel, das sich als Kunst darstellt und das Heilige in den Schmutz zieht. »Das Abendmahl als Lachnummer« ist ein Artikel in »Die Zeit« vom 25. 11. 2010 überschrieben, in dem der frühere Bischof Professor Wolfgang Huber feststellt: »Was Christen heilig ist, wird in zeitgenössischen Operninszenierungen regelmäßig verhöhnt. Nur dem Islam zollt man dort noch Respekt«. Mozarts Don Giovanni sitzt in der Deutschen Oper Berlin in der Mitte der Tafel, die Leonardo da Vincis »Abendmahl« nachäfft, umgeben von seinen Kumpanen, die die Jünger repräsentieren. Er bricht das Brot, dann geht das Mahl in eine Orgie über, bei der Donna Elvira auf dem Tisch liegt. Das Publikum lässt sich diese Geschmacklosigkeit gefallen. Kein Protest wurde laut und niemand verließ den Raum. Huber weist darauf hin, dass kein Regisseur Entsprechendes gegenüber dem Islam wagt. Die Christen aber lassen sich alles gefallen, die Freiheit der Kunst erlaubt jede Beleidigung. Hier hilft kein Ruf nach dem Staat und seinen Gesetzen, aber es würde helfen, wenn die Christen solche Veranstaltungen boykottierten oder dagegen protestierten.

Auch beim Satanismus gibt es eine eher spielerische Variante, bei der meist junge Leute durch eine Provokation auffallen wollen, etwa indem sie die Zahl 666 oder ein auf dem Kopf stehendes Kreuz an eine Kirche schmieren. Das muss keine antichristliche Aktion sein, zumal die Täter oft den Sinn dieser Symbole gar nicht kennen. Ernst zu nehmen ist der Satanismus, wenn die Beziehung zum Satan dem Glauben an Gott entgegengesetzt wird und der Mensch sich an Gottes Stelle setzt. Von dem Engländer Aleister Crowley (1875–1947) stammen die im Satanismus verbreiteten Sätze: »Es gibt keinen Gott außer dem Menschen« und »Tu, was du willst, sei das ganze Gesetz«. Natürlich sind nicht alle Atheisten Satanisten. Humanistisch gesinnte Atheisten distanzieren sich vom Satanismus. Atheismus und Selbstvergottung des Menschen hängen nicht wie im Satanismus zwangsläufig zusammen. Macht aber der Mensch sich selbst zu Gott, regiert ihn der Teufel, und die Grenze zur Kriminalität wird schnell überschritten, weil der Mensch sein eigener Gesetzgeber ist.

Hier gilt Luthers drastisches Bild vom Pferd, das nur *einen* Reiter tragen kann: Gott oder den Teufel. Hat der Teufel von einem Menschen Besitz ergriffen, muss er ausgetrieben werden. Dass Jesus Dämonen ausgetrieben und damit Menschen geheilt hat, bezeugt das Neue Testament vielfach (Mt 15,21–28; Mk 1,23–28; 5,1–20; 7,24–30; 9,14–29; Lk 4,33–37 u. ö.).

Das Beschwören der Dämonen (Exorzismus) ist nach Adolf von Harnack ein Hauptgrund für die Missionserfolge der frühen Christenheit (TRE 10,750,16 f.). Im 4. Jahrhundert bildete sich das Exorzistenamt aus, das in der katholischen Kirche bis heute ausgeübt wird, allerdings umstritten ist. Luther hielt am Exorzismus bei der Taufe fest. Die Taufliturgie beginnt in seinem »Taufbüchlein« mit dem Satz: »Fahr aus, du unreiner Geist, und gib Raum dem heiligen Geist« (BSLK 538,18). Hier folgt Luther Augustin, dessen Erbsündenlehre den Menschen von Geburt an mit dem Teufel in Verbindung bringt. Dieser Gedanke ist nicht biblisch begründet, und der Exorzismus bei der Taufe ist schon bei den Reformatoren umstritten, wurde von Zwingli abgelehnt, und heute gehört er nicht mehr zur Säuglingstaufe.

Ob der Exorzismus in der heutigen Seelsorge einen Platz haben kann, hängt davon ab, ob und wie die Beteiligten den »alt bösen Feind« als reales Gegenüber sehen, von dem sie frei sein wollen. Es ist nicht theoretisch zu entscheiden, ob es Dämonen gibt oder nicht, sondern maßgeblich ist die Sicht der Betroffenen. Eduard Thurneysen (1888–1974), ein Freund Karl Barths, nahm in seine Lehre von der Seelsorge einen Paragraphen über »Seelsorge als Exorzismus« auf, in dem er schrieb: »Hinter der Gefangenschaft des Menschen unter die Sünde sieht die Heilige Schrift ein unsichtbares Reich böser Geister und Gewalten. Aber auch in diesen verborgenen Tiefen wird Gott Meister in Jesus Christus. Wo Vergebung der Sünden, da ist Satans Reich zu Ende. Er darf die Menschen nicht mehr länger quälen und verführen. ›Ein Wörtlein kann ihn fällen‹. Weil die Seelsorge dieses Wort ausrichtet, darum ist ihr Werk zu verstehen als das Werk der Austreibung der Dämonen und der Aufrichtung der großen Hoffnung auf den endgültigen Sieg Christi« (280). Thurneysen versteht also Exorzismus in einem weiten Sinn als Befreiung vom Bösen und Gottwidrigen durch das Wort Gottes, eine Befreiung, die zuerst die einzelne Person aus dem Bereich des Teufels herausholt, dann aber auch sich in der Gesellschaft auswirkt.

1976 starb in Österreich eine Studentin nach mehreren Exorzismen, die ein katholischer Priester vorgenommen hatte. Diese Tragödie verstärkte die Vorbehalte gegen Exorzismen auch auf katholischer Seite. Umstritten ist das Verständnis von Besessenheit. Vor der Aufklärung ging die Theologie davon aus, dass neben und in der sichtbaren Welt eine unsichtbare Welt der guten und bösen Geister lebt, also der Engel und Dämonen. Während die Engel im Dienst Gottes stehen, dienen die Dämonen dem Teufel. Sie können von einem Menschen Besitz ergreifen, ihn quälen und zu negativen Handlungen verführen, auch zum Abfall von Gott. Dieser massive Dämonenglaube ist keineswegs durch das moderne wissenschaftliche Denken ausgestorben und bestimmt die Seelsorgepraxis in manchen charismatischen Gruppen, vor allem weltweit in Pfingstkirchen. In den evangelischen Landeskirchen findet das Problem wenig Beachtung und wird gegebenenfalls der psychiatrischen Behandlung zugewiesen. Die katholische Kirche legt großen Wert darauf, dass Menschen, die für einen Exorzismus in Frage kommen, vorher fachärztlich behandelt werden. Seelsorge darf auf keinen Fall zur Kurpfuscherei entarten.

Es gehört nicht zum Inhalt des christlichen Glaubens, gleich welcher Konfession, das Weltbild des Altertums mit seinem Teufels- und Dämonenglauben zu übernehmen.

Wer mit Luther an Christus glaubt, muss ihm nicht in seinen Vorstellungen vom Teufel folgen, in denen das Böse und Gottwidrige persönliche Gestalt annimmt. Viel wichtiger ist es, mit Luther zu glauben, dass Christus durch seinen Tod und seine siegreiche Auferstehung alle Mächte des Bösen überwunden hat. Christenmenschen glauben nicht an den Teufel, sondern sie halten ihm entgegen: »Fühlst du den Stärkeren, Satan, du Böser? Jesus ist kommen, der starke Erlöser« (Johann Ludwig Konrad Allendorf, 1736, EG 66,3).

Kapitel 5

Christus für uns und in uns

Luther unterscheidet zweierlei Glauben. Der erste akzeptiert die Aussagen des Evangeliums als gültig für andere. Dazu sagt Luther: »Siehe, dieser Glaube ist nichts, empfängt auch noch schmeckt Christum nimmermehr, kann auch keine Lust noch Liebe von ihm und zu ihm empfinden. Es ist ein Glaube *von* Christus, und nicht *zu* oder *an* Christus, welchen auch die Teufel haben samt allen bösen Menschen« (WA 10 I 2,24,10–13). Der andere, allein christliche Glaube hält sich daran, dass Christus »dir selbst, ja dir selbst mehr denn allen andern« der Erlöser ist. »Der Glaube (wie wir oft gesagt haben) soll so gestaltet sein, dass ein jeglicher die Auferstehung des Herrn Jesu Christi sich zu eigen mache; dass es nicht genug sei allein zu glauben, dass er von den Toten auferstanden sei; denn davon folgt weder Friede noch Freude, weder Kraft noch Macht. Darum musst du also glauben, dass er auferstanden sei um deinetwillen, dir zugute und nicht um seiner selbst willen in die Ehre gesetzt sei, sondern dass er dir und allen, die an ihn glauben, helfe und dass durch seine Auferstehung Sünde, Tod und Hölle überwunden sei« (WA 12,518,11–18).

Rechtfertigung allein durch Christus

Ein knappes Jahr vor seinem Tod, im März 1545, verfasste Luther eine Vorrede zum ersten Band seiner lateinischen Werke, in der er sich daran erinnert, wie ihm aufging, was »Gerechtigkeit Gottes« bei Paulus bedeutet. Er hatte den Begriff von seiner Ausbildung her so verstanden, dass er die richtende Gerechtigkeit Gottes zum Inhalt hat, die den jungen Luther so erschreckte, dass er die Rede von Gottes Gerechtigkeit geradezu hasste (LDStA 2,505,23 f.). Nachdem er Tage und Nächte darüber nachgedacht hatte, erbarmte sich Gott seiner, so dass er erkannte: Gerechtigkeit Gottes heißt, dass der Mensch durch Gottes im Glauben angenommenes Geschenk gemäß Röm 1,17 als Gerechter leben kann (vgl. 507,1–11). Rechtfertigung ist die Begnadigung des Sünders allein um Christi willen (*solo Christo*), die der Mensch durch keine eigene Anstrengung verdienen, sondern nur durch Gottes Gnade (*sola gratia*) im Glauben empfangen kann (*sola fide*). Für Luther bildet dieses dreifache »allein« das Zentrum seines Denkens. »Der Artikel von der Rechtfertigung ist ein Meister und Fürst über alle Arten von Lehre und er regiert jedes Gewissen und die Kirche. Ohne ihn ist die Welt fade und lauter Finsternis« (WA 39 I 205,20–22).

Negativ ergibt sich aus dieser Erkenntnis, dass menschliches Tun nichts zur Rechtfertigung beizutragen vermag. Unermüdlich wiederholt Luther, dass die »Werke« des Menschen nichts zu seiner Rettung bewirken. Christus hat am Kreuz ein für allemal das Heil für alle erworben, die es im Glauben annehmen. Mit dieser exklusiven Betonung des »allein durch Christus« befreit Luther die Religion von jeder Zweckbindung. Der Sinn des Glaubens liegt nicht in einem nachweisbaren Nutzen, sondern im Glaubensakt selbst. Luther fühlte sich durch die genannte Erkenntnis wie neu geboren und durch geöffnete Tore ins Paradies versetzt (LDStA 2,507,9–11).

Der glaubende Mensch macht sich das verkündigte Christusgeschehen zu eigen und bekennt: »Ich glaube, dass Jesus Christus … sei mein Herr, der mich verlorenen und verdammten Menschen erlöst hat, erworben, gewonnen von allen Sünden, vom Tode und von der Gewalt des Teufels, nicht mit Gold oder Silber, sondern mit seinem heiligen teuren Blut und mit seinem unschuldigen Leiden und Sterben, auf dass ich sein eigen sei …« (Kleiner Katechismus). Glauben heißt, sich Christus als dem Herrn anzuvertrauen und zu unterstellen, um sich von ihm leiten zu lassen. Im Gefolge der Feministischen Theologie entstand eine Abneigung dagegen, Christus oder Gott als »Herr« anzusprechen. Manche reden lieber von ihm als »Bruder«. Insofern er die Glaubenden zu Gottes Kindern machte, ist er auch ihr Bruder, bleibt aber der Herr, dem alle Vollmacht gegeben ist im Himmel und auf der Erde (Mt 28,18). Der Christus für uns und mit uns ist zugleich immer über uns.

Im Jahre 1963 bemühte sich die Vollversammlung des Lutherischen Weltbundes in Helsinki, die reformatorische Rechtfertigungsbotschaft modernen Menschen plausibel zu machen. Führende lutherische Theologen wie Gerhard Gloege empfanden diese Lehre als Verlegenheit, die niemanden mehr interessiert. Entsprechend heißt es in der

»Botschaft von Helsinki«: »Der Mensch von heute fragt nicht mehr: Wie kriege ich einen gnädigen Gott? Er fragt radikaler, elementarer, er fragt nach Gott schlechthin: Wo bist du, Gott? Er leidet nicht mehr unter dem Zorn Gottes, sondern unter dem Eindruck von Gottes Abwesenheit, er leidet nicht mehr unter seiner Sünde, sondern unter der Sinnlosigkeit seines Daseins, er fragt nicht mehr nach dem gnädigen Gott, sondern ob Gott wirklich ist« (Helsinki 1963, 456). 60 Jahre später hat sich die Lage nicht verändert. Gloege erklärte, Luthers Frage nach dem gnädigen Gott sei überholt, da Luther selbst sie von Paulus her beantwortete.

Umso erstaunlicher ist, dass im Januar 1998 160 evangelische Hochschullehrer öffentlich protestierten, als zwischen dem Lutherischen Weltbund und dem Vatikan eine »Gemeinsame Erklärung zur Rechtfertigungslehre« vereinbart wurde, die am 31. 10. 1999 unterzeichnet werden sollte. Die *Gemeinsame Erklärung* hatte »Übereinstimmungen in der Rechtfertigungslehre« und einen »Konsens in Grundwahrheiten« festgestellt. Dagegen richtete sich der Protest der Hochschullehrer, weil ihrer Meinung nach Übereinstimmungen in der Rechtfertigungslehre zu praktischen Konsequenzen führen müssten, von denen aber in der *Gemeinsamen Erklärung* keine Rede war. Nachdem zusätzlich eine »Gemeinsame Offizielle Erklärung« die Bedenken gegen die *Gemeinsame Erklärung* hatte ausräumen wollen, lehnte ein erneutes Hochschullehrervotum, das sogar 255 Unterzeichner fand, auch diese ab. Die Proteste sind nur als Ausdruck der Unzufriedenheit hinsichtlich der gesamten ökumenischen Situation und wohl auch im Blick auf die Beziehungen zwischen Kirchenleitungen und wissenschaftlicher Theologie zu verstehen. Luther gab gemeinsam mit seinen Kollegen an der Universität der Wittenberger Reformation ihr Gepräge. Heute ist dagegen der Einfluss der Hochschultheologie auf das kirchliche Leben gering. In den erwähnten Stellungnahmen wurde übersehen, dass die Rechtfertigungslehre auf evangelischer Seite keineswegs einheitlich verstanden wird. Die Verlegenheit ist heute nicht geringer als 1963 in Helsinki. Deshalb ist es unrealistisch, eine völlige Übereinstimmung mit der katholischen Seite samt entsprechenden praktischen Konsequenzen zu fordern.

Es ist bedauerlich, dass die unterzeichnenden deutschen Hochschullehrer den tatsächlich erreichten »Konsens in Grundwahrheiten« nicht zu würdigen vermochten. Die katholischen deutschen Bischöfe sahen diese grundlegende Übereinstimmung mit Recht in der Erlösung durch Jesus Christus. Der Glaube, dass in keinem andern das Heil ist (Apg 4,12), verbindet Katholiken und Protestanten, und in ihm liegt *die* reformatorische Grundwahrheit. Sicher muss ein Konsens in Grundwahrheiten zu praktischen Konsequenzen führen, und es ist sehr unerfreulich, wie wenig Bereitschaft dazu der Vatikan zeigt, während die Basis in vieler Hinsicht weiter kommt. Unrealistische Forderungen helfen aber nicht weiter. Auch darf von Formulierungen, die Fachleute in langen Sitzungen erarbeiten, nicht zu viel für den praktischen Prozess der Einigung erwartet werden. Darauf wies der damalige Präsident des Evangelischen Bundes,

Professor Hans-Martin Barth, hin: »Können Formeln Einheit stiften? Sie können es nur dann, wenn die Einheit im Grunde bereits gegeben ist« (MD 99,101). Der Evangelische Bund, der 1886 in antikatholischer Frontstellung »zur Wahrung deutsch-protestantischer Interessen« gegründet wurde, sich aber seit Langem ökumenisch engagiert, distanzierte sich von den Hochschullehrervoten, weil die Praxis zeigt, dass es weiterführt, die vorhandenen Spielräume zu nutzen und auf der gegebenen Basis aufzubauen als Maximalforderungen zu erheben. Das gemeinsame Fundament ist aber in Christus gelegt (1Kor 3,11).

Der Artikel von der Rechtfertigung ist für Luther grundlegend. Es geht darum, dass Gott uns mit seinem Sohn alles schenkt und niemand gegen uns sein kann, wenn Gott für uns ist (Röm 8,31 f.). Dass wir diesen positiven Glauben mit den von uns getrennten Kirchen teilen, ist ungleich wichtiger als das immer noch Trennende. Gemeinsam mit der katholischen Kirche stehen wir vor der Aufgabe, die Aktualität der Rechtfertigung für die Menschen unserer Zeit zu entdecken und zur Sprache zu bringen. Manche Theologen setzen dafür bei der Frage nach dem Sinn des Lebens an. Helmut Gollwitzer legte 1970 einen entsprechenden Entwurf vor in seinem Buch »Krummes Holz – aufrechter Gang. Zur Frage nach dem Sinn des Lebens«. Bei der Sinnfrage geht es für ihn »um nichts anderes als um die Rechtfertigung unseres Lebens« (77). Er zitiert Luther aus der Heidelberger Disputation 1518: »Die Liebe Gottes findet das für sie Liebenswerte nicht vor, sondern schafft es« (81; vgl. LDStA 1,61,7 f.).

Ehe wir Sinn stiften können, empfangen wir ihn, wie dem Säugling Liebe zuteilwird, ehe er sie selber geben kann. Konkret geschieht das in der Taufe.

Der Glaube empfängt die Taufe

»Mein Glaube macht nicht die Taufe, sondern empfängt die Taufe«, sagt Luther im Großen Katechismus (BSLK 701,41). Die Taufe bringt »Überwindung des Teufels und Todes, Vergebung der Sünde, Gottes Gnade, den ganzen Christum und heiligen Geist mit seinen Gaben« (699,31–34). In der Säuglingstaufe kommt besonders deutlich zum Ausdruck, dass der Mensch nur annehmen kann, was Gott ihm durch Christus im Heiligen Geist schenkt. Wenn das geschieht, bleibt er aber nicht passiv, »denn er hat immerdar zu schaffen, dass er fest glaube, was sie zusagt und bringt« (29–31). Die Taufe geschieht zwar als einmalige Handlung am Anfang eines Christenlebens, aber sie bedarf der ständigen »Übung« (27–29), ihre Konsequenzen für das Leben sind täglich neu zu praktizieren. Das Christenleben bedarf der ständigen Erinnerung an das in der Taufe Geschehene, das Luther im Kleinen Katechismus mit Röm 6,4 beschreibt: »Wir sind samt Christus durch die Taufe begraben in den Tod«. Diese ein für allemal in der Vergangenheit geschehene Verbindung mit Christus bestimmt die Zukunft: »Gleichwie Christus ist von den Toten auferweckt durch die Herrlichkeit des Vaters, so sollen wir auch in einem neuen Leben wandeln«.

Die Taufe begründet nicht nur das individuelle, sondern auch das gemeinsame Christenleben. Darüber ist im Kapitel 7 mehr zu sagen. Im Bewusstsein der Gemeindeglieder ist die Verbindung von Taufe und Kirchenmitgliedschaft vorhanden. Bei der EKD-Befragung 2002 stimmten 92 bzw. 91 % der Evangelischen West bzw. Ost der Vorgabe zu: »Das Kind wird mit der Taufe in die Gemeinschaft der Gläubigen aufgenommen«. Zugleich bejahen 64 bzw. 57 % den Satz: »Die Taufe ist vor allem eine Familienfeier«. Für 77 bzw. 83 % ist christliche Erziehung ein Taufmotiv. Was bei einer Befragung theoretisch bejaht und was tatsächlich praktiziert wird, deckt sich allerdings häufig nicht. Der hohen Zustimmung zu dem Satz, das Kind werde in die Gemeinschaft der Gläubigen aufgenommen, folgt oft kein erkennbares Bemühen, das Kind in das Leben dieser Gemeinschaft einzuführen und zu begleiten. Bei der Beurteilung dieser Befunde spielt das Verständnis der Taufe und der Gemeinde seitens der Kommentatoren eine wesentliche Rolle. Wer die Aufnahme in die Gemeinschaft der Gläubigen mit Luther als einen Anfang versteht, mit dem ein lebenslanger Kampf gegen die Sünde und eine tägliche Übung des Glaubens beginnt, der von seinem Wesen her die Gemeinschaft mit den anderen Gläubigen sucht, kann nicht mit einem Tauf- und Kirchenverständnis einverstanden sein, das die Distanz zum Gemeindeleben als normal beurteilt.

Theologisch steht die individuelle Beziehung der Person zu Gott bei der Taufe ähnlich wie beim Abendmahl im Vordergrund. »Das hilft dir das hochwürdige Sakrament der Taufe, dass sich Gott daselbst mit dir verbindet und mit dir eins wird eines gnädigen tröstlichen Bundes« (StA 1,262,27–29). Von Gott geht die Initiative aus, er stiftet den Gnadenbund, aber der Mensch muss zustimmen. Gott wird mit dem Menschen eins im Sinne von einig, wenn die getaufte Person glaubend annimmt, was ihr in der Taufe geschenkt wurde. Im Gedanken vom Einswerden Gottes mit dem Menschen schwingt auch das mystische Motiv mit, dass Gott in der Seele geboren und mit ihr vereinigt wird. Das Zeichen der Taufe »geschieht (nur) einmal, aber die Praxis (*usus*), dass ich gehe in den Tod und wieder heraus in der Taufe, bleibt« (WA 41,646,14 f.). »In den Tod gehen« heißt, der Sünde absterben, den trotz der Taufe noch lebenden alten Menschen töten, damit der neue lebt.

Der Indikativ der Heilszusage gehört mit dem Imperativ zusammen, der die Früchte des in der Taufe begründeten neuen Lebens anmahnt. Das neue Leben braucht die Gemeinschaft der Glaubenden. Die Sakramente signalisieren diese Notwendigkeit schon in der Tatsache, dass niemand sie sich selber und allein gibt. Bei der Taufe zeigt sich der soziale Charakter auch daran, dass sie die Kirchenmitgliedschaft begründet. Darin stimmt das evangelische mit dem katholischen Kirchenrecht überein. Es gehört zu den Fortschritten in den ökumenischen Beziehungen, dass die im Namen des dreieinigen Gottes mit Wasser vollzogene evangelische Taufe von der katholischen Kirche als gültig anerkannt wird, während die meisten orthodoxen Kirchen zwar dem Weltrat der Kirchen angehören, die evangelische Taufe aber nicht akzeptieren. Der Grund liegt nicht wie bei den Baptisten in der Verwerfung der Kindertaufe, sondern darin, dass die orthodoxen Kirchen wie die römisch-katholische Kirche die evangelischen Kirchen nicht als Kirchen im vollen Sinn ansehen.

Die Baptisten und ein großer Teil der weltweit stark wachsenden Pfingstkirchen verwerfen die Unmündigen-taufe, weil sie den Glauben des Täuflings als Voraussetzung für die Taufe betrachten. Ihnen genügt es nicht, wenn die Angehörigen des Täuflings wünschen, dass das Kind in die Gemeinschaft der Gläubigen aufgenommen und christlich erzogen werden soll, was immerhin 77 bzw. 83 % der Befragten als Motiv angaben. Sie können darauf hinweisen, dass bei Weitem nicht alle, die sich so äußern, entsprechend handeln. Luther stimmt mit den Baptisten darin überein, dass Taufe und Glauben zusammengehören. Dass er den Säuglingen einen Glauben zusprach, überzeugt schon psychologisch nicht. Der Zusammenhang von Taufe und Glauben kann bei der Säuglingstaufe nur durch die Familie als Teil der Gemeinde gewährleistet werden, die die Aufgabe übernimmt, dem Täufling zu helfen, dass er erfährt, was in der Taufe an ihm geschah. Eine Kirche, die Kinder tauft, übernimmt damit die Verpflichtung, das ihr Mögliche zu tun, dass die Taufe im Leben der Getauften lebendig wird und bleibt. Die Programme des Gemeindeaufbaus oder der Gemeindeentwicklung zielen darauf. Der Vorbehalt, dass nur durch den Heiligen Geist Glauben entstehen kann, wann und wo es Gott gefällt, entbindet nicht von dieser Verpflichtung.

Gilt der Glaube als Voraussetzung für die Taufe, ergibt sich theologisch die Gefahr, den Glauben als »Werk«, als menschliche Leistung, misszuverstehen. Die aus der Kindertaufe folgende Verpflichtung darf die Kirche auch nicht davon abhalten, zur Taufe einzuladen und alle willkommen zu heißen, die für ihre Kinder oder für sich selber die Taufe wünschen. In dieser Hinsicht befinden wir uns vor allem im Land der Reformation in einer völlig anderen Situation als die Reformatoren. Die Säuglingstaufe als volkskirchlicher Brauch ist vor rund einem halben Jahrhundert in Folge der mit politischer Macht durchgesetzten Jugendweihe und des drastischen Schwundes der Mitglieder verloren gegangen. Gleichzeitig nahm die Zahl der Taufen von Kindern verschiedenen Alters, Jugendlichen und Erwachsenen zu, glich aber den Schwund an Säuglingstaufen bei Weitem nicht aus. Der Taufauftrag von Mt 28,19 gewinnt neue Dringlichkeit. Die »Völker«, die zu Jüngern werden sollen, leben in unserem Land. Sie sind in der Regel nur als Einzelne zu gewinnen, und die Hemmschwelle zur Taufe liegt hoch. Die Programme der Gemeindeentwicklung bemühen sich meist, das Gemeindeleben einladender zu gestalten. Dazu ist im 7. Kapitel mehr zu sagen.

Gemeinschaft im Heiligen Mahl

Der Christus *für uns* wohnt durch den Glauben auch *in uns*. Luther übernimmt aus der Mystik das Bild von der Seele als Braut des Bräutigams Christus. Der Glaube »vereinigt die Seele mit Christo wie eine Braut mit ihrem Bräutigam. Aus dieser Ehe folgt, wie Sankt Paulus sagt, dass Christus und die Seele ein Leib werden« (StA

2,275,20–23). Solche Vereinigung mit Christus geschieht im gläubig empfangenen Abendmahl (StA 1,279), das uns zugleich mit der Gemeinde verbindet, so dass eine Gemeinschaft entsteht, die Freude und Leid teilt. Wenn Christus in uns wohnt, werden seine Sachen die unsrigen und unsere die seinen. Das Gleiche gilt für die Beziehungen zwischen den Einzelnen und der Gemeinde. Die Frucht des Sakraments ist nach dem Abendmahlssermon von 1519 die Liebe, durch die eine geistliche Wandlung geschieht, die zum diakonischen Austausch der Gaben und Ausgleich der Lasten führt.

Statt die wunderbare Wandlung (Transsubstantiation) von Brot und Wein in den Leib und das Blut Christi zu betonen, legt Luther Wert auf die gegenseitige Verwandlung durch die Liebe. Die glaubende Seele und Christus werden ineinander verwandelt, und das Gleiche geschieht in der Beziehung der Einzelnen zur Gemeinde. Wie Christus und die Kirche durch das Sakrament eins werden, so »sollen wir durch die selbe Liebe uns auch verwandeln und unser sein lassen aller anderer Christen Gebrechen und ihre Gestalt und Not an uns nehmen und ihnen gehören lassen alles was wir Gutes vermögen« (ebd., 7–9). Durch das Sakrament wird die eigennützige Selbstliebe ausgerottet und der gemeinnützigen Liebe Raum gegeben.

Dieses diakonische Motiv verbindet sich mit dem der Sündenvergebung. Bedrückt die Sünde oder eine andere seelische Not einen Glaubenden, dann »gehe er nur fröhlich zum Sakrament des Altars und lege sein Leid in die Gemeinde und suche Hilfe bei dem ganzen Haufen des geistlichen Körpers … Drum ist in diesem Sakrament uns gegeben die unmäßige Gottesgnade und Barmherzigkeit, dass wir da allen Jammer, alle Anfechtung von uns legen auf die Gemeinde und sonderlich auf Christus« (275,32–34; 276,2–4). Der Einzelne darf seine Nöte einschließlich seiner Sündenschuld in der Gemeinde, das heißt im Gottesdienst, ablegen.

In den zahlreichen und teilweise ausführlichen Äußerungen zum Abendmahl in den folgenden Jahren ist das Motiv der Sündenvergebung wesentlich. Heute besteht eine Neigung dazu, diesen Aspekt auszublenden und dafür den der Gemeinschaft sowie der Danksagung (Eucharistie) zu betonen. Gut ist, dass das Altarsakrament wieder in einem breiteren Bedeutungsfeld wahrgenommen und nicht mehr auf die Sündenvergebung verengt wird. Luther legte großen Wert darauf, dass Christus nach Mt 26,28 das Mahl zur Vergebung der Sünden einsetzt. Diese Sinngebung bleibt gültig. Deshalb sollte der Zusammenhang zwischen dem Heiligen Mahl und der Beichte auch nicht verschwinden. Für Luther gehörte die freiwillige Privatbeichte zum normalen Christenleben. Heute fehlt die sogenannte »offene Schuld«, die allgemeine Beichte, in vielen Gottesdiensten. Die Formulierung »Ich armer, elender, sündhafter Mensch …« widerspricht dem Selbstverständnis des modernen Menschen, und auch Dietrich Bonhoeffers Warnung davor, die Leute madig zu machen, spricht gegen sie.

Luther veröffentlichte 1518 eine Schrift »Über die würdige Vorbereitung des Herzens auf den Empfang der Eucharistie« (WA 1,329–334). Zuerst erklärt er es für notwendig, alle offensichtlichen Todsünden zu bekennen und zu bereuen, wobei zu bedenken ist, dass niemand seine verborgenen Sünden kennt, weshalb eine Vollständigkeit der Beichte nicht möglich ist. Zweitens sind alle bitteren Gedanken und Gefühle gegenüber den Mitmenschen abzulegen, denn sie widersprechen der Sache des Sakramentes, die Luther hier als »Einheit der Herzen« (*unitas cordium*) bestimmt. Die katholische Unterscheidung von Todsünden und lässlichen Sünden gab er später auf, und schon 1518 warnte er davor, sich auf die eigene Vorbereitung zu verlassen. Die beste Vorbereitung besteht darin, dass ich mich als unwürdig und der Gnade bedürftig erkenne. Keine Selbstprüfung bringt Sicherheit, weil die nötige Gewissheit nur auf den Felsen Christus und sein Wort gegründet sein kann. Damit ist aber nicht gesagt, auf die Selbstprüfung sei zu verzichten.

»Wo Vergebung der Sünden ist, da ist auch Leben und Seligkeit«, sagt Luther im Kleinen Katechismus zum Sakrament des Altars. Nichts stimmte ihn dankbarer als die Erfahrung, dass Gott um Christi willen vergibt. Dass Christus sich für uns geopfert und damit die Vergebung aller Sünden erworben hat, feiern wir dankbar im Abendmahl, und indem wir es feiern, verbindet er sich mit uns. Luther liegt viel an der wirklichen Gegenwart des Fleisches und Blutes Jesu unter den Gestalten von Brot und Wein (Realpräsenz). Darüber entbrannten heftige Auseinandersetzungen zwischen ihm und den Schweizer Reformatoren, die zur Hauptursache für die Spaltung der Reformation in die reformierte und lutherische Konfession wurden. Zwingli und seine Freunde verstanden den Satz »Das *ist* mein Leib« symbolisch: »Das *bedeutet* meinen Leib«. Luther bestand auf dem wörtlichen Sinn und stimmt darin mit der katholischen und der orthodoxen Theologie überein: Im Brot und im Wein ist Christus leibhaftig gegenwärtig. Wir folgen heute dieser Deutung, wenn wir als Spendewort sagen: »Christi Leib, für dich gegeben«. Luther berief sich hartnäckig und energisch auf das »ist«, das nicht »bedeutet« heißt. Er sah sich an den biblischen Wortlaut gebunden und durch ihn bestätigt, aber es ging ihm nicht nur darum, dem Wort Gottes zu folgen, sondern er wollte den Christus *für* uns als Christus *in* uns erfahren. Es war nicht Sturheit, die Luther hinderte, den Schweizern nachzugeben, die übrigens ihrerseits auch nicht sehr kompromissbereit waren, sondern es war das mystische Motiv der Vereinigung der Seele mit Gott, das keinen Verzicht auf die Realpräsenz ermöglichte.

Seit 1973 ist die Abendmahlsgemeinschaft zwischen den meisten reformierten, lutherischen und unierten Kirchen Europas durch die Leuenberger Konkordie hergestellt. Dagegen bleibt die Trennung am Tisch des Herrn in der Beziehung zur römisch-katholischen und zu den orthodoxen Kirchen von deren Seiten aus bisher bestehen. Begründet ist das nicht mehr in Unterschieden beim theologischen Verständnis des Heiligen Mahles, sondern im Amts- und Kirchenbegriff. Das evangelische Abendmahl wird nicht als gültig anerkannt, weil es nicht von geweihten Priestern gefeiert wird. Evangelische Christen werden offiziell nicht zur katholischen oder orthodoxen Eucharistie eingeladen, weil sie nicht zur »richtigen« Kirche gehören. Die gemeinsame Feier der Eucharistie setzt nach dieser Meinung die Gemeinschaft in der einen Kirche voraus. In der Praxis setzen sich viele über das offizielle Verbot hinweg und nehmen die Einheit vorweg. Wahrscheinlich ist das der einzige Weg, die Blockade der Hierarchie zu unterlaufen und langfristig zu überwinden. Demonstrative oppositionelle Handlungen, etwa auf Kirchentagen mit Unterstützung der Massenmedien, entsprechen nicht dem Wesen des Heiligen Mahles. In den Gemeinden ist schon vieles möglich, was der Vatikan nicht erlaubt, und beharrliche kleine Schritte bringen mehr als Provokationen, die eher zu Gegenreaktionen führen.

Dem Fernziel der Sakramentsgemeinschaft schadet es, wenn auf evangelischer Seite die Abendmahlsfeier willkürlich verändert wird, angeblich um sie verständlicher zu machen oder weil die herkömmliche Liturgie als nicht zeitgemäß empfunden wird. Die Annäherung im theologischen Verständnis des Abendmahls darf nicht durch die kleinen Päpste auf evangelischer Seite, die zentrale liturgische Texte beliebig ändern, preisgegeben werden. Für Luther gilt: Je näher eine Ordnung der biblischen Einsetzung kommt, desto besser ist sie. Im Übrigen warnt er vor Überregulierung: »Je weniger Gesetz, je besseres Recht« (WA 6,353,6). Das gilt auch im Blick auf die Häufigkeit der Sakramentsfeier. Luther verwirft einerseits die päpstlichen Gesetze, die ein Mindestmaß an Sakramentsempfang sichern wollten, wie das Gebot des 4. Laterankonzils von 1215, wenigstens einmal jährlich in der Osterzeit die Sakramente der Buße und der Eucharistie zu empfangen. Andererseits forderte auch Luther die Pfarrer auf, »ihr Volk zu vermahnen und zum Sakrament zu locken« (WA 30 II,599,10). Wer christliche Freiheit so missversteht, dass er ohne zwingende Gründe längere Zeit nicht zum Abendmahl geht, dem spricht Luther das Christsein ab (BSLK 717,43–45).

Großen Wert legten die Reformatoren darauf, dass das Heilige Mahl »unter beiderlei Gestalt«, also mit Brot und Wein, empfangen wird. Auch die Hussiten in Böhmen kämpften seit dem 15. Jahrhundert für den Laienkelch, der so genannt wird, weil die katholische Kirche seit dem 13./14. Jahrhundert nur noch Priestern den Kelch zugestand. Motiviert war der Kelchentzug durch die Scheu, das Allerheiligste entehren zu können, etwa durch das Vergießen von Wein. Nach der Lehre der mittelalterlichen Theologen, der Scholastiker, geht den Kommunikanten durch den Kelchentzug nichts verloren, weil der ganze Christus in jedem Teil des Sakramentes, also im Brot, gegenwärtig ist. Für Luther bedeutet das einen Ungehorsam gegen Christus, der das Mahl mit Brot und Wein für alle Glaubenden eingesetzt hat.

Gegenwärtig verstärkt sich die Neigung, aus hygienischen Gründen nicht mehr aus dem einen Kelch zu trinken. An die Stelle der Scheu vor dem Heiligen tritt die Angst vor einer Infektion oder die ästhetische Abneigung. Als Kompromiss wird das Eintauchen der Hostie in den Kelch (*Intinctio*) zunehmend beliebt. Damit wird ein teils gefühlsbedingter, teils rational hygienisch motivierter Widerwille gegen die Einladung zum Tisch des Herrn vermieden. Eine andere Frage ist der Gebrauch von Traubensaft statt Wein mit Rücksicht auf Alkoholiker. Mt 26,29 spricht vom »Gewächs des Weinstocks«, um den es sich auch bei Traubensaft handelt. Für alkoholkranke Menschen ist ein Schluck Wein Gift, also das Gegenteil einer guten Gabe Gottes. Es ist ein Gebot der Nächstenliebe und ein Ausdruck christlicher Gemeinschaft, sie weder in Versuchung zu führen, die notwendige Abstinenz zu brechen, noch sie auszugrenzen. Das geschieht am besten, indem alle Weintraubensaft trinken oder Wein und Saft wahlweise angeboten werden. Auch wenn Kinder am Abendmahl teilnehmen, ist es besser, alle trinken Saft, als dass den Kindern nur die Hostie gereicht wird. Für den Zeichencharakter des Mahles ist nicht der Alkoholgehalt maßgeblich. Von der biblischen Einsetzung her, um die es den Reformatoren entscheidend ging, ist das »Gewächs des Weinstocks« im Normalfall unverzichtbar.

Gesetz und Evangelium

»Das tut zu meinem Gedächtnis«, sagte Christus bei der Einsetzung des Abendmahls (Lk 22,19). Luther versteht diese Aufforderung als ein ausreichendes Motiv, der Einladung zum Heiligen Mahl zu folgen. Im Vordergrund steht zwar die Gabe, in der Christus sich selbst schenkt, aber auch sein Gebot fordert Achtung und Gehorsam. Wie verhält sich die Gabe zur Aufgabe, das schenkende Evangelium zum fordernden Gesetz? Im Laufe seiner theologischen Entwicklung gelangte Luther dazu, dass er großen Wert auf die Unterscheidung von Evangelium und Gesetz legte: »Wer das Evangelium recht vom Gesetz zu unterscheiden weiß, der danke Gott und wisse, dass er ein Theologe ist« (WA 40 I,207,17 f.). Die Unterscheidung ist notwendig, damit das Evangelium von der Rechtfertigung allein aus Gnaden um Christi willen nicht durch die Forderung menschlichen Tuns verfälscht wird. Es handelt sich nicht um eine dogmatische Spitzfindigkeit, sondern um seelsorgerlich entscheidend Wichtiges: Der Mensch kann nur im Glauben (*sola fide*) der Gnade Gottes gewiss sein und sich vor dem Richter nur auf Christus berufen, nie auf eigene Verdienste.

Die Schweizer Reformatoren stimmen hinsichtlich der Rechtfertigung mit Luther überein, doch sie übernehmen seine Unterscheidung nicht. Ihnen liegt daran, das im Alten Testament vielfach gerühmte Gesetz – man denke nur an Ps 119 – positiv mit dem Evangelium zu verbinden.

Natürlich weiß Luther, dass die Bibel nicht nur das Evangelium, sondern auch Gottes Gesetz enthält, sowohl im Alten wie im Neuen Testament. Er unterscheidet einen zweifachen Gebrauch des Gesetzes (*duplex usus legis*). Unter Berufung auf Paulus erklärt er, die eigentliche Funktion des Gesetzes liege darin, den Menschen seiner Sündhaftigkeit und Erlösungsbedürftigkeit zu überführen. Weil diese Funktion theologisch von grundlegender Bedeutung ist, nennt er sie den theologischen Gebrauch des Gesetzes (*usus theologicus legis*). Wegen seiner den Sünder überführenden Funktion wird er auch *usus elenchticus legis* genannt.

Daneben gibt es die Bedeutung des Gesetzes für das zivile Leben, den *usus civilis* oder *politicus*. Er dient der Orientierung an Gottes in der Bibel gegebenen Geboten, also der Ethik. In sie bezieht Luther das »natürliche Gesetz« ein, das in der »Goldenen Regel« von Mt 7,12 zusammengefasst ist. Unter Bezug auf Röm 2,15 geht Luther davon aus, dass dieses Gesetz allen Menschen von Gott ins Herz geschrieben ist. Insofern drückt auch das natürliche Gesetz Gottes Willen aus und es stimmt mit der Lehre Christi überein (StA 3,381,18: »wie Christus und das natürliche Gesetz lehren«), denn es ist dem »Gesetz der Liebe« gleichzusetzen. »Denn die Natur lehrt, wie die Liebe tut, dass ich tun soll, was ich mir wollte getan haben« (70,24 f.). »Denn wo du der Liebe nach urteilst, wirst du gar leicht alle Sachen (unter)scheiden und entrichten ohne alle Rechtsbücher. Wo du aber der Liebe und Natur Recht aus den Augen tust, wirst du es nimmer mehr so treffen, dass es Gott gefalle, wenn du auch alle Rechtsbücher und Juristen gefressen hättest« (70,30–71,4).

Konkret hat Luther hier Streitigkeiten wie die Rückzahlung eines Darlehens im Blick. Seiner Meinung nach müssten die Liebe und das natürliche Recht genügen, solche Probleme zu lösen. Heute ergeben sich viel kompliziertere ethische und rechtliche Fragen, die für Luther noch nicht existierten, besonders in Verbindung mit den ersten und letzten Phasen des menschlichen Lebens. Neben der bereits erwähnten genetischen Untersuchung von Embryonen vor der Einpflanzung in den Mutterleib (PID) sei die Sterbehilfe genannt. Als Hilfe beim Sterben war in Luthers Zeit der geistliche Beistand das Normale, und die meisten Menschen starben zu Hause, begleitet von ihren Angehörigen. Der Arzt tat seinen Dienst, wenn die Betroffenen sich das leisten konnten. Heute ist umgekehrt der medizinische Beistand das Normale – wenn auch in Kliniken, Hospizen, Heimen oder Wohnungen sehr unterschiedlich –, während die seelsorgerliche Begleitung eher die Ausnahme darstellt. Die Erwartungen der Betroffenen richten sich hauptsächlich darauf, dem sterbenden Menschen körperliche und seelische Schmerzen zu ersparen. Fürchteten die Menschen damals einen »bösen, schnellen Tod«, so halten sie heute einen schnellen, schmerzlosen Tod für den besten Weg, diese Welt zu verlassen.

Wer einen längeren Sterbeprozess erleiden muss, kann und soll die Hilfen der modernen Medizin und Pharmazie erhalten. Wo ihre ethischen Grenzen liegen, ist umstritten. Was sagt das »Gesetz der Liebe« dazu? Die medizinische Aufgabe besteht darin, Schmerzen zu vermeiden oder, wenn das nicht möglich ist, sie so zu lindern, dass die Patienten das Leben noch als lebenswert empfinden können. Der Palliativmedizin stehen dafür viel wirksamere Medikamente zur Verfügung als in Luthers Zeit. Bei Bedarf müssen sie in solcher Stärke verabreicht werden, dass die Dauer des Lebens – und das heißt des Sterbeprozesses – verkürzt wird. Das Gesetz der Liebe gebietet solches Handeln. Es ist falsch, es als »aktive Sterbehilfe« zu verwerfen. Jede Sterbehilfe ist aktives Handeln, auch die sogenannte passive, bei der man der Natur ihren Lauf lässt, denn auch die unerlässlichen Pflegemaßnahmen geschehen aktiv. Die Alternative zur Palliativmedizin bestünde in einer Verlängerung des Leidens, in vermeidbaren Schmerzen.

Etwas anderes ist die Tötung auf Verlangen und auch die Beihilfe zur Selbsttötung. Durch die Verbrechen der »Euthanasie« im Dritten Reich sind wir Deutschen an dieser Stelle besonders sensibel. »Euthanasie« heißt eigentlich »gutes Sterben«, doch die Mordaktion an behinderten Menschen hatte damit nichts zu tun, obwohl sie mit Reden vom »gnädigen Sterben« bemäntelt wurde. Es ging darum, Menschen aus rassistischen, eugenischen und ökonomischen Gründen zu beseitigen, die man für lebensunwert erklärt hatte. Bei der Tötung auf Verlangen und bei der Selbsttötung halten Menschen ihr eigenes Leben nicht mehr für lebenswert. Gilt das Recht auf selbstbestimmtes Leben auch für dessen Ende? Wer ist berechtigt, darüber zu urteilen? Es scheint sich die Neigung zu verstärken, die Selbsttötung als »Freitod« zur Konsequenz des Rechtes auf Selbstbestimmung zu erklären und die Tötung auf Verlangen als Variante dieses Rechtes einzufordern.

Fragwürdig ist die Rede vom »Freitod«, denn die Selbsttötung geschieht in der Regel, wenn Menschen meinen, sich in einer ausweglosen Lage zu befinden, also gerade nicht in Freiheit. Trotzdem wird die Selbsttötung heute mit Recht nicht mehr postum bestraft, wie es lange zur Abschreckung geschah. Dass »Selbstmörder« ohne geistliches Geleit außerhalb des Friedhofs oder in einer Ecke begraben wurden, als könnten sie andere infizieren, gehört zu den Verirrungen in der Geschichte der Seelsorge. Mit dem Gesetz der Liebe lässt es sich nicht vereinbaren, die durch den Suizid eines Angehörigen schockierten Trauernden zu bestrafen, statt sie zu trösten.

Die Tötung auf Verlangen ist keine Variante des »Freitods«, denn sie wird von einer anderen Person ausgeführt. Ihre Fürsprecher argumentieren mit dem natürlichen Gesetz der Barmherzigkeit, das notfalls dazu verpflichte, ein unerträgliches Leiden zu beenden, indem das Leben ausgelöscht wird. In der Palliativmedizin und in der Hospizarbeit zeigt sich, dass die wirksame Linderung der Schmerzen und eine liebevolle Pflege in der Regel dazu führen, dass die Patienten nicht getötet werden wollen. Würde die Tötung auf Verlangen legalisiert, bestünde die Gefahr, dass das Verlangen sich in der Gesellschaft ausbreitet und zu einer neuen Art von Euthanasie führt. Angesichts der ständig steigenden Kosten im Gesundheitswesen und des zunehmenden Pflegenotstands in der alternden Bevölkerung liegt es nahe, dass gefragt wird, ob die Gesellschaft sich so viele lange Pflegezeiten hochbetagter Menschen leisten kann. Die betroffenen »Langzeitkranken« müssen sich dann dafür rechtfertigen, dass sie noch leben und Kosten verursachen. Eine solche Einstellung darf nicht Raum gewinnen. Sie widerspricht dem Gesetz der Liebe und zugleich dem Kern der evangelischen Botschaft, der Rechtfertigung allein um Christi willen. Gott gibt dem Leben seinen Wert, und von ihm her gibt es keinen Grund, es willkürlich zu beenden.

Was für Menschen in der letzten Lebensphase gilt, trifft auch für behinderte Menschen zu. Niemand hat das Recht, ein behindertes Leben als lebensunwert einzustufen. Hier liegt ein gewichtiges Argument dafür, die genetische Untersuchung künstlich gewonnener Embryonen und gegebenenfalls die Selektion schwer erbkranker Embryonen (PID) zu verbieten. Lässt sich das natürliche Gesetz der Liebe auf dieses Problem anwenden? Meines Erachtens muss es bedacht werden. Leitmotiv ist die Liebe zum gewünschten Kind, dem eine schwere Krankheit erspart werden soll, wenn sie vermeidbar ist. Natürlich ist auch Eigenliebe im Spiel, doch keine Selbstsucht. Das Gesetz der Liebe braucht Prinzipien, aber sie sind um der Menschen willen da und nicht umgekehrt die Menschen um der Prinzipien willen.

Kapitel 6

»Erhalt uns, Herr, bei deinem Wort«

Als Luther beim Reichstag zu Worms 1521 aufgefordert wurde, seine Schriften zu widerrufen, lehnte er ab mit der Begründung, sein Gewissen sei in Gottes Wort gebunden. Er riskierte damit sein Leben, aber die Bindung an das in der Bibel offenbarte Wort Gottes ließ ihm keine andere Wahl. Seine Gegner hielten ihm vor, dass gelehrte Leute die Heilige Schrift anders als er auslegten. Wie konnte er seiner Sache so gewiss sein? Wenige Jahre danach wies der berühmte Erasmus in der Auseinandersetzung mit Luther darauf hin, dass es in der Bibel dunkle Stellen gibt, die der Mensch nach Gottes Willen nicht ergründen kann. Wo die Bibel Fragen offen lässt, schließt Erasmus sich der kirchlichen Lehre an. Damit ist die Frage nach dem Verhältnis von Bibel und Tradition aufgeworfen. Wie weit gilt und trägt das Schriftprinzip (*sola scriptura*), und wo liegen seine Grenzen? Luther antwortete auf Erasmus, indem er eine doppelte Klarheit der Heiligen Schrift behauptete.

Die Klarheit der Heiligen Schrift

»Doppelt ist die Klarheit der Schrift, wie auch die Dunkelheit doppelt ist« (LDStA 1,239,24f.). Die innere Klarheit und damit die wahre Erkenntnis des Herzens erschließt sich nur durch den Heiligen Geist. Wo er fehlt, herrscht innere Dunkelheit, auch wenn Schriftstellen herangezogen werden. Die äußere Klarheit ist im Dienst des Wortes, also in der Predigt gegeben, wenn einige Regeln des Verstehens beachtet werden. Theologisch grundlegend ist die Orientierung an Christus: »Nimm Christus aus den Schriften – was wirst du noch in ihnen finden?« (237,1f.). Er ist der zentrale Inhalt, und zugleich erschließt er den Sinn der Schrift. Was in ihr dunkel erscheint, liegt nicht an einer Dunkelheit der Schrift, sondern an der Blindheit derer, die sich nicht der klaren Wahrheit öffnen. »Wenn die Worte an einer Stelle undeutlich sind, sind sie doch an einer anderen Stelle klar« (237,6–8). So legt die Schrift sich selber aus.

Dieser hermeneutische Grundsatz, dass die Heilige Schrift ihre eigene Auslegerin ist (*scriptura sacra sui ipsius interpres*), bleibt gültig. Damit wird ein kritisches Prinzip in die Auslegung eingeführt, denn in der Bibel finden sich erhebliche Unterschiede, nicht nur zwischen den beiden Testamenten, sondern auch innerhalb ihrer. Christus ist für Luther das Wort Gottes schlechthin, aber die Inhalte der Heiligen Schrift sind in unterschiedlicher Weise Gottes Wort. Es gilt nicht allen Menschen in gleicher Weise. Was Gott zu David gesagt hat, ist nicht unmittelbar zu mir gesagt, ich muss auf das Wort sehen, das *mich* betrifft.

Die Nachfahren der Reformatoren in der lutherischen Orthodoxie des 17. Jahrhunderts sprachen von der Durchsichtigkeit (*perspicuitas*) und dem Genügen (*sufficientia*) der Heiligen Schrift. Sie sagt mit genügender Klarheit, was für den Glauben bedeutsam ist. Wer mit bestimmten Stellen in der Bibel nicht zurechtkommt, kann genügend andere finden, die an Deutlichkeit nichts zu wünschen übrig lassen. Als ein Schriftgelehrter mit der gewichtigen Frage zu Jesus kommt: ›Was muss ich tun, dass ich das ewige Leben ererbe?‹ (Lk 15,25), antwortet Jesus mit der Gegenfrage: ›Was steht im Gesetz?‹, und der Schriftgelehrte zitiert das Gebot der Liebe zu Gott und dem Nächsten. Jesus stimmt zu: ›Du hast recht geantwortet; tu das, so wirst du leben‹. Aus der theologischen Problemdiskussion macht Jesus unversehens eine persönliche Aufforderung. Der Schriftgelehrte will aber auf der theoretischen Ebene bleiben, um sich selbst zu rechtfertigen, wie Lukas meint. Jesus erzählt die provozierende Geschichte von den Klerikern, die angesichts menschlicher Not versagen, und dem Ketzer aus Samaria, der die notwendige Hilfe leistet und so Gottes Gebot erfüllt. Lukas schließt die Geschichte von Maria und Martha an (Lk 10,38–42) und zeigt mit der Kombination beider Texte, wie Gottes- und Nächstenliebe zusammengehören.

Vom Dolmetschen

Die Klarheit der Heiligen Schrift erweist sich also in der Praxis des Glaubens. Zum christlichen Glauben gehört das Verstehen der biblischen Sprache. Deshalb übersetzte Luther auf der Wartburg das Neue Testament und danach zusammen mit Mitarbeitern die ganze Bibel, und im »Sendbrief vom Dolmetschen« gab er 1530 darüber Rechenschaft. Oft wird daraus zitiert: »Man muss die Mutter im Hause, die Kinder auf der Gasse, den gemeinen (= einfachen) Mann auf dem Markt drum fragen und denselbigen auf das Maul sehen, wie sie reden, und danach dolmetschen, so verstehen sie es dann und merken, dass man deutsch mit ihnen redet« (StA 3,486,30–33). Ein Grund zur Abfassung dieser Schrift bestand darin, dass Luther gefragt wurde, warum er Röm 3,28 übersetzte ›dass der Mensch gerecht wird ohne des Gesetzes Werke, *allein* durch den Glauben‹, obwohl der Urtext das *allein* nicht enthält. Luther erklärt seine Übersetzung mit der Logik der deutschen Sprache: *Ohne* des Gesetzes Werke bedeutet *allein* durch den Glauben. Der Sendbrief erläutert die Tatsache, dass jede Übersetzung eine Auslegung einschließt. Das exklusive *allein* ergibt sich aus dem *ohne* und unterstreicht es, sichert es gegen eine Erweichung ab.

Heute stellt sich die Frage, ob die Kinder auf der Gasse und der Mann auf dem Markt sowie die Mutter im Haus und im Betrieb noch merken, dass man deutsch mit ihnen redet, wenn sie Texte der Lutherbibel hören, obwohl sie immer wieder der sprachlichen Entwicklung behutsam angepasst wurde. Auf moderne Übersetzungen wie die

Einheitsübersetzung und die Gute Nachricht ist im privaten Gebrauch und auch im Gemeindeleben nicht mehr zu verzichten. Umstritten ist die »Bibel in gerechter Sprache«, weil die Feministische Theologie in ihr die Übersetzung so stark beeinflusst, dass bestimmte Absichten in die Texte hineingetragen werden. Anstößig ist der Anspruch, eine »gerechte Sprache« zu finden, weil damit das Geschäft des Dolmetschens einen moralisierenden Ton erhält, der die bisherigen Übersetzungen als ungerecht beurteilt. Im gottesdienstlichen Gebrauch ist an der Lutherbibel festzuhalten, zumal die Vertrautheit der Gemeinde mit überlieferten Texten ein wichtiges Element jeder Liturgie ist. Natürlich kann bei Veranstaltungen wie Familiengottesdiensten von dieser Regel abgewichen werden, aber grundsätzlich ist das in der jeweiligen Landeskirche gültige Lektionar zu verwenden, besonders wenn der Luthertext bekannte und einprägsame Formulierungen enthält.

Das heutige Hochdeutsch wird in vielen gesellschaftlichen Gruppen, besonders auf den Gebieten der Naturwissenschaften und der Technik, aber auch bei Jugendlichen, stark mit Anglizismen vermischt. Wenn junge Leute es cool finden, zu einer Jesusnight einzuladen, steht dahinter wohl das gute Bemühen, die Hemmschwelle gegenüber einer kirchlichen Veranstaltung möglichst niedrig zu legen. Falls mehr Leute der Einladung zum »check point Jesus« als zum »Treffpunkt Jesus« folgen, ist der Anglizismus zu akzeptieren. Eine sprachpädagogische Kritik ist fehl am Platz, wenn die Jugendlichen von sich aus »denglisch« reden oder gruppenspezifische Ausdrücke verwenden, die nicht im Duden stehen. Falsch wäre es, wenn ältere Leute mit einer solchen Sprache beweisen wollten, dass sie im Jugendslang »up to date« sind. Oft ist eine Redeweise bei den jungen Leuten schon »mega-out«, wenn die ältere Generation sie noch für »in« hält.

Ein Dolmetscher hat die Aufgabe, den vorgegebenen Wortlaut so zu übersetzen, dass möglichst genau zur Sprache kommt, was der Autor meint. Er muss sich darum bemühen, seine eigene Ansicht nicht mit der des Autors zu vermischen. Andererseits kann er nur dolmetschen, was er selbst verstanden und wie er es verstanden hat. Wer einen Text wie die Bibel übersetzt, tut das nicht nur für sich selbst, sondern mit dem Ziel, diesen Text vielen anderen Menschen nahezubringen. Er muss deshalb in Betracht ziehen, welche Erwartungen und Voraussetzungen diese Menschen mitbringen, wenn sie dem Text begegnen. In der Hermeneutik, der Lehre vom Verstehen, spricht man vom Vorverständnis. Es ist vom Vorurteil zu unterscheiden. Das Vorurteil folgt einer gängigen Meinung, ohne ihre Stichhaltigkeit gründlich zu prüfen, zum Beispiel dass die Bibel ein veraltetes Buch sei, das Behauptungen enthalte, die längst wissenschaftlich widerlegt seien. Ein Vorurteil vertritt auch die gegenteilige Meinung, die Bibel sei in jedem Teil wörtlich zu nehmen, da sie vom Heiligen Geist eingegeben und somit irrtumsfrei ist. Leitet man daraus ab, die Welt sei in sechs Tagen erschaffen worden, so schadet das der Glaubwürdigkeit und leitet Wasser auf die Mühlen der Atheisten. Christen glauben an den Schöpfer des Himmels und der Erde, aber nicht an das antike Weltbild. Die biblische Schöpfungsgeschichte bezeugt den Glauben an den Schöpfer im Rahmen altorientalischen Denkens, und anders war das damals gar nicht möglich. Für Luther stellte der Unterschied zwischen dem antiken und dem in seiner Zeit erst entstehenden modernen Weltbild noch kein Problem der Übersetzung dar. Heute gilt es, Gott den Schöpfer in einer vom naturwissenschaftlichen Denken geprägten Welt zu verkündigen.

Dabei führt es in die Irre, wenn man der Evolutionstheorie als wissenschaftliche Antithese den Kreationismus entgegensetzt und sogar – wie in den USA geschehen – auf der politischen Ebene Druck ausübt, um eine christliche Schöpfungslehre mit wissenschaftlichem Anspruch in Schulen einzuführen. Richtig ist es, die Evolutionstheorie zu kritisieren, wenn sie als Beweis für atheistische Ideologie dienen soll. Dass alles durch Zufall entstanden sei, ist ebenso wenig beweisbar wie der Glaube an den Schöpfer. Der Marxismus erhob den Anspruch, als einzige wissenschaftliche Weltanschauung den Atheismus überzeugend zu begründen und jeden Gottesglauben zu widerlegen. Heute treten Wissenschaftler wie der Evolutionsbiologe Dawkins oder der Physiker Hawking an seine Stelle und überschreiten damit ihre Kompetenz als Fachgelehrte. Christen sollten nicht den gleichen methodischen Fehler in gegensätzlicher Absicht begehen.

Vielmehr ist hermeneutisch zwischen Ausdrucksform und Absicht von Texten zu unterscheiden. Jesus erzählt zum Beispiel das Gleichnis vom Senfkorn (Mt 13,31f.) nicht, um eine biologische Erkenntnis zu verbreiten, sondern um etwas über das Reich Gottes auszusagen. Zwar handelt es sich bei den Schöpfungsberichten nicht um die literarische Gattung der Gleichnisse, aber zwischen Form und Absicht einer Aussage ist auch bei anderen Textgattungen zu unterscheiden. Schon in der Alten Kirche und vorher im Judentum wurden biblische Texte allegorisch verstanden, das heißt, man unterschied zwischen dem wörtlichen und dem übertragenen Sinn. Origenes († 254) hielt es für lächerlich oder gar blasphemisch, sich Gott als einen Mann vorzustellen, der am kühlen Abend im Garten spazieren geht, wie es Gen 3,8 schildert. Solch eine Aussage muss seiner Meinung nach in einem tieferen Sinn verstanden werden. Für Augustinus († 430) war es selbstverständlich, dass unter der wörtlichen Bedeutung des Literalsinnes ein allegorischer, geistlicher Sinn verborgen liegt, den die Auslegung geführt durch den Heiligen Geist zu entdecken hat. Im Mittelalter entstand das Schema eines vierfachen Schriftsinnes, indem der verborgene geistliche Sinn, der auch mystischer Sinn genannt wurde (*sensus mysticus*), drei Funktionen erhielt: Der allegorische Schriftsinn (*sensus allegoricus*) sollte unter dem Wortlaut eine dogmatische Wahrheit entdecken, zum Beispiel einen Hinweis auf Christus im Alten Testament. Zweitens sollte der Text eine moralische Bedeutung haben (*sensus tropologicus*), auch wenn der Wortlaut nichts Ethisches enthielt. Drittens wollten die Ausleger immer eine eschatologische Aussage entdecken und nannten sie *sensus anagogicus,* den nach oben führenden Sinn. Der Glaube (allegorischer Sinn), die Liebe (moralischer Sinn) und die Hoffnung (anagogischer Sinn) sollten so bei jedem Text zur Geltung kommen.

Das Schema verführte dazu, nicht nur penetrant nach diesen Aspekten zu suchen, sondern auch den buchstäblichen oder historischen Sinn (*sensus historicus*) zu vernachlässigen und eigene Gedanken in den Text hineinzudeuten. Luther, der anfangs der mittelalterlichen Praxis gefolgt war, entfernte sich deshalb davon, um allen Nachdruck auf den Literalsinn zu legen. Nur so fand er in der Bibel das zuverlässige Fundament des Glaubens und auch die Grundlage für seine Auseinandersetzung mit den Gegnern. Allerdings folgte er der Tradition darin, dass er Christus an vielen Stellen im Alten Testament bezeugt sah, an denen die moderne historisch-kritische Auslegung diese Verbindung nicht bestätigt.

Die historisch-kritische Bibelauslegung wird in frommen Kreisen oft als Werk des Unglaubens verurteilt. »Bibelkritik« erscheint als verwerfliche Anmaßung. Wie können Christen Texte kritisieren, die uns von Gott gegeben sind, damit wir im Leben und im Sterben darauf bauen? Wie können wir Texte in Frage stellen, die uns in Frage stellen? Wohin führt der kritische Geist, wenn wir anfangen, unsere Kriterien über die Autorität des Wortes Gottes zu stellen? Diese Fragen sind ernst zu nehmen. Christen sollten der Bibel nicht weniger Respekt entgegenbringen als Moslems dem Koran, auch wenn sie die Bibel nicht für ein vom Himmel gefallenes, sondern von sehr unterschiedlichen Menschen verfasstes Buch halten. Manche Theologen scheinen anzunehmen, ihr wissenschaftliches Niveau steige mit der Radikalität ihrer Bibelkritik. Wer möglichst viele biblische Schriften für unecht erklärt, hält sich für besonders gelehrt. Solche Auswüchse werden aber langfristig in der Wissenschaft selbst korrigiert und sprechen nicht dagegen, die Bibel, in der uns Gott sein Wort gibt, zugleich als Menschenwort zu verstehen.

Während der Islam bisher – von wenigen Ausnahmen muslimischer Gelehrter abgesehen – den Koran jeder historischen Kritik entzieht, geht die christliche Theologie davon aus, dass Gott sein Wort durch Menschen offenbart und an Menschen ergehen lässt, die jeweils in einer bestimmten historischen Situation leben. Die Auslegung muss den Unterschied zwischen der damaligen und der gegenwärtigen Situation berücksichtigen. Das ist mit historisch-*kritisch* gemeint. *Kritisch* leitet sich vom griechischen *krínein* = unterscheiden ab, hat also ursprünglich keine negative Bedeutung. Kritisch ist die Auslegung, indem sie zwischen zeitbedingten und überzeitlich gültigen Aussagen unterscheidet. Dabei unterliegt die Unterscheidung selbst zeitbedingten Einflüssen und bedarf der kritischen Prüfung. Kritik der Kritik ist notwendig. In der katholischen Kirche bestimmt notfalls der Papst, was zu gelten hat. Das Petrusamt sorgt dafür, dass die Vielfalt der Auslegungen zusammengehalten und ein pluralistisches Chaos vermieden wird. Dem Protestantismus fällt es erheblich schwerer, eine grundlegende Übereinstimmung im Verständnis der Heiligen Schrift zu bewahren und immer neu zu gewinnen. An die Stelle des Petrusamtes tritt das synodale Leitungsamt, das die Vertreter und Vertreterinnen der Gemeinden, der Kirchenleitungen und der wissenschaftlichen Theologie vereint und sich darum bemüht, unter den Bedingungen des modernen Pluralismus die verbindliche Gültigkeit der biblischen Wahrheit zu erkennen.

Luther und Melanchthon verfügten als Professoren an der Universität Wittenberg über eine solche Autorität, dass sie den Weg der Reformation in starkem Maß bestimmen und an der Heiligen Schrift orientieren konnten. Während Luther in seiner Person den akademischen Bibelwissenschaftler mit dem charismatischen Prediger verband, formte Melanchthon ein modernes Bildungswesen aus reformatorischem Geist. Beide wirkten je auf ihre Weise als Bindeglieder zwischen der Wissenschaft ihrer Zeit und dem religiösen sowie kulturellen Leben, als Dolmetscher der Bibel für die Menschen an der Schwelle der frühen Neuzeit. Seither vollzog sich in den Wissenschaften eine solche Differenzierung und Spezialisierung, dass immer mehr Leute immer mehr von immer weniger verstehen. Als Teil der Universitäten nimmt die Theologie an diesem Prozess teil, der den Graben zwischen ihr und der praktischen Frömmigkeit vertiefte und verbreiterte. Manchen Fachleuten gelingt es, Brücken zu schlagen, doch insgesamt trägt die Theologie zu wenig zur Lösung der praktischen Probleme in den Gemeinden bei, und das gilt auch für die Praktische Theologie. Entsprechend gering ist das Interesse der Pfarrerschaft und der Gemeindeglieder an theologischen Veröffentlichungen.

»Kommunikation des Evangeliums« heißt ein Leitmotiv der gegenwärtigen Praktischen Theologie, das geeignet ist, den genannten Graben zu überbrücken. »Kommunikation« bedeutet Mitteilung. Das Evangelium mit anderen zu teilen ist mehr als die Übermittlung einer Nachricht wie die Kommunikation der Börsenzahlen oder der Verkehrsnachrichten. Wenn Missionare als Pioniere ihre

Zelte in einem fremden Land aufschlugen, mussten sie zuerst ihr Leben mit den dortigen Menschen teilen, um deren Sprache zu erlernen und ihre Kultur zu verstehen. Oft entstanden Krankenstationen neben den Kirchen, weil die Sprache der tätigen Liebe leichter verstanden wird als eine fremde Botschaft. Kommunikation geschieht in den verschiedensten Handlungsformen. Geht es um Kommunikation des Evangeliums, dann muss sie ihren Inhalt aus der Bibel erhalten. Damit erweist sich das reformatorische Schriftprinzip als unverzichtbar für die Theologie und das kirchliche Leben zu jeder Zeit.

Die Predigt als Verkündigung des Wortes Gottes

Für Luther ist die Predigt die wichtigste, aber keineswegs die einzige Gestalt, das Evangelium zu verkündigen. Erfolgreich bedient er sich auch der anderen Medien seiner Zeit, besonders des Druckes von Schriften und Flugblättern, aber auch des Gesangs. Viele Menschen konnten damals nicht lesen, aber sie sangen die Lieder der Reformation und nahmen so an der Kommunikation des Evangeliums teil. Der Kleine Katechismus diente dazu, in den Familien auf elementare Weise die biblische Botschaft miteinander zu teilen. Auch in der speziellen Seelsorge, die Luther nicht zuletzt durch viele Briefe übte, geschah Kommunikation des Evangeliums. Der gottesdienstlichen Predigt wies Luther einen besonderen Rang zu. Die Predigt erklärt er zum höchsten Gottesdienst (WA 36,237,29). Auf alles andere könne man eher verzichten als auf die

Predigt des Wortes Gottes (WA 12,37,29). Das ganze Leben und die Substanz der Kirche bestehen im Wort Gottes, das gepredigt werden muss. »Das Leben, der Geist, das Heil und alle Güter dieser Gemeinde kommen und entspringen allein aus Christus, durch das verkündigte Wort des Evangeliums, das mit dem Glauben gefasst und angenommen wird« (WA Br 3,217,109–111).

Das Wort Gottes begegnet uns persönlich durch und in Christus, dem »Generalskopus« der Schrift und der Predigt (WA 36,180,10 f.). »Nichts als Christus ist zu predigen«, sagt Luther zugespitzt (WA 16,113,7 f.). Lateinisch formuliert er: *Nihil nisi Christus praedicandus*, wörtlich übersetzt: »Nichts als Christus ist der zu Predigende«. Gemeint ist nicht, es sei immer nur von Christus zu reden, sondern jeder Predigtinhalt steht in einer Beziehung zu ihm. Er ist offen oder unausgesprochen das Ziel jeder Predigt, wie sie von ihm ausgeht. Dabei ist wichtig, dass Christus immer als Person der Trinität verstanden wird. Durch ihn spricht und handelt der dreieinige Gott, dessen Wort in der Predigt durch Menschen an Menschen ergeht. Deshalb soll der Prediger von seiner Predigt sagen: *Haec dixit Dominus* (= Das hat der Herr gesagt, WA 51,517,9). Luther geht so weit zu behaupten, wer das nicht sagen könne, solle das Predigen lassen, denn er lüge und lästere Gott. Er meint das im Blick auf die Predigt insgesamt, nicht hinsichtlich eines jeden Wortes. Dennoch ist zu fragen, ob er hier nicht zu wenig zwischen Gottes- und Menschenwort unterscheidet. Dabei ist zu bedenken, dass Luther den Prediger als Diener und Werkzeug Gottes versteht und dieses Selbstverständnis als notwendig ansieht:

»Wenn ich Gottes Wort rechtschaffen predige, so gebraucht Gott meine Zunge und Stimme zur Predigt seines Wortes, ja er predigt selbst durch mich. Das Wort ist sein, ob ich schon meine Zunge und Stimme dazu leihe. Ich komme nicht in die Seelen der Menschen, die mich hören; ich erneuere auch nicht der Menschen Seelen und Herzen. Gott aber, der das Predigen eingesetzt und mir das Wort gegeben hat, will durchs Wort, welches er durch mich als sein Rüstzeug predigen lässt, wirken, den heiligen Geist geben, der Menschen Herz erleuchten und erneuern« (WA 45,310,36–311,10).

Die Dialektische Theologie Karl Barths und seiner Freunde folgte diesem anspruchsvollen Predigtverständnis, das auch dem Calvins entspricht. Dabei ist zu beachten, dass die hohe theologische Wertung der Predigt nicht auf empirischem Urteil beruht, also sich nicht auf Erfahrungen gründet, sondern eine reine Glaubensaussage darstellt. Nicht die Qualität der Predigt macht sie zum Wort Gottes, sondern die Predigt gewinnt ihre Qualität aus der »lebendigen Stimme des Evangeliums« (*viva vox evangelii*). Seit etwa 50 Jahren empfanden viele Prediger diese Sicht als zu entfernt von ihren ernüchternden Erfahrungen. Ernst Lange warf die Frage auf, was methodisch geschehen kann, um den hohen Anspruch der Predigt einzulösen und den Widerspruch zwischen Theorie und Praxis zu überwinden. Er brachte das Leitmotiv von der »Kommunikation des Evangeliums« statt der »Verkündigung des Wortes Gottes« ins Gespräch. Kommunikation ist ein empirischer Begriff, sie lässt sich üben, während Verkündigung methodisch nicht fassbar ist. Überprüfbar ist, ob Kommunikation gelingt, nicht aber, ob Verkündigung geschieht, die aus Glauben kommt und auf Glauben zielt (vgl. Röm 1,17).

Wenn die Predigt akustisch nicht zu verstehen ist, weil der Prediger zu leise oder undeutlich spricht oder die Sprechanlage nicht funktioniert, misslingt die Kommunikation aus technischen Gründen. Rhetorische Mängel schaden häufig der Predigtkommunikation. Oft werden abstrakte Gedanken aneinandergereiht, oder die Gedanken folgen keiner erkennbaren Ordnung, es fehlen eine klare Gliederung und ein roter Faden, der sich durch die Rede zieht, so dass die Hörerinnen und Hörer einen Ertrag mit nach Hause nehmen könnten. Melanchthon übernahm Regeln aus der antiken Rhetorik, die teilweise von Luther beachtet wurden und bis heute gültig sind. Dazu gehört die Zuordnung der Predigt auf ein Ziel, damals Status und später homiletischer Skopus genannt. Luther erklärt: »Ich befleißige mich in meinen Predigten, dass ich einen Spruch vor mich nehme, und da bleibe ich, und dass ich den wohl anzeige, dass sie können sagen: Das ist die Predigt gewesen, das heißt, ich bleibe immer beim Status« (WA TR 3,210,9–12). Er gesteht, Kürze und Klarheit der Predigt nicht so wie Melanchthon und Amsdorf vereinigen zu können, was bei der enormen Arbeitslast, die auf ihm lag, und der Fülle von ihm gehaltener Predigten nur verständlich ist. Für die Vorbereitung stand ihm wenig Zeit zur Verfügung.

Zur rhetorischen Kommunikation gehört die freie Rede. Frei heißt nicht unvorbereitet, sondern frei vom Manuskript. Leider lesen viele Predigerinnen und Prediger ihre

Predigten vor und erschweren damit die kommunikative Beziehung zu den Hörerinnen und Hörern. Wer am Manuskript klebt, ist nicht frei zur Begegnung. Zwischenmenschliche Kommunikation geschieht als Wechselbeziehung. Schon zur Vorbereitung der Predigt gehört die stille Zwiesprache mit den Menschen, auf deren Kommen ich hoffe. Welche Erwartungen mögen sie mit dem Bibelwort verbinden, das der Predigt zugrunde liegen soll? An welchen Stellen betrifft die biblische Botschaft das Leben dieser Menschen? Die Predigt ist eine Rede, in der eine konkrete biblische Wahrheit für das Leben bestimmter Menschen bedeutsam werden soll. Ob das gelingt, hat der Prediger oder die Predigerin nur bedingt in der Hand. Es liegt aber nicht nur am Wirken des Heiligen Geistes, denn dieser nimmt menschliche Dienste in Anspruch und erwartet von seinen Dienern Treue im Geringsten. Zum Geringsten, dessen Bedeutung oft unterschätzt wird, gehört das Bemühen um Freiheit vom Manuskript, die schrittweise zu erlangen ist. Je klarer die Predigt durchdacht und aufgebaut ist, desto leichter fällt der freie Vortrag, weil sich ein Gedanke aus dem andern ergibt oder ein Bild oder eine Geschichte die Rede bestimmt, so dass die Gefahr, den Faden zu verlieren, gering ist.

Luther erzählt in diesem Zusammenhang: »Es ist mir oft widerfahren, dass mir mein bestes Konzept zerronnen ist« (WA TR 3,357,17 f.). Ob er das Konzept schriftlich bei sich trug oder nur im Gedächtnis hatte, geht aus der Bemerkung nicht hervor. Er erklärt auch, er habe sich oft selbst angespuckt, wenn er von der Kanzel gestiegen sei, weil er sein Konzept nicht eingehalten habe (TR

4,446,22–25). Nachträglich erkannte er darin einen Sinn: »Unser Herrgott will allein Prediger sein« (3,357,15 f.). Außerdem beobachtete er, dass mitunter die Gemeinde auf solche vom Konzept abweichenden Predigten besonders positiv reagierte. Der eigene Eindruck des Predigers ergibt sich aus der Diskrepanz zwischen der Vorbereitung und dem Vollzug der Predigt, während die Zuhörer nur Letzteren wahrnehmen und ihn positiver beurteilen können als der mit sich selbst unzufriedene Prediger.

Luther predigte gern, aber Enttäuschungen blieben ihm trotz seiner hohen Autorität nicht erspart. 1530 trat er in einen Predigtstreik ein, so dass Kurfürst Johann ihn bitten musste, wenigstens wieder sonntäglich zu predigen. Er litt daran, dass die Leute sich nicht so für das Evangelium öffneten, wie er gehofft hatte: »Ich dachte, ich will ihnen predigen und den wahren Weg zeigen, die Wahrheit, dass sie frei werden, das werden sie von Herzen gern annehmen. Hätte ich ihre Herzen gekannt, hätten mich hundert Pferde nicht (zum Predigen) herziehen können« (WA 34 II,554,8–10). Der Reformator kennt die Anfechtung durch mangelnde positive Resonanz, die jeder Predigerin und jedem Prediger vertraut ist. Wer viel Liebe, Zeit und Kraft in eine Arbeit investierte und auf wenig Interesse stößt, leidet unter dieser Kränkung. Luther verarbeitet seine Enttäuschung, indem er sie offen ausspricht. Heute reagieren nicht wenige Predigerinnen und Prediger mit dem Burn-out-Syndrom, einem seelischen und körperlichen Erschöpfungszustand. Der Körper wehrt sich gegen die Überforderung, die sich im Widerspruch zwischen hohen Erwartungen und geringen sichtbaren Ergebnissen zeigt.

Aus solchen Krisen findet die betroffene Person nur mit Hilfe anderer heraus, etwa durch eine Zeit in einem Haus der Stille oder in einem Kloster.

Manche wählen einen negativen Ausweg, indem sie die Predigt in ihrer Bedeutung herabstufen und ihr entsprechend wenig Zeit und Kraft widmen. Sie antworten auf das geringe Interesse der Gemeinde, indem sie selber wenig Wert auf die Qualität der Predigt legen. Damit bestrafen sie aber nicht die Abwesenden, sondern die kleine Schar der Treuen, die etwas von der Predigt erwarten. Trotz aller Kritik an der Wortlastigkeit des evangelischen Gottesdienstes und trotz aller Enttäuschungen durch inhaltsarme oder langweilige Predigten erhoffen die am Gottesdienst Teilnehmenden eine Verkündigung, die ihnen Wichtiges für ihr Leben mitgibt. Das gilt immer noch, obwohl sich im Vergleich zu Luthers Zeit die technischen Möglichkeiten der Kommunikation in unglaublicher Weise verändert haben. Oft wurde deshalb gefragt, ob die Einbahnkommunikation der Predigt überholt sei. Dialogpredigten sollten die Gesprächsform in die Verkündigung einbringen, neue Medien wie Beamer das gesprochene Wort mit sichtbaren Bildern und Graphiken verbinden. Solche methodische Vielfalt ist zu begrüßen, doch macht sie die Predigt als Monolog nicht überflüssig, wenn der Monolog gewissermaßen das Gespräch sucht.

Die Disputation bildete in Luthers Zeit eine akademische Methode zur Wahrheitsfindung. In seinen Predigten gebraucht Luther das Stilmittel des Dialogs, um die Argumente des Glaubens gegen die des Teufels zu setzen. So lässt er in der Leichenpredigt für Kurfürst Johann 1532 den Teufel anklagend fragen: Wie hast du gelebt? Wie hast du gehandelt? Er antwortet: »Wenn ich auch gesündigt habe, so hab ich's getan, friß du den Dreck davon, und er sei dein« (WA 36,252,2–6). Der Prediger zeigt damit, wie der Teufel in der Anfechtung zurückzuweisen ist, und er fährt fort: »Wenn du glaubst, (sage dem Teufel): Ich werde nicht mit dir disputieren, … bei mir, der in Ängsten und im Tode liegt, findest du keinen Platz«.

Dialogische Elemente erleichtern die Wahrnehmung der Predigt. Wird die Predigt als Kommunikation verstanden, müssen die Aufnahmefähigkeit und die aktive Beteiligung der Hörenden am kommunikativen Prozess Beachtung finden. Luther erklärt, dass er in seiner Predigt nicht an die gelehrten Kollegen wie Bugenhagen, Jonas und Melanchthon denkt, »denn sie wissens vorher besser als ich. Ich predige ihnen auch nicht, sondern meinem Hänslein und Elslein; auf die gebe ich acht« (TR 3,310,9–12). In einer anderen Tischrede sagt er: »Einfältig predigen ist eine große Kunst« (4,447,19). »Einfältig« bedeutet einfach, nicht aber primitiv. Letzteres wäre das Gegenteil großer Kunst, die darin besteht, den jeweiligen Kommunikationsbedingungen zu entsprechen und dabei die Sache angemessen zu formulieren. Einfache Predigt macht das Nachdenken nicht überflüssig, sondern ermöglicht es und regt es an. Darin unterscheidet sie sich von der komplizierten Predigt, die das Mitdenken erschwert und alle ausschließt, die darin weniger geübt sind. Der akademische Sprachstil ist oft kompliziert und auf gedruckte Texte zugeschnitten, die sich nicht für die freie Rede eignen. Außerdem verführt die akademische Sprache dazu, inhaltliche Unklarheiten durch wohlklingende Floskeln zu vernebeln. Wer dagegen wie Luther an sein Hänslein und Elslein denkt, wird elementar predigen, ohne die Erwachsenen zu unterfordern.

Kapitel 7

Der Gottesdienst

Auf vielfachen Wunsch veröffentlichte Luther 1526 die
»Deutsche Messe«, eine Agende für den Gottesdienst mit
einer ausführlichen Vorrede. Letztere beginnt mit der
Bitte, aus der folgenden Ordnung »ja kein nötiges Gesetz«
zu machen (Cl 3,294,4) und die Gewissen damit zu belas-
ten, sondern sie in christlicher Freiheit zu gebrauchen.
Allerdings sieht Luther die Gefahr, dass die Freiheit »zu
eigener Lust oder Nutzen« missbraucht wird, statt der
Ehre Gottes und dem Nutzen des Nächsten zu dienen.
Deshalb ist »darauf zu sehen, dass die Freiheit der Liebe
und des Nächsten Diener ist und sein soll« (19 f.). Die
Liebe trachtet nach gleicher Gesinnung und möglichst
auch gleichen Formen, Weisen und Gebärden. Das bedeutet nicht, in Deutschland sollte überall die Wittenberger
Ordnung eingeführt werden, aber es wäre doch schön,
wenn in jedem Herrschaftsbereich eine einheitliche Ordnung praktiziert würde. Luther möchte also Freiheit und
notwendige Ordnung ausbalancieren. Wie die Liebe das
konkret schaffen soll, lässt er offen. Es scheint ihn auch
nicht stark beschäftigt zu haben, denn er meint, die liturgischen Ordnungen seien eigentlich nur für diejenigen
nötig, »die noch Christen sollen werden oder stärker wer-

den« (295,21 f.). Wer schon Christ ist, brauchte demnach keine Agende. Luther formuliert hier überspitzt, denn ihm war klar, wie er an anderer Stelle sagte, dass Christen immer im Werden sind, nicht im Gewordensein (StA 2,333,12). Folglich sollen alle noch Christen werden oder stärker werden und brauchen Ordnungen des Gottesdienstes. Luther berücksichtigt in seinen grundsätzlichen Überlegungen verschiedene Aspekte, die teilweise heute umstritten sind.

Der pädagogische Aspekt

Auffällig stark betont Luther in seiner Vorrede pädagogische Gedanken. Der liturgisch geordnete Gottesdienst ist seiner Meinung nach hauptsächlich wegen der ungebildeten und jungen Leute notwendig. Sie sollen in der Schrift geübt und kundig werden, fähig dazu, ihren Glauben persönlich zu vertreten, andere zu lehren und das Reich Gottes zu mehren. Der pädagogische Aspekt hängt also mit dem missionarischen zusammen, auf den noch einzugehen ist. »Es ist mir alles um die Jugend zu tun«, betont Luther (296,7 f.), und die Bildung der Jugend liegt ihm so am Herzen, dass er nicht gänzlich auf die lateinische Messe verzichten will, damit die jungen Leute im Lateinischen geübt werden. Dieses Motiv gilt natürlich nur für die Lateinschüler, während für alle »zuerst im deutschen Gottesdienst ein grober, schlichter, einfacher guter Katechismus vonnöten« ist (297,25 f.). Luther publizierte seine Katechismen erst 1529 und bezieht sich

1526 auf die alte Tradition, die sich auf die drei ersten Hauptstücke beschränkt: Zehn Gebote (Dekalog), Glaubensbekenntnis (Credo) und Vaterunser. Dieser Katechismus soll häufig, notfalls täglich (!) in Predigten erläutert und zu Hause abgefragt werden. Wie Letzteres geschehen kann, erklärt Luther so, dass man meint, eine Schrift zum Katechismus statt zur Liturgie vor sich zu haben. Er schlägt den Familien vor, je zwei Beutel anzuschaffen, in denen Bibelsprüche zu Themen von Glaube und Liebe gesammelt werden, und er gibt Hinweise zur inhaltlichen Ordnung der Sprüche und Beispiele. Die Kinder sollen solche Sprüche aus den Predigten mitbringen und zu Hause aufsagen, dann werden sie in die Beutel einsortiert. Luther begründet solches Kinderspiel theologisch: »Christus, als er Menschen erziehen wollte, musste er Mensch werden. Sollen wir Kinder erziehen, so müssen wir auch Kinder mit ihnen werden« (299,25–27).

Die Kinder sollen also spielend in den Gottesdienst eingeführt und eingeübt werden. Es dauerte bis ins 19. Jahrhundert, ehe die evangelische Kirche in Sonntagsschulen und Kindergottesdiensten eigene liturgische Formen für Kinder entwickelte und die für Kinder ungeeigneten langen Predigten durch altersgemäße Weisen der Verkündigung ersetzte. Im 20. Jahrhundert wurden Familiengottesdienste eingeführt, in denen die Generationen den Gottesdienst gemeinsam feiern, dabei aber die üblichen Formen der Liturgie und der Predigt aufgeben. Diese Praxis bewährte sich in den 60er und 70er Jahren des vorigen Jahrhunderts zunächst als attraktive Innovation, doch es zeigte sich bald, dass der erhöhte Aufwand an Vorbereitung und die nötige Kreativität dem Vorhaben Grenzen setzten. Außerdem blieb derjenige Teil der Gemeinde unbefriedigt, der auf die vertrauten Formen Wert legte. Eine Möglichkeit, den unterschiedlichen Bedürfnissen der Generationen gerecht zu werden, bietet der Auszug der Kinder während der Predigt zur gesonderten Verkündigung für sie. Der Vorteil liegt darin, dass die Kinder zusammen mit Erwachsenen zur Kirche gehen und sich an den Gottesdienst gewöhnen können. Die liturgischen Stücke der Agende sind für Kinder nicht fremder und schwieriger als für Erwachsene. Diese kombinierte Form des Gottesdienstes lässt sich nur in den Gemeinden durchführen, in denen entsprechendes Interesse seitens der Kinder und ihrer Angehörigen besteht und Mitarbeiterinnen und Mitarbeiter den Dienst übernehmen. Die Situation ist örtlich so unterschiedlich, dass mit Luther freundlich gebeten werden muss, ja kein nötiges Gesetz aus einer Form zu machen, die sich irgendwo bewährt hat oder die aus liturgischen oder religionspädagogischen Gründen als die beste erscheint.

Es gibt gute Gründe, den pädagogischen Aspekt im Gottesdienst zu relativieren. Als Luther 1544 die Schlosskirche von Torgau einweihte, prägte er einen Satz, der allgemein als typisch für das lutherische Verständnis des Gottesdienstes gilt. Er sagte, es solle in diesem Haus nichts anderes geschehen, »denn dass unser lieber Herr selbst mit uns rede durch sein heiliges Wort und wir wiederum mit ihm reden durch Gebet und Lobgesang« (WA 49,588,16–18). Dass Gott mit uns redet und wir ihm antworten im Gebet und Lobgesang, ist Wirkung und Frucht des Heiligen Geistes und scheint nichts mit Erziehung und Lernen zu tun zu haben. Der Heilige Geist wirkt aber durch und in Menschen, die lernende Wesen sind. Wir lernen positiv und negativ aus unseren Erfahrungen, und das gilt auch für den Gottesdienst. Eine häufige Erfahrung besonders junger Menschen im normalen Gottesdienst besagt, dass er langweilig ist. Das kennen sie auch aus manchen Schulstunden. Langweiliger Unterricht mindert das Interesse am Fach, und wenn sich eine Wahlmöglichkeit ergibt, wird es abgewählt. Meist liegt das an Lehrern, die den Stoff didaktisch nicht geschickt vermitteln oder menschlich den Kontakt zu den Schülern nicht finden. Ebenso wirken sich menschliche Stärken und Schwächen in der Kirche aus. Wichtig ist es für alle Beteiligten, soweit möglich zu klären, wo vorhandene Mängel strukturell bedingt sind und wo individuelle Ursachen vorliegen.

»Bewahre die Ordnung, und die Ordnung wird dich bewahren« (*Serva ordinem, et ordo servabit te*), sagt Benedict von Nursia, einer der Väter des abendländischen Mönchtums. Die helfende Kraft einer guten Ordnung ist nicht nur für das Ordensleben, sondern für alle Menschen wichtig. Das gottesdienstliche Leben ist für alle christlichen Kirchen so grundlegend, dass großer Wert auf seine ordentliche Gestaltung zu legen ist. Das Evangelische Gottesdienstbuch von 1999 versucht, eine erkennbare Grundstruktur für vielfältige Gestaltungsmöglichkeiten offen zu lassen. Einerseits sollen vertraute Formen das Mitfeiern erleichtern, andererseits vielerlei Varianten der Lebendigkeit des Geschehens dienen und vor langweiliger Routine bewahren. In der Praxis erweist sich diese prinzipiell wünschenswerte Verbindung von Kontinuität und Kreativität als schwierig. Es gibt keinen Königsweg, wie der durch die biblischen Inhalte und die kirchliche Tradition vorgegebene Inhalt und die unterschiedlichen Erwartungen gegenwärtiger Menschen in Einklang gebracht werden können, sondern es bedarf dazu immer neu der theologischen Arbeit und des Engagements aller Beteiligten.

Gegenwärtig besteht die Gefahr, dabei die Pfarrerinnen und Pfarrer zu überfordern. Auch das »Impulspapier« erweckt den Eindruck, die Amtspersonen müssten nur die Qualität ihrer Arbeit steigern, dann könnten die Erfolge nicht ausbleiben. Die Lage ist viel komplizierter. Im Blick auf die Gottesdienste besteht das Hauptproblem in der Abwesenheit der meisten Gemeindeglieder, und viele Praktische Theologen finden das normal. Einerseits stimmen fast alle der These zu, dass der Gottesdienst die Mitte der Gemeinde ist, andererseits gelten diejenigen, die in der Regel nicht daran teilnehmen, als normativ, und Pfarrer, die sich bemühen, die treue Schar der Kerngemeinde bei der Stange zu halten, werden als »binnenkirchlich« diffamiert. Wir haben nicht zu wenige und unfähige Pfarrer, sondern zu wenig aktive Gemeindeglieder, die den Gottesdienst zu ihrer Sache machen und in ihr Leben einordnen. Hier liegt der eigentliche Grund dafür, dass immer mehr Kirchen an Sonn- und Feiertagen ungenutzt bleiben, obwohl viele seit 1990 saniert wurden. Es gibt positive Beispiele dafür, dass Gemeindeglieder als Lektoren oder Prädikanten Gottesdienste oder Andachten leiten, wo die Pfarrer für zu viele Predigtstellen zuständig sind. Entscheidend ist die Frage, was der Gottesdienst den Menschen bedeutet. Wenn sie diese Frage durch ihr Verhalten und ihre Beteiligung positiv beantworten, motiviert das die Pfarrerinnen und Pfarrer mehr, als wenn Berater ihnen empfehlen, ihre Leistungen zu verbessern. Sollte es nicht möglich sein, einen Teil der gelegentlichen Kirchgänger für eine Art von Selbstverpflichtung zum regelmäßigen Mitfeiern des Gottesdienstes zu gewinnen? Jede und jeder könnte sich selber eine Norm setzen, sei es, sonntäglich oder vierzehntägig oder monatlich einmal dabei zu sein. Es gibt ja freiwillige Regeln schon immer, aber wir brauchten einen »Pakt für den Gottesdienst«, der ihn als Sache der Gemeinde erfahrbar macht.

Der missionarische Aspekt

In der erwähnten Vorrede zur Deutschen Messe bezeichnet Luther den Gottesdienst als »eine öffentliche Reizung zum Glauben und zum Christentum« (296,35 f.). Obwohl in den Wittenberger Kirchen sich nur Leute befanden, die getauft waren, erklärt Luther, es seien da »viele, die noch nicht glauben oder Christen sind, sondern der größere Teil steht da und gafft, dass sie auch etwas Neues sehen, gerade als wenn wir mitten unter den Türken oder Heiden auf einem freien Platz oder Feld Gottesdienst hielten« (30–33). Der pädagogische Aspekt verschränkt sich also mit dem missionarischen. Für manche modernen Theologen höchst anstößig unterscheidet Luther zwischen Getauften, die noch nicht glauben und daher eigentlich keine Christen sind, und solchen, die »mit Ernst Christen sein wollen«. Für Letztere schwebt ihm eine dritte Form neben der lateinischen und deutschen Messe vor, nämlich eine Versammlung von Hausgemeinden, in der das Gebet, die Liturgie, die Predigt, die Seelsorge und die Diakonie sich organisch verbinden. Er richtet aber diese Versammlung nicht ein, weil er zu wenige sieht, die danach verlangen. Im Pietismus wurde der Gedanke wieder aufgegriffen, und manche Freikirchen sehen sich in dieser Tradition, die innerkirchlich durch die Landeskirchliche Gemeinschaft gepflegt wird.

In den meisten Gottesdiensten haben wir es nur mit Christen zu tun, nicht mit Moslems oder Heiden. Die Christinnen und Christen leben aber täglich mit Nichtchristen zusammen, so dass indirekt doch eine missionarische Situation besteht. Viele Christenmenschen sehen sich nicht imstande, ihren Glauben argumentativ zu vertreten. Helfen unsere Gottesdienste dazu, in Glaubensdingen sprachfähig zu werden? Die Predigt ist infolge ihrer monologischen Form dafür nicht optimal geeignet, aber sie kann doch Anregungen geben, indem sie auf Einwände und Vorurteile eingeht, die sich gegen den christlichen Glauben richten. Luthers abfällige Bemerkung über die neugierigen Gaffer ist nicht vorbildlich, aber sie findet Nachfolger in abwertenden Äußerungen über Leute, die sich das ganze Jahr nicht sehen lassen außer zur Christvesper, wo sie von der Empore herab auf das Krippenspiel gaffen. Sind Menschen neugierig auf etwas in der Kirche Dargebotenes, haben wir Grund zur Freude. Sie sollten spüren, dass sie willkommen sind, und sie sollten die Kirche so erleben, dass sie angeregt werden wiederzukommen. Wenn sie etwas von der großen Freude erahnen oder gar mitnehmen, »die allem Volk widerfahren wird« (Lk 2,10), hat Gottes Mission sie erreicht.

Klar gegeben ist die missionarische Situation bei vielen Kasualien und bei Gottesdiensten aus besonderen Anlässen, vor allem nach Katastrophen. Missionarisch ist hier natürlich nicht mit evangelistisch zu verwechseln. Die Evangelisation will nichtglaubende Menschen für den Glauben gewinnen und zielt darauf in ihren Formen und Inhalten. Sie möchte auch schon Glaubende für ihr missionarisches Zeugnis zurüsten. Dafür wird besonders eingeladen, und es ist klar, dass zum Beispiel »Pro Christ« die persönliche Entscheidung »für Christus« und damit für ein aktives Leben als Christ herbeiführen möchte. Suchen dagegen schockierte Menschen nach einem Amoklauf oder einem Zugunfall Trost in der Kirche, dann gilt das einladende und tröstende Wort Jesu: ›Kommt her zu mir alle, die ihr mühselig und beladen seid, ich will euch erquicken‹ (Mt 11,28). Entscheidend ist, dass Menschen erfahren: Im Glauben öffnet sich eine Zuflucht, über die Menschen nicht verfügen. Diese Perspektive des Glaubens muss allerdings deutlich zur Sprache kommen.

Der ästhetische Aspekt

Unter ästhetischem Aspekt geht es nicht nur darum, wie im Gottesdienst das Schöne Ausdruck findet, sondern allgemein darum, was die Menschen in ihm wahrnehmen und wie die Sinne aktiviert werden. Luther hebt zwar das

Hören klar hervor, weil der Glaube aus dem Hören kommt (Röm 10,17 übersetzt Luther *akoé* mit »Predigt«, ebenso Gal 3,2.5). Er gibt aber auch den anderen Sinnen ihr Recht und lehnt zum Beispiel die Bilderfeindlichkeit der radikalen Reformer sowie Zwinglis ab, die alles ausschließen wollten, was von der Konzentration auf das Wort Gottes ablenkt. Luther kannte die Gefahr, am Äußerlichen zu haften und das Sichtbare abergläubisch anstatt des Unsichtbaren zu verehren. Er kritisierte die spätmittelalterliche Frömmigkeit heftig, mitunter auch ungerecht, aber er hielt an ihren Formen fest, wenn keine biblischen Argumente dagegen sprachen. Zum Beispiel rief er die Gemeinde in der erwähnten Torgauer Kirchweihpredigt auf, mit an den Sprengel und das Rauchfass zu greifen, also Weihwasser zu sprengen und mit Weihrauch zu räuchern. Er sah in diesen Handlungen somit kein Problem. Weihwasser und Weihrauch erhöhen zwar die Heiligkeit des Raumes nicht, sie bewirken nicht mehr als das gesprochene Wort des Gebetes und Segens, bringen es aber anders zum Ausdruck. Dass Gott lieblichen Geruch mag, erzählt schon die Noah-Geschichte (Gen 8,21), und Paulus spricht bildhaft von der Gemeinde als einem guten Geruch für Gott (2Kor 2,15). Der Duft des Weihrauchs erinnert die Gemeinde an ihre Bestimmung. Das Weihwasser verweist auf die Taufe und die reinigende Kraft des Heiligen Geistes. Ob solche symbolische Bedeutung wahrgenommen wird, wenn ein Feuerwehrwagen mit Weihwasser besprengt wird, ist freilich fraglich.

Ästhetische Eindrücke und Urteile unterliegen in starkem Maß dem wandelbaren Geschmack, über den man sich nicht streiten soll. Trotzdem ist es notwendig, die ästhetischen Bedürfnisse der Menschen zu berücksichtigen und nach Möglichkeit zu befriedigen. Angesichts der vielfältigen und einander widersprechenden Erwartungen sind Kompromisse unerlässlich. Oft erheben Kunstexperten den Vorwurf, die Kirche vernachlässige die Pflege der Kunst, jedenfalls der bildenden Kunst. Der Vorwurf ergibt sich meist daraus, dass diese Experten die je von ihnen favorisierte Kunst seitens der Kirche nicht genügend gefördert sehen. Überwiegend handelt es sich um moderne Kunst, die sich schwer erschließt und von der Mehrheit der Gemeindeglieder nicht akzeptiert wird. Die Akzeptanz seitens der Gemeinde ist aber das entscheidende Kriterium, nicht das Urteil von Experten. Im »Impulspapier« wird als erstes Leuchtfeuer das Ziel gesetzt, den Menschen geistliche Heimat zu geben (49). Ein Heimatgefühl verbindet sich in starkem Maß mit Sinneseindrücken. Was vertraut ist und das Gefühl positiv anspricht, hilft bei der Beheimatung.

Im Gottesdienst verbinden sich viele verschiedene Eindrücke. Nach meiner Ordination habe ich 1965/66 in der Neubaugemeinde Rostock-Südstadt mitgearbeitet, zusammen mit dem späteren Landesbischof Dr. Heinrich Rathke. Da die Kirche im Neubaugebiet keine Baugenehmigung erhielt, stellte Rathke auf einem kirchlichen Grundstück einen ehemaligen Schaustellerwagen auf. Für ein Klavier oder gar eine Orgel reichte der Platz nicht, was den Gesang kräftig förderte. Der enge Raum schloss die Gemeinde zu einer Gemeinschaft zusammen, und der Wagen auf seinen Rädern symbolisierte das wandernde

Gottesvolk inmitten der säkularisierten Gesellschaft. Wer einen sakralen Raum mit kunsthistorisch wertvollem Inventar suchte, konnte die zwei Kilometer entfernte gotische Dorfkirche Biestow oder die Kirchen der Innenstadt aufsuchen. Die große schöne Marienkirche bot sich für Leute an, die statt enger Tuchfühlung eine gewisse Distanz und Anonymität wünschten. Die meisten Gemeindeglieder zogen aber den Kirchwagen vor, der die Kirche in ihrem Wohngebiet repräsentierte und ihrer Identität als Kirche im Neubaustadtteil Ausdruck gab. Pastor Rathke gelang es, mit theologischer Kompetenz und kommunikativer Begabung herkömmliche Lebensformen und neue Impulse so zu verbinden, dass ein erheblicher Teil der Gemeindeglieder sich mit seinem Konzept identifizierte und sich aktiv beteiligte.

Das Beispiel ist nicht zu verallgemeinern. Generell gilt, dass immer eine Fülle von Faktoren auf den Gottesdienst einwirkt und viele unterschiedliche Eindrücke die Teilnehmenden beeinflussen. Wer den Kirchwagen zum Gottesdienst betrat, erlebte diesen anders als in der gewaltigen Marienkirche, deren nach oben weisende Gotik ruft: »Die Herzen in die Höhe!«, während der Kirchwagen einlädt: »Herz und Herz vereint zusammen …«. Wie die verschiedenen Sinneseindrücke sich zu einem Gesamterlebnis verbinden, empfinde ich »alle Jahre wieder« bei der Christvesper. Am Heiligen Abend sind viele Menschen entschlossen, sich von der Kälte nicht abschrecken zu lassen. Kerzen in großer Zahl erwärmen zwar kaum den Raum, aber doch die Gemüter. Dicht an dicht sitzend erfreuen sich die Leute an den vertrauten Texten und Liedern. Obwohl die Mehrzahl der Anwesenden, darunter viele Kinder und Jugendliche, das Jahr über keiner Predigt beiwohnt, wird dem Pfarrer aufmerksam zugehört, wenn er die Botschaft mit dem Leben der Menschen verbindet. Das Krippenspiel erwies sich bei uns als Quelle von Unruhe und es wurde auf den Nachmittag des ersten Feiertags verlegt.

Der evangelische Gottesdienst wurde in den letzten Jahrzehnten sinnesfreudiger. Pfarrerinnen und Pfarrer tragen häufig zum schwarzen Talar eine bunte Stola, um fröhlicher auszusehen. Außer den Altarkerzen werden aus verschiedenen Anlässen Kerzen entzündet, zum Beispiel die Osterkerze, Taufkerzen oder Kerzen zum Gedenken an Verstorbene. Besonders wertvoll ist der Brauch der Taufkerze, weil er der persönlichen Tauferinnerung dient. Beim Abendmahl wurde es üblich, vor der Kommunion einander ein Zeichen des Friedens zu geben, indem man die Hand reicht und ein Segenswort sagt. Diese Geste unterstreicht die Gemeinschaft der Glieder am Leib Christi und macht das Priestertum aller Glaubenden anschaulich. Allerdings sollte sich niemand dadurch überrumpelt und dazu gezwungen fühlen. Jeder muss Nähe und Distanz für sich selber bestimmen können. Entscheidend ist, dass das sinnlich Wahrgenommene als »wahr genommen« werden kann und die Form dem Inhalt dient.

Kapitel 8

Das heilige Häuflein und Gemeinde

Die Kirche war für Luther kein vorrangiges Thema. Er verstand sie von der Versammlung der Glaubenden im Gottesdienst her, nicht als hierarchisch aufgebautes Gebilde. Ausführlich widmet er sich der Lehre von der Kirche (Ekklesiologie) 1539 in »Von den Konziliis und Kirchen«. Kein theoretisches Interesse am Kirchenverständnis veranlasste ihn zu dieser Schrift, sondern die Aussicht auf ein Konzil und die Frage nach dem Wesen und der Aufgabe eines solchen. »Kirche« bezeichnet Luther hier als »blindes, undeutliches Wort« (WA 50,625,5). Er spricht lieber vom »christlichen, heiligen Volk«.

In der gegenwärtigen ökumenischen Diskussion fordert die evangelische Seite immer wieder, vom Vatikan als Kirche im vollen Sinn anerkannt zu werden. Es wird als Kränkung betrachtet, dass der Papst die evangelischen Kirchen nur als christliche Gemeinschaften ansieht, als sei »Kirche« etwas qualitativ Höheres als Gemeinschaft. Für Luther verhält es sich genau umgekehrt: Wo die Gemeinschaft der Glaubenden lebt, ist Kirche. Ob der Vatikan uns als Kirche oder Gemeinschaft bezeichnet, ist seine Sache, und wir sollten es gelassen hinnehmen. Nicht akzeptieren können wir, dass er uns die Gemeinschaft am

Tisch des Herrn verweigert mit der Begründung, wir seien keine Kirche im vollen Sinn. Wie oben in Kapitel 5 bereits bemerkt, ist diese Blockade nur ohne kämpferischen Gestus von der Basis her zu überwinden. Eine Einigung im Kirchen- und Amtsverständnis ist auf absehbare Zeit so unwahrscheinlich, dass es weiter führt, die vorhandenen Spielräume zu nutzen und gute persönliche Beziehungen zu pflegen als über ökumenische Eiszeiten zu klagen oder Durchbrüche erzwingen zu wollen.

Geglaubte und erfahrene Kirche

»Ich glaube, dass da sei ein heiliges Häuflein und Gemeine auf Erden von lauter Heiligen unter einem Haupt, Christo, durch den heiligen Geist zusammenberufen, in einem Glauben, Sinne und Verstand, mit mancherlei Gaben, doch einträchtig in der Liebe, ohne Rotten und Spaltung. Derselbigen bin auch ich ein Stück und Glied, aller Güter, so sie hat, teilhaftig und Mitgenosse« (BSLK 657,26–35). Diese Glaubensaussage stellt Luther der eigenen Erfahrung entgegen, in der es durchaus »Rotten und Spaltung« in einer den Reformator bedrückenden Weise gab. Die Misere der erfahrenen Kirche gab die Anstöße zur Reformation, doch auch diese schuf keine makellose Gemeinde. Wichtiger als alle Mängel und Schwächen der realen Kirche ist die Gewissheit, dass Christus seine Gläubigen durch den Heiligen Geist beruft und leitet. Aus dieser Gewissheit folgen der Ansporn und die Hoffnung, dass die erfahrene, empirische Kirche der geglaubten näherkommen kann. Was als verborgene Realität geglaubt wird, soll erfahrbar werden. Das in der geglaubten Kirche liegende kritische Potential wehrt der Selbstzufriedenheit, und zugleich bewahrt die dem Glauben mögliche positive Sicht vor der protestantischen Neigung zur Selbstzerstörung. Im Protestantismus besteht die Gefahr, die vorhandene Kirche abzuwerten und die Widersprüche zur idealen geistlichen Kirche (*ecclesia spiritualis*) nicht auszuhalten. Die universale Kirche und jede einzelne Gemeinde setzt sich aus Menschen zusammen, die »Gerechte und Sünder zugleich« sind, von der Vergebung Gottes leben und auf Vergebung untereinander angewiesen sind. Papst Benedikt XVI. stimmt mit Luther in der Einsicht überein, dass die größte Verfolgung der Kirche nicht von äußeren Feinden herrührt, sondern »aus der Sünde in der Kirche selbst« (Licht, 44).

Derselbe Papst ist mit den Reformatoren auch darin einig, dass er die Kirche versteht als »eine Gemeinschaft von Menschen, die im Glauben steht« (96). Da er eine solche auch im Protestantismus gegeben sieht, spricht er sich dafür aus, »dass wir uns gegenseitig als Christen anerkennen und miteinander einen Dienst als Christen tun« (121). Dass er die »kirchlichen Gemeinschaften« der Protestanten nicht als Kirche im eigentlichen Sinn akzeptieren kann, sollte uns, wie oben ausgeführt, nicht erschüttern. Mit Recht beruft er sich dafür auf das 2. Vatikanische Konzil. Die römisch-katholische Kirche hat sich selber der Freiheit beraubt, anders urteilen zu können, indem sie die geschichtlich entstandene hierarchische Ordnung der Kirche zu göttlichem Recht (*ius divinum*) erklärte. Wer davon überzeugt ist, dass Gott die gegebene Ordnung schuf – natürlich durch Menschen vermittelt –, kann sie nicht grundlegend ändern. Der Papst hält die im Laufe der Kirchengeschichte von Menschen geschaffene hierarchische Struktur für ein Werk des Heiligen Geistes, durch das die im Neuen Testament keimhaft enthaltenen Wurzeln gewachsen sind.

Die Reformatoren sahen dagegen im hierarchischen Aufbau der Kirche mit dem Papst an der Spitze eine Fehlentwicklung, die in der Rückkehr zu den biblischen Grundlagen korrigiert werden muss. In der Schrift »Von den Koniliis und Kirchen« zählt Luther sieben Merkmale der wahren Kirche auf, die er hier »Heiltümer« nennt, während sie sonst in der Lehre von der Kirche *notae* oder *signa ecclesiae* heißen, das bedeutet: Kennzeichen der Kirche, die ihre Identität sichtbar machen. Diese Merkmale lassen erfahren, dass die geglaubte in der sichtbaren Kirche lebendig ist. Meist werden wie in der Augsburger Konfession Art. 7 nur zwei Kennzeichen genannt, nämlich die reine Predigt des Evangeliums und die Darreichung der heiligen Sakramente Taufe und Abendmahl gemäß dem Evangelium. »Dies ist genug zur wahren Einigkeit der christlichen Kirchen«, stellt CA 7 fest. Von Menschen eingesetzte Zeremonien dürfen sich unterscheiden und tun der geistlichen Einheit gemäß Eph 4,4f. keinen Abbruch: ›*Ein* Leib und *ein* Geist, wie ihr berufen seid zu *einer* Hoffnung eurer Berufung; *ein* Herr, *ein* Glaube, *eine* Taufe‹. Nach römisch-katholischem Verständnis genügt die geistliche Einheit in der geglaubten Kirche nicht, sondern es bedarf der sichtbaren Einheit unter dem Papst und den

angeblich in apostolischer Sukzession (= Abfolge) lücken-
los mit dem Apostelfürsten Petrus verbundenen Bischöfen.
Für die evangelische Seite wird damit eine menschliche
Ordnung zur Bedingung für die Einheit erhoben und jede
realistische Hoffnung auf Überwindung der Konfessions-
grenzen in eschatologische Ferne gerückt.

Wenn Luther in der genannten Schrift sieben Kennzeichen der Kirche nennt und 1541 in »Wider Hans Worst«
die Liste sogar auf zehn erweitert, bietet er keine voll-
ständige Aufzählung der Aufgaben und Eigenschaften des
»heiligen christlichen Volkes Gottes«, sondern er will den
Zusammenhang der evangelischen Kirche mit der univer-
salen Kirche nachweisen. Er will zeigen, dass die Reformatoren im Gegensatz zum Papst nicht das im Neuen Testament gelegte Fundament verlassen, sondern es wieder zur
Geltung gebracht haben. Neben dem Hauptheiligtum des
Wortes Gottes gehört 1539 zur Liste der Merkmale 2. die
Taufe, 3. das Abendmahl, 4. das nicht dem Papst, sondern
der Gemeinde zustehende Amt der Schlüssel, 5. das ordinierte Amt, 6. das öffentliche Gebet und Gotteslob und
7. das Leiden. 1541 fügt er noch das Ehren der weltlichen
Herrschaft, das Lob des Ehestandes als einer göttlichen
Ordnung und den Verzicht auf Gewalt hinzu. Die Listen
sollen zeigen, dass in den evangelischen Gemeinden alles
Wesentliche vorhanden ist. Das bedeutet keine Selbstge-
fälligkeit, denn die Merkmale dienen zugleich als Kriterien
zur selbstkritischen Prüfung. Es fällt auf, dass die Diakonie
keine Erwähnung findet, obwohl die Reformatoren großen
Wert auf die guten Früchte legen, die der Glaube in tätiger
Liebe hervorbringt. Dazu ist im Kapitel 9 mehr zu sagen.

Unsere Situation unterscheidet sich von der der Reformatoren darin, dass wir in der westlichen Welt frei von jeder Verfolgung als evangelische Gemeinden und Kirchen leben können und unsere protestantische Identität nicht mehr in der Abgrenzung von anderen Konfessionen profilieren müssen. Die Unterschiede sind zu benennen und im ökumenischen Geist zu bearbeiten, doch vor allem sind die Kräfte auf die eigene geistliche Erneuerung zu richten. Wolfgang Huber, der im Jahre 2006 als Ratsvorsitzender der EKD eine innerprotestantische Reforminitiative anstieß, ging davon aus, dass in jedem Fall ein Umwandlungsprozess stattfindet und die Frage lautet, ob die Kirche die Kraft entwickelt, darauf gestaltend Einfluss zu nehmen. Im Vorwort des Impulspapiers »Kirche der Freiheit« nennt Huber vier biblisch geprägte Grundannahmen, die dabei leitend sind:

1. Geistliche Profilierung statt undeutlicher Aktivität
2. Schwerpunktsetzung statt Vollständigkeit
3. Beweglichkeit in den Formen statt Klammern an Strukturen
4. Außenorientierung statt Selbstgenügsamkeit

Ein Mentalitätswandel ist nötig, damit in den kirchlichen Kernangeboten, bei allen kirchlichen Mitarbeitenden, beim kirchlichen Handeln in der Welt und bei der kirchlichen Selbstorganisation ein Aufbruch geschieht und ein Wachsen gegen den Trend möglich wird. Der Mentalitätswandel soll dazu dienen, die großen Chancen und Herausforderungen zu erkennen und zu ergreifen, statt alles nur laufen zu lassen oder gar zu resignieren. Zwölf »Leuchtfeuer«

sollen die Zielstellung konkretisieren. Sie beginnen jeweils mit der Prämisse »Auf Gott vertrauen und das Leben gestalten« und beschreiben eine Aufgabe, zum Beispiel »den Menschen geistliche Heimat geben« (1. Leuchtfeuer). Was das bedeutet, wird durch Ausführungen erläutert, die a) die Situation beschreiben, b) Perspektiven eröffnen und c) Ziele formulieren, wobei Letztere teilweise konkret beziffert werden. So ist beim 2. Leuchtfeuer (»die Vielfalt evangelischer Gemeindeformen bejahen«) vorgesehen, dass im Jahre 2030 statt jetzt ca. 80 % nur noch 50 % der Gemeinden rein parochialer Struktur sind, während etwa je 25 % Profilgemeinden und netzwerkorientierte Angebote darstellen. Diese Zielangabe erweckte so heftigen Protest, dass sie bereits aufgegeben wurde.

Auch die übrigen Vorschläge stießen auf erhebliche Kritik, da viele Konkretionen als zu fordernd empfunden werden. Das Impulspapier verlangt wiederholt eine bessere Qualität der Dienste in der Kirche, und sicher ist das weithin wünschenswert. Ob allein durch mehr Weiterbildung dieses Ziel zu erreichen ist, muss gefragt werden. Das theologische Grundproblem liegt im Verhältnis des unverfügbaren göttlichen Handelns und des methodisch reflektierten menschlichen Tuns. Es gilt auf allen kirchlichen Handlungsfeldern. Dass an Gottes Segen alles gelegen ist, entbindet uns Menschen nicht von der Aufgabe, unser Bestes für die Sache Jesu zu geben und dafür alle geeigneten Kenntnisse und Methoden zu nutzen, woher sie auch stammen mögen. Allerdings drängt sich der Eindruck auf, dass Methoden und Prinzipien der Ökonomie, der Betriebswirtschaft und des Marketing mitunter unkritisch in kirchliche Überlegungen und Handlungen übernommen wurden. Kybernetisch, also unter dem Aspekt kirchlicher Leitung, ist es im Ansatz falsch, von »oben« nach »unten«, von den Leitungsorganen her zur Basis in den Gemeinden hin zu denken und zu handeln. Dieser Ansatz widerspricht dem reformatorischen Denken. Die auch im »Impulspapier« vorhandene Tendenz, Landeskirchen zu vereinigen und möglichst große Organisationsgebilde zu schaffen, geht in diese falsche Richtung. Unter ihr leidet die Transparenz, die Möglichkeit, dass interessierte Gemeindeglieder verstehen, was im Leitungshandeln geschieht. Je größer und unübersichtlicher eine bürokratische Organisation ist, desto weniger Gelegenheiten der aktiven Beteiligung bietet sie ihren Mitgliedern. Den Christinnen und Christen im stark säkularisierten Umfeld ist es egal, wo ihre Bischöfin residiert und die Kirchenleitung sich befindet. Sie sind darin interessiert, dass die Gottesdienste nicht immer seltener und mit schrumpfender Teilnehmerzahl stattfinden und dass die Pfarrerin oder der Pfarrer sich als sympathischer Mensch erweist, der etwas zu bieten hat und erreichbar ist. In Schwaben oder im Erzgebirge sehen Chancen und Probleme anders aus als in Dorfgemeinden Mecklenburg-Vorpommerns oder in Sachsen-Anhalt. Es ist unmöglich, den Unterschieden durch gleichlautende Zielangaben gerecht zu werden. Notwendig ist aber überall die Besinnung auf die geglaubte und erhoffte Kirche als Impuls zur Erneuerung der vorhandenen.

Der vom »Impulspapier« der EKD angemahnte »Mentalitätswandel« heißt im Neuen Testament *metánoia*, das bedeutet: »seinen Sinn ändern«, »eine andere Gesinnung annehmen«, in religiöser Sprache: »Buße tun«, »umkehren«. Jesu Predigt begann mit der Aufforderung, Buße zu tun (Mk 1,15), und Luther erklärte in der ersten seiner 95 Thesen, Jesus habe damit gemeint, das ganze Leben der Christen solle Buße (*poenitentia*) sein. Das gilt für das Leben der Einzelnen wie für die Gemeinschaft. Nach Mk 1,15 geht dem Aufruf zur Buße die Ansage des Reiches Gottes voraus: ›Die Zeit ist erfüllt, und das Reich Gottes ist herbeigekommen. Tut Buße und glaubt an das Evangelium‹. Die Umkehr führt die Einzelnen in die Gemeinschaft des Reiches Gottes. Sie ist mit keiner Kirche identisch, aber in jeder Kirche ist das Reich Gottes gegenwärtig, wenn Menschen umkehren und an das Evangelium glauben. Dann vollzieht sich der Mentalitätswandel, der Menschen als lebendige Glieder des Leibes Christi am Reich Gottes teilhaben lässt.

Das allgemeine Priestertum

Die Reformation hebt grundsätzlich die Trennung der Kirche in Kleriker und Laien auf. Während der Lettner in mittelalterlichen Kathedralen diese Trennung architektonisch darstellt, verliert er durch die Reformation diese Bedeutung. Durch die Taufe werden alle zu Priestern geweiht, erklärt Luther unter Berufung auf 1Petr 2,9 (StA 2,99,28 f.). »Was aus der Taufe gekrochen ist, das mag sich rühmen, dass es schon zum Priester, Bischof und Papst geweiht sei, obwohl es nicht einem jeglichen ziemt, solches

Amt auszuüben« (100,21–23). Es gibt keine höhere Weihe als die Taufe, und in der Literatur wird vom »Priestertum der (oder aller) Getauften« gesprochen. Dabei ist zu beachten, dass für Luther der Glaube entscheidend ist, der sich die Taufe zu eigen macht, um aus ihr zu leben. Der Glaube ist »das rechte priesterliche Amt, der uns alle zu Pfaffen und Pfäffinnen macht« (StA 1,305,11–13). »Die Taufe, Evangelium und Glauben, die machen allein geistlich und Christenvolk« (StA 2,99,24 f.). Die Taufe ist notwendige, aber nicht hinreichende Bedingung für das allgemeine Priestertum, weil dieses nur im Glauben praktiziert werden kann.

Worin besteht diese Praxis? Priester und Priesterinnen bringen Gott geistliche Opfer dar und sie führen Menschen zu Gott. Geistliche Opfer bestehen im Gebet, im Lob Gottes und in der Hingabe der eigenen Person an ihn (StA 1,304,14–17). Alle Christen dürfen »als die rechten Priester köstlich und schön geschmückt vor Gott stehen und ihm dienen mit rechtem, heiligem Gottesdienst« (WA 41,154,20–22). Sodann sind alle als Priesterinnen und Priester füreinander vor Gott verantwortlich und beauftragt, die Leute zu Gott zu bringen (WA 41,185,29). Luther hielt an diesen die mittelalterlichen Ordnungen revolutionierenden Gedanken fest, obwohl er in der Auseinandersetzung mit dem »linken Flügel« der Reformation im Laufe der Zeit die Gefahr der Unordnung stärker beachten musste. Dennoch rief er noch 1544 bei der Einweihung der Schlosskapelle von Torgau die Gemeinde auf, »mit an den Sprengel und Rauchfass zu greifen« (WA 49,588,2–5), also am priesterlichen Dienst teilzunehmen.

Oft wurde das allgemeine Priestertum im individualistischen Sinn missverstanden: Ich bin mein eigener Priester mit unmittelbarer Beziehung zu Gott, deshalb brauche ich die Kirche und ihren Gottesdienst nicht. Die Reformatoren kennen das allgemeine Priestertum jedoch nur im Zusammenhang mit der »Gemeinschaft der Heiligen«, und auch biblisch ist der moderne Individualismus nicht begründbar. Das Gewissen kann einen Menschen in einer bestimmten Situation einsam vor Gott stellen, aber diese Einsamkeit ist nur auszuhalten, wenn sie sich mit der Gewissheit verbindet, von einer Gemeinschaft getragen zu sein. In seinen seelsorgerlichen Briefen wies Luther oft darauf hin, dass der oder die Angefochtene nicht allein ist, sondern dass deren Not und Hoffnung von Brüdern und Schwestern geteilt wird. Der Gedanke von der unmittelbaren Beziehung der einzelnen Person zu Gott hat allerdings seine Berechtigung darin, dass jede und jeder sich im Gebet direkt an Gott wenden kann und dazu der Vermittlung weder durch Amtspersonen noch durch Heilige bedarf, die für einen bestimmten Bereich des Lebens zuständig sind. Jesus hat als der *eine* Hohepriester allen den Zugang zu Gott eröffnet (Hebr 4,14–16). Praktisch finden Menschen diesen Zugang jedoch in der Regel durch andere, die ihnen damit zu Priesterinnen oder Priestern werden, sei es die Mutter oder eine Religionslehrerin, ein Freund oder eine Pastorin.

Priesterinnen und Priester helfen anderen Menschen auf ihrem Weg zu Gott und mit Gott. Das geschieht in verschiedenen Institutionen wie Familie, Schule, Kirche. Für Luther stellte sich diese Aufgabe im Rahmen der in

drei Stände gegliederten Gesellschaft. Lehrstand, Wehr-
stand und Nährstand (*status ecclesiasticus, politicus, oe-
conomicus*) bilden eine von Gott gestiftete Ordnung, in
der alle ihre Aufgaben zu erfüllen haben. Zum Lehrstand
gehören nicht nur die Pfarrer, sondern auch die Lehrer
und Küster, womit heute die Kirchenmusiker einbezogen
wären. Die Hausväter sind zusammen mit ihren Frauen
Teil des Nährstandes. Allen gilt an ihrem Ort die Berufung, Gottes Willen zum Wohl und Heil der Mitmenschen
zu erfüllen.

In der lutherischen Orthodoxie des Konfessionellen
Zeitalters (ca. 1550–1650) führte die Dreiständelehre
dazu, dass der »geistliche Stand« wieder mit dem Klerus,
also mit dem Pfarramt, identifiziert wurde. An Luthers
umwälzende These, dass alle Christen geistlichen Standes
sind, erinnerten reformorientierte Theologen wie Theo-
phil Großgebauer (1627–1661) in Rostock, doch erst bei
Philipp Jacob Spener (1635–1705) und Nikolaus Ludwig
Graf von Zinzendorf (1700–1760) kam der Gedanke vom
Priestertum aller Gläubigen – Spener sprach vom »geistlichen Priestertum« – praktisch zur Geltung. Die Dreiständelehre trug dazu bei, dass das allgemeine Priestertum
für die Laien mit Ausnahme der Obrigkeit auf die Familie
beschränkt blieb. Im positiven Fall übten die Hauseltern
in ihrer Familie durch christliche Erziehung und die Pflege
frommen Brauchtums priesterliche Dienste aus. Mit zu-
nehmender Urbanisierung und Säkularisierung schwand
solche Praxis, besonders im entstehenden Industrie- und
Landproletariat. Die fortschreitende Ausdifferenzierung
der Gesellschaft trennte den religiösen Bereich weitge-

hend von den anderen gesellschaftlichen Räumen wie Wissenschaft, Politik, Wirtschaft. Innerhalb des früheren Lehrstandes strebten die Lehrer seit dem 19. Jahrhundert nach Befreiung von kirchlicher Aufsicht, was sie 1918 mit dem Ende des landesherrlichen Kirchenregiments erreichten. Damit lag die Zuständigkeit für Religion und Kirche fast nur noch bei den Pfarrern.

Der Graf von Zinzendorf durchbrach die Grenzen des ständischen Denkens und schuf in der Herrnhuter Brüdergemeine ein Beispiel dafür, wie das allgemeine Priestertum das Leben einer Gemeinde formen kann. Die Aufgaben in der Gemeinde wurden so verteilt, dass der größere Teil der Mitglieder ein Amt übernahm, in der Regel ehrenamtlich, und das heißt, auch die Frauen übten Gemeindeämter aus. Allerdings konnte sich die Brüdergemeine nicht in der sächsischen Landeskirche halten, sie fand ihre rechtliche Form als Freikirche. Im 19. Jahrhundert bildeten sich in Deutschland weitere Freikirchen, deren Wurzeln meist im angelsächsischen Raum lagen wie bei den Methodisten und Baptisten. Auch sie schufen ihre Ordnungen ausgehend vom allgemeinen Priestertum unter Verzicht auf hierarchische Strukturen. Sie folgen dem reformatorischen Ansatz bei der Gemeinde, in der alle vom Geist Gottes Gaben erhalten, um Aufgaben für das Reich Gottes zu übernehmen. Hier wird der Bereich des Glaubens nicht an wenige Amtsträger delegiert, sondern alle fühlen sich für die Angelegenheiten der Gemeinde verantwortlich. Natürlich darf das Bild nicht idealisiert werden, denn auch die Mitglieder der Freikirchen sind »Gerechte und Sünder zugleich«, aber der durchschnittliche Grad der Verbundenheit mit der Gemeinde liegt weit über dem entsprechenden Wert in den Landeskirchen. Die Mitglieder identifizieren sich – von Ausnahmen auf beiden Seiten abgesehen – viel stärker mit ihrer Gemeinde als die landeskirchlichen Mitglieder. Ein Grund dafür liegt in der überschaubaren Größe, die intensive persönliche Beziehungen ermöglicht. Wer solche gar nicht wünscht, sondern eine eher anonyme Religiosität pflegen möchte, ist in den Landeskirchen besser aufgehoben, die jede beliebige Form von Distanz oder Nähe ermöglichen.

Innerhalb der deutschen Landeskirchen setzte sich der Begründer der Inneren Mission Johann Hinrich Wichern (1808–1881) unter Berufung auf die Reformatoren energisch dafür ein, der zunehmenden Säkularisierung durch die Aktivierung des allgemeinen Priestertums zu begegnen. Wichern sah, dass die Pfarrer in den wachsenden Großstädten außerstande waren, den Menschen nachzugehen. Er selber lernte als Sonntagsschullehrer bei Hausbesuchen in Hamburg das Elend der Opfer des frühen Industriezeitalters kennen und erhielt so den Anstoß zu seiner diakonischen Arbeit. Allgemeines Priestertum hieß für ihn, dass die Gemeinde als ein Organismus lebt, dessen Glieder Gaben erhalten, um Aufgaben füreinander zu erfüllen, so dass die Zusammengehörigkeit von Glauben und Liebe erfahrbar wird.

Wichern stand in Hamburg unter dem Einfluss der norddeutschen Erweckungsbewegung, die bald nach seinem Tod Eingang in die sich formierende Gemeinschaftsbewegung fand. 1888 tagte die erste Gnadauer Konferenz, und 1897 wurde der »Deutsche Verband für Gemeinschaftspflege und Evangelisation« gegründet, später »Gnadauer Verband« genannt. Von Anfang an übernahmen Laien wie in Herrnhut Mitverantwortung, und ein Merkmal der Bewegung wurde die Stärkung der Laienfrömmigkeit. Die Fragwürdigkeit des Begriffs »Laie« zeigt sich hier besonders deutlich. Das regelmäßige Leben mit der Heiligen Schrift, das individuelle und gemeinsame Gebet und der geistliche Austausch in den Gruppen schaffen eine spirituelle Kompetenz, die manchem studierten Amtsträger fehlt. Wieder ist jede Idealisierung falsch, aber Mitglieder jener Gruppen, die heute »evangelikal« genannt werden, sind meist in der Lage, ihren Glauben in Worte zu fassen und selbständig zu vertreten. Sie sind bereit, für die Sache des Reiches Gottes Opfer an Zeit und Geld zu bringen, und oft gehören sie zur Kerngemeinde, die das kirchliche Leben am Ort trägt.

Das ordinierte Amt

Weil grundsätzlich alle Christinnen und Christen berufen sind, Gott und den Mitmenschen zu dienen, bedarf es einer Ordnung der Ämter. »Wenn wir alle würden predigen, so würde es gleich werden als wenn die Weiber zum Markt gehen, so will keine der andern zuhören und wollen alle reden« (WA 10 III,397,17–19). Wie das Geschehen auf dem Markt ist auch das Predigtamt »ein öffentlicher Dienst, der etwa einem befohlen wird von der ganzen Gemeinde, welche alle zugleich Priester sind« (WA 41,210, 24 f.). Der öffentliche Charakter unterscheidet das Pfarramt vom Amt des Hausvaters, der in seiner Familie wie die Hausmutter ebenfalls einen geistlichen Dienst ausübt. Die geistliche Verantwortung des Predigtamtes erstreckt sich über einen größeren Bereich, und der konkrete Auftrag in einer bestimmten Gemeinde gewährleistet, dass in ihr sachgemäß und regelmäßig das Wort Gottes verkündigt und die Sakramente gefeiert werden. Weil darin Gottes Wille zur Ausführung kommt, entstammt das ordinierte Amt nicht nur dem Mandat der Gemeinde, sondern zugleich dem Auftrag des Herrn. Die oft diskutierte Frage, ob das Pfarramt seinen Grund in der Delegation durch die Gemeinde hat oder ob es direkt von Gott gestiftet ist, verfehlt die Sache. Christus hat kein Pfarramt geschaffen, sondern seine Jünger beauftragt, das Reich Gottes zu verkündigen, und sie verstanden das als Aufgabe für alle Glaubenden. Nach 1Petr 2,9 ist das ganze Volk Gottes berufen, die Wohltaten des Herrn zu verkündigen. Das katholische Verständnis des Priestertums, das diesem eine andere geistliche Qualität zuweist als den Laien, ist für die evangelische Kirche unhaltbar.

Auch eine bloße Ableitung des ordinierten Amtes aus dem allgemeinen Priestertum ist falsch, wenn sich damit eine Delegation der geistlichen Verantwortung an einen Berufsstand verbindet. Diese Fehlentwicklung hat sich in den evangelischen Landeskirchen weithin etabliert. Weil der Pfarrer oder die Pfarrerin für die geistlichen Angelegenheiten zuständig ist und bezahlt wird, braucht das gewöhnliche Gemeindeglied sich darum nicht zu kümmern. Richtig ist daran, dass es in der Kirche wie überall eine sinnvolle Arbeitsteilung geben muss, zumal die Kommunikation des Evangeliums in der jeweiligen Situation eine entsprechende Qualifikation erfordert. Mit Recht wurde daher der Pfarrersberuf ein theologischer Beruf genannt (Christian Grethlein, Pfarrer – ein theologischer Beruf!, Frankfurt a. M. 2009). Die Kirche braucht theologische Fachleute, die gelernt haben, biblische Aussagen und modernes Denken zueinander in Beziehung zu setzen und das Wort Gottes verschiedensten Menschen in unterschiedlichsten Umständen nahezubringen. Dafür ist eine gediegene Ausbildung notwendig, und es ist im Blick auf die hohen Anforderungen angemessen, wenn eine Pfarrerin ungefähr wie ein Studienrat vergütet wird. Die besonders im ländlichen Bereich Ostdeutschlands weithin dramatische Reduzierung von Pfarrstellen und Ausweitung der Pfarrbereiche führt das Prinzip der Delegation geistlicher Aufgaben an das Pfarramt immer mehr ad absurdum. Das Problem wird dadurch verschärft, dass eine zunehmende Bürokratisierung die Pfarrer belastet, so dass ihre ohnehin nicht ausreichenden Kräfte durch Verwaltungsaufgaben unangemessen beansprucht werden. Viele empfinden es als belastend, dass sie Zeit und Kraft auf Dinge verwenden müssen, für die sie nicht ausgebildet sind, während die in einer langen Ausbildung erworbenen Kenntnisse auf wenig Interesse stoßen.

Notwendig ist die Korrektur dieser Fehlentwicklung durch eine Entlastung von allen Verwaltungs- und Leitungsaufgaben, die sich nicht direkt aus der Ordination und der Einführung in die konkrete Gemeinde ergeben. In der Ordination geschieht die Berufung, Segnung und Sendung zum geordneten Dienst der Verkündigung und der Sakramentenfeier. Für Luther hängen die Berufung durch Gott und die Beauftragung durch die Gemeinde unlöslich zusammen. Theologisch werden innere und äußere Berufung (*vocatio interna* und *externa*) unterschieden. Die innere Berufung kann ein Mensch als den Auftrag Gottes für einen bestimmten Dienst vernehmen. Meist geschieht das in einem längeren Prozess, in dem eine Entscheidung heranreift. Immer bleibt der subjektive Faktor, der mehr oder weniger starke Unsicherheit einschließen kann. Manche der alttestamentlichen Propheten wehrten sich energisch gegen ihre Berufung durch Gott. Oft nehmen Brüder und Schwestern im Glauben auf die Entscheidung Einfluss und die Grenze zwischen innerer und äußerer Berufung fließt. In der von zeitlicher und lokaler Begrenzung freien Ordination und in der Einführung in eine konkrete Aufgabe geschieht die äußere Berufung, durch die sichtbar wird, dass die Kirche den Auftrag und die Bevollmächtigung zum öffentlichen Dienst der Wortverkündigung und Sakramentenfeier erteilt. Im Unterschied zur katholischen und orthodoxen Kirche gilt die Ordination seit 1520 auf evangelischer Seite nicht als Sakrament, aber sie ist doch ein geistliches Geschehen, denn »Gott macht und ordiniert Diener« (WA 43,600,26).

Die Ordination verleiht nach evangelischem Verständnis keinen höheren geistlichen Status als die Einsegnung zum Amt der Diakonen oder der Kirchenältesten (Presbyter), wie auch der evangelische Bischof keine Weihe erhält, die ihn auf eine höhere geistliche Stufe als das Pfarramt erhebt. In katholischer und orthodoxer Sicht sind evangelische Pfarrerinnen und Pfarrer Laien, ebenso wie katholische Theologen, die keine Priesterweihe empfingen. Wie fatal der Sprachgebrauch beim Begriff »Laien« ist, wird hier besonders deutlich. Trösten mag der Hinweis, dass der Laie hier nicht der Unwissende ist, sondern das Glied des Volkes Gottes (griech. *laikós*). Nach katholischer Lehre *kann* der Laie die Wandlung im Heiligen Mahl nicht vollziehen. Er darf es natürlich auch nicht, aber wenn er es dennoch tut, bewirkt es nichts, das Brot bleibt gewöhnliches Brot. Nur der geweihte Priester verfügt über die sakramentale Vollmacht zur Wandlung (*potestas ordinis*).

In der evangelischen Kirche gibt es keine dem Priester vorbehaltene Vollmacht. Notfalls kann jede Christin und jeder Christ die Taufe und das Abendmahl feiern. Es handelt sich aber um Ausnahmen, wobei die Nottaufe früher am ehesten in Frage kam, als die Säuglingssterblichkeit noch sehr hoch war. Dass Abendmahlsfeiern durch nicht ordinierte Gemeindeglieder geleitet wurden, geschah noch seltener, am ehesten in Gruppen wie der Landeskirchlichen Gemeinschaft, in denen ein nicht ordinierter Prediger wirkte, oder in Jugendgruppen, die ein Diakon leitete. Solche Mitarbeiter verfügen über die notwendige Ausbildung und wurden durch eine der Ordination entsprechende Segenshandlung in ihren Dienst eingeführt. Es würde dem evangelischen Gemeinde- und Amtsverständnis nicht entsprechen, nur die von einer ordinierten Person geleitete Feier für gültig zu halten. Falls die genannten Personen häufig mit ihren Gruppen das Abendmahl feiern, sollten sie allerdings ordiniert werden, weil so die Verbindung der Gruppe zum ganzen »heiligen Häuflein« besser zum Ausdruck kommt.

Die Ordination verschafft keinen Rechtsanspruch auf eine Anstellung oder gar Altersversorgung, wird aber oft in diesem Sinn missverstanden. Dazu trägt die Rede von den »mit der Ordination verbundenen Rechten« bei. Das Recht, vor Gericht die Aussage als Zeuge zu verweigern, wenn ein Sachverhalt in der Beichte bekannt wurde, ist an die Ordination gebunden, nicht aber an ein besoldetes Anstellungsverhältnis. Das Recht, öffentlich zu predigen und die Sakramente zu feiern, wird entweder durch die Einführung in ein Dienstverhältnis konkret, sei es besoldeter oder ehrenamtlicher Art, oder es bedarf jeweils der Absprache mit den zuständigen Personen.

Da der Frauenanteil im evangelischen Pfarramt ständig zunimmt, wächst der Bedarf an Teilzeitstellen, aber auch an Erziehungszeiten. Die Mitarbeitenden müssen flexibler eingesetzt werden, als wenn alle voll und ohne Unterbrechungen angestellt sind. Damit nähert sich die berufliche Biographie im Pfarramt der in anderen akademischen Berufen an. Dazu gehört auch das Bedürfnis, den dienstlichen vom privaten Bereich zeitlich und räumlich zu trennen. Im klassischen Pfarrhaus war das äußerst schwierig. Zwar befand sich der Pfarrer nicht, wie mitunter gefordert, »immer im Dienst«, aber er war doch fast immer erreichbar. Seine Frau stand ihm als unbezahlte Gemeindehelferin zur Seite, sie war die ehrenamtliche Mitarbeiterin schlechthin. Erst nach dem Zweiten Weltkrieg wurden Pfarrfrauen in großer Zahl berufstätig, mehr und mehr außerhalb der Kirche. Seit den 1960er Jahren setzte sich die Frauenordination in den deutschen evangelischen Landeskirchen durch. Mit ihr entstand der neue Status des Pfarrmannes, des durchweg berufstätigen Ehemannes einer Pfarrerin. Von ihm wird nicht erwartet, dass er sich ehrenamtlich stärker als andere aktive Gemeindeglieder engagiert.

Im klassischen Pfarrhaus, etwa bis zur Mitte des 20. Jahrhunderts, galt es als selbstverständlich, dass die Pfarrersehe nicht nur eine private Angelegenheit von Mann und Frau ist, sondern zugleich den Erwartungen der Gemeinde entsprechen soll. Das Pfarrdienstgesetz der EKD von 2010 bringt im § 39 den Zusammenhang von dienstlichem und privatem Leben im Pfarrberuf zur Geltung, indem es hinsichtlich des familiären Zusammenlebens und der Ehe Verbindlichkeit, Verlässlichkeit und gegenseitige Verantwortung erwartet. Was das konkret bedeutet, lässt sich durch Kirchengesetze und Synodenbeschlüsse nicht so bestimmen, dass die unterschiedlichen Erwartungen der verschiedenen Gemeindeglieder und der Öffentlichkeit befriedigt werden. Im Sinne Luthers ist die Eigenverantwortung und die an der Heiligen Schrift orientierte Entscheidungsfähigkeit der gemeindlichen Leitungsorgane zu stärken.

Die Macht der Gemeinde

1523 veröffentlichte Luther die Schrift »Dass eine christliche Versammlung oder Gemeine Recht oder Macht habe, alle Lehre zu (be)urteilen und Lehrer zu berufen, ein- und abzusetzen, Grund und Ursach aus der Schrift«. »Lehrer« sind hier die Pfarrer, und Anlass für diese Schrift war die Anfrage der Leisniger Gemeindevertreter, ob sie befugt seien, einen Pfarrer zu berufen, eine Gottesdienstordnung einzuführen sowie einen »gemeinen Kasten« zu schaffen, das heißt, die Verwaltung der Finanzen zu regeln und dabei die Fürsorge für die Armen zu ordnen. Wie wichtig Luther diese Fragen nahm, zeigt sich daran, dass er nicht nur auf jede mit einer eigenen Schrift antwortete, sondern auch zweimal die Reise in die südöstlich von Leipzig gelegene Stadt auf sich nahm.

Luther geht von der Frage aus, woran eine christliche Gemeinde mit Sicherheit zu erkennen sei, er fragt also zuerst nach den Kennzeichen der Kirche (*notae ecclesiae*), und er nennt nur ein grundlegendes Merkmal: »wo das lautere Evangelium gepredigt wird« (StA 3,75,7–9). Das Schriftprinzip ist für die Identität der Gemeinde maßgebend. Wo statt des Evangeliums Menschenlehre regiert, existiert für Luther keine christliche Gemeinde. Was die Bischöfe, Stifte, Klöster und dergleichen tun, gilt ihm »als heidnisches und weltliches Ding«. Auch ein auf langer Tradition beruhendes Gewohnheitsrecht ist unwirksam, wenn es der Heiligen Schrift widerspricht, ebenso wie das kanonische Recht. Nach Joh 10,27 hören die Schafe die Stimme des Guten Hirten, und sie haben über die Lehre zu entscheiden und falschen Propheten zu widerstehen. Paulus fordert in 1Thess 5,21 die Gemeinde auf, alles zu prüfen. »Also ist auch hier das Urteil den Lehrern genommen und den Schülern gegeben unter den Christen« (78,3). Während in der Welt die Herren gebieten, was sie wollen, ist unter den Christen jeder des andern Richter und zugleich seinem Urteil unterworfen. Die Christen haben nicht nur das Recht und die Vollmacht, alle Lehre zu beurteilen, sondern sie sind es schuldig »bei göttlicher Majestät Ungnaden« (20).

Luther beruft sich auf das allgemeine Priestertum und die allen Christen verliehenen Gaben. Er zitiert unter anderem Joh 6,45: ›Sie werden alle von Gott gelehrt sein‹. Niemand könne leugnen, »dass ein jeglicher Christ Gottes Wort hat und von Gott gelehrt und gesalbt ist zum Priester« (79,10–12). Sie sind aber auch schuldig, Gottes Wort zu bekennen, zu lehren und auszubreiten. Luther gebraucht sehr starke Worte, indem er mehrfach die Schuldigkeit »bei seiner Seelen Verlust und Gottes Ungnaden« einschärft. Gemeinde und Prediger brauchen einander gegenseitig. Das Predigtamt ist für Luther das höchste Amt in der Christenheit (83,20). Umso mehr benötigen die Prediger die Mitwirkung der Gemeinde.

Luthers Situation der Auseinandersetzung mit den katholischen Gegnern erklärt die schroffe Abgrenzung, die durch die geschichtliche Entwicklung überholt ist, obwohl die Kluft im Amts- und Kirchenverständnis bis heute der ökumenischen Gemeinschaft im Wege steht und kaum überwindbar erscheint. Zu bedenken ist ferner, dass Luther sich auf der anderen Seite mit den sogenannten Schwärmern auseinandersetzen musste, die schon während seines Aufenthaltes auf der Wartburg, also der Abwesenheit von Wittenberg, durch überstürzte rigorose Maßnahmen ein Chaos zu verursachen drohten. Luther musste seither die Notwendigkeit der Ordnung zur Geltung bringen.

Schon in seiner Zeit erwies sich die Prüfung der Lehre wie überhaupt der pastoralen Tätigkeit durch die Gemeinde als schwierige Aufgabe. Luther hat die Gemeinde zwar von der Ausübung des Predigtamtes her definiert, aber nicht gesagt, wer sie konkret vertreten kann, wenn die Lehre beurteilt werden soll. Alle sind von Gott begabt und berufen, doch sind auch alle in der Lage, kompetent zu urteilen? Gewählte und berufene Vertreter der Gemeinde im Sinne des Synodal- und Presbyteralsystems gibt es in Deutschland seit der Mitte des 19. Jahrhunderts, doch wie oft wurde seitdem praktiziert, was Luther allen Gemeinden als ernste Pflicht auferlegte? Es geht nicht nur um Kritik und Abwehr von Irrlehre, sondern auch um Ermutigung, um das Mittragen im Gebet und im Austausch der Gedanken. Die Predigenden und die Hörenden sind aufeinander angewiesen und haben sich gegenseitig etwas zu geben. Die Rollen des Redens und Hörens dürfen nicht einseitig fixiert sein.

Gleiches gilt vom Einsatz der Macht. Schon lange üben Pfarrer keine Macht mehr aus, indem sie Gemeindeglieder zu einem bestimmten Verhalten zwingen oder sie für ein Fehlverhalten bestrafen. Die Erfahrung von Ohnmacht dürfte im Pfarrberuf häufiger eintreten als das Gefühl oder die faktische Ausübung von Macht. Umgekehrt hängen Pfarrer in vielen Gemeinden davon ab, dass maßgebliche Personen sie unterstützen. In den deutschen Landeskirchen bewahrt das zentrale Besoldungssystem die Pfarrer davor, finanziell von ihren Gemeinden abhängig zu sein. Diese Unabhängigkeit wirkt sich allerdings nicht nur positiv aus. Wo die Gemeinden – wie weltweit in den meisten Kirchen – für die Pfarrbesoldung verantwortlich sind, stärkt diese Pflicht die Partnerschaft. Die Gemeinden können die Wertschätzung des pastoralen Dienstes durch ihre Anstrengungen um ein angemessenes Gehalt ausdrücken. Der Pfarrer muss sich bemühen, durch gute Arbeit die Gemeinde auch zum finanziellen Engagement zu motivieren. Allerdings zeigen Erfahrungen in den USA, dass reiche Gemeindeglieder durch ihre finanzielle Macht in der Lage sind, die inhaltliche Unabhängigkeit der Verkündigung zu gefährden. Bis zur Einführung des zentralen Besoldungssystems und der Kirchensteuern gegen Ende des 19. Jahrhunderts wurden auch in Deutschland die Pfarrer sehr unterschiedlich besoldet und hingen oft vom Wohlwollen der Patrone ab. Die großen Unterschiede zwischen reichen und armen Pfründen waren sozial schädlich und ethisch problematisch. Heute geht es der Pfarrerschaft in Deutschland materiell aufs Ganze gesehen so gut wie noch nie.

Die Kirche und ihr Geld

Ein Anstoß für die Reformation ergab sich aus der Fundraisingaktion der katholischen Kirche für den Bau der Peterskirche in Rom mit Hilfe des Verkaufs von Ablassbriefen. Luther zitiert in der These 27 vom 31. Oktober 1517 den Spruch: »Sobald die eingeworfene Münze im Kasten klingt, fliegt die Seele aus dem Fegefeuer in den Himmel«, und er kommentiert in These 28: »Das ist gewiss: Fällt die Münze klingelnd in den Kasten, können Gewinn und Habgier zunehmen« (LDStA 2,7,1 f.). Mehrere Thesen handeln vom rechten Gebrauch des Geldes durch die tätige Liebe. Die Bedeutung des Geldes im Leben der Christen und der Kirche ist also seit den Anfängen der Reformation im Blick. In zehn der Thesen wird ausdrücklich vom Geld gesprochen. Die Notwendigkeit von Eigentum wird nüchtern gesehen, wie These 46 zeigt: »Man muss die Christen lehren: Wenn sie nicht im Überfluss schwimmen, sind sie verpflichtet, das für ihre Haushaltung Notwendige aufzubewahren und keinesfalls für Ablässe zu vergeuden«. Als Sohn eines kleinen Unternehmers wusste Luther den ökonomischen Faktor zu würdigen. Er konnte aber 1517 nicht absehen, welche erheblichen Folgen die Reformation für die Kirchenfinanzierung nach sich ziehen würde.

Mit seiner Lehre von der Rechtfertigung allein aus Gnade entzog Luther den Spendern und Geldgebern ein entscheidendes Motiv: die Sorge um das ewige Heil. Mit Geld konnten die Gläubigen künftig weder für sich selber noch für Angehörige etwas tun, um das Ergehen im Jenseits zu verbessern. Luther ging davon aus, dass die Dankbarkeit für Gottes Wohltaten und der Gehorsam gegen sein Gebot dazu bewegen, mit seinen Gaben Gutes zu tun. Weithin geschah das auch, aber viele ließen sich beschenken, ohne sich durch gute Taten dankbar zu zeigen. Gern nutzten Feudalherren und Stadtobrigkeiten die Gelegenheit, durch die Reformation irdische Güter an sich zu ziehen, ohne entsprechende Verpflichtungen zu übernehmen. Luther freute sich deshalb, als die Gemeinde Leisnig ihm 1523 die »Ordnung eines gemeinen Kastens« zur Stellungnahme vorlegte, die eine Neuregelung der Finanzpraxis vorsah. Luther billigte den Entwurf in seiner

Vorrede und bemerkte, er wolle es nicht auf sich sitzen lassen, dass »etliche geizige Wänste« geistliche Güter an sich rissen und sich dabei auf ihn beriefen (Cl 2,405,7–10). Er warnt vor dem Geiz und fordert dazu auf, bei der Schließung von Klöstern deren Insassen anständig zu versorgen. Alles soll den Grundsätzen christlicher Liebe und Freiwilligkeit folgen. Luther hoffte, durch die gemeinsame Kasse den Bettel und den »leidigen Zinskauf« zu beseitigen, also das Handeln mit verzinsten Darlehen überflüssig zu machen. Bekanntlich erwies sich das als Illusion.

Die Leisniger Ordnung beginnt nicht mit Finanzfragen, sondern mit Hinweisen zur Berufung ins Pfarramt, die der Heiligen Schrift gemäß geschehen soll. Jeder Hauswirt und jede Hauswirtin soll für sich selber, die Kinder und das Hausgesinde dafür sorgen, das Wort Gottes zu geordneten Zeiten zu hören und Gott durch ein Leben nach seinen Geboten zu ehren. Notfalls will die Gemeinde »durch gebührliche Mittel« für Besserung sorgen, also Kirchenzucht üben. Alle zeitlichen und ewigen Güter kommen von Gott und sind »uns mitgeteilt zu eigentlicher Frucht der brüderlichen Liebe« (410,11f.). Die finanzielle Ordnung soll somit im regelmäßig verkündigten und täglich praktizierten Wort Gottes begründete Frucht des Glaubens sein. Sie wurde von der Gemeindeversammlung einmütig beschlossen und sieht vor, dass jeweils für ein Jahr zehn Vorsteher gewählt werden, davon zwei Adlige, zwei Ratsherren sowie je drei Bürger der Stadt und Bauern aus den Dörfern. Sie sollen sich jeden Sonntag versammeln, um das Geld zu verwalten. Dreimal jährlich haben sie der Gemeindeversammlung Rechenschaft zu geben. Die Ordnung

listet die vorgesehenen Einnahmequellen und Ausgaben-
zwecke auf. Leider ist dieses demokratisch angelegte Projekt, von dem Luther sich eine Vorbildwirkung erhoffte,
nicht wie geplant zum Zuge gekommen, weil die Ein-
mütigkeit nicht durchhielt. Hört beim Geld nicht nur die
Freundschaft auf, wie das Sprichwort sagt, sondern auch
die Gemeinschaft? Eine kirchliche und kommunale Selbst-
verwaltung aller Finanzen aus einer Kasse auf demokratischer Basis überforderte schon damals die Konsensfähig-
keit und Konflikttoleranz der Beteiligten.

Heute sind die bürokratischen Apparate im kirchlichen
und staatlichen Raum so ausgeufert, dass jede Transparenz
verloren ging. Die Mitverantwortung der Gemeindeglieder für die Kirchenfinanzen ist äußerst schwierig geworden, obwohl viele leitende Fachleute sich bemühen, Verständnis für die finanziellen Aufgaben und Probleme der
Kirche zu schaffen. Das einzelne Gemeindeglied kann wenig damit anfangen, wenn erklärt wird, wie viel Prozent
der Einnahmen oder wie viele Millionen Euro für Gehälter, Verwaltung, Baulasten usw. benötigt werden. Wichtig
wäre zu wissen: Welche Kosten verursacht unsere Gemeinde? Wie verteilen sie sich? Was bringt unsere Gemeinde auf? Welche Zuschüsse brauchen wir oder haben
wir erhalten? Das anonyme Kirchensteuersystem erschwert den Überblick, aber die Durchschnittswerte pro
Mitglied bieten einen Anhalt. Das Aufkommen an Kol-
lekten, Spenden und Sammlungen sowie am Kirchgeld
pro Gemeindeglied gibt einen Hinweis auf die Lebendigkeit der Gemeinde und notfalls Ansporn, das Engagement
zu verstärken.

Falsch ist die zunehmende Tendenz, größere Verwaltungseinheiten zu schaffen und damit die Undurchschaubarkeit zu verstärken und die Eigenverantwortung der Gemeinden zu schwächen. Nach dem Subsidiaritätsprinzip sind die kirchlichen Verwaltungsorgane dazu da, vor allem die Gemeinden beratend und helfend zu unterstützen, keinesfalls aber ihnen durch unnötige Verordnungen und Bürokratie das Leben zu erschweren.

Um Menschen für ehrenamtliche Mitarbeit zu gewinnen und die bereits Tätigen darin zu bestärken, ist Information, Transparenz und Anerkennung notwendig. Die Tätigkeit muss als sinnvoll erfahren werden, und Gleiches gilt für das finanzielle Engagement. Psychologen sprechen von intrinsischer Motivation, wenn der Antrieb zu einem Tun oder Verhalten von innen her kommt, also einem Herzensbedürfnis entspricht. Dieser innere Antrieb kann durch äußere Anreize gefördert oder durch Hindernisse gehemmt werden. In den 50er Jahren des 20. Jahrhunderts kam aus den lutherischen Kirchen Nordamerikas der Gedanke der Haushalterschaft (*Stewardship*) nach Deutschland, der damals viel Beachtung fand, aber längst wieder in Vergessenheit geriet. ›Dient einander, ein jeder mit der Gabe, die er empfangen hat, als die guten Haushalter der vielfältigen Gnade Gottes‹, sagt 1Petr 4,10, wobei für ›Haushalter‹ das griechische *oikonómoi* steht. Alle Christinnen und Christen haben Gaben empfangen, Talente, über deren Nutzung sie laut Mt 25,14–30 im Jüngsten Gericht Rechenschaft schuldig sind. Zeit, Talente und materieller Besitz sind jeder und jedem von Gott anvertraut, um damit seinem guten Willen zu dienen. Er will, dass allen Menschen geholfen wird. Ausgangspunkt und Grundlage der Haushalterschaft ist sein rettendes Tun. Aus Dankbarkeit folgt daraus das Tun des Menschen, der einen angemessenen Teil seiner Zeit und seines Geldes zur Verfügung stellt und seine Gaben in den Dienst für Gottes Reich einbringt.

Das Programm der Haushalterschaft ließ sich nicht aus den freikirchlichen Verhältnissen in den USA in die deutsche volkskirchliche Praxis übertragen. Es wäre aber den Versuch wert, die Idee auf breiterer Basis neu zu beleben. Heute setzt sich zunehmend die Einsicht durch, dass die Natur eine uns Menschen anvertraute Gabe und Aufgabe darstellt, mit der wir als gute Haushalter verantwortungsvoll umzugehen haben. Ein Mentalitätswandel hat begonnen, wird aber das ganze Leben noch viel stärker bestimmen und verändern müssen. Das moderne individualistische Denken und Handeln erweist sich als zerstörerisch. Es darf nicht durch einen neuen Kollektivismus ersetzt werden, der in Diktaturen wie dem Faschismus oder Kommunismus Unheil bringt. Haushalterschaft verbindet die Stärken der Individualität mit der Sozialität, indem die Einzelnen ihre Gaben und Mittel in die Gemeinschaft einbringen und damit ihr Leben als sinnvoll erfahren. Das geschieht bereits vielfach außerhalb und innerhalb der Kirchen, sei es bei der Freiwilligen Feuerwehr oder im Besuchsdienst, in Sportgruppen oder Posaunenchören, in Kirchbauvereinen oder in der Hospizarbeit. Niemand kann oder muss gar sich überall beteiligen. Oft besteht in der Kirche die Gefahr, dass die Gutwilligen überfordert werden. Ein Teil der Kirchenmitglieder unterstützt die Gemeinde durch die Kirchensteuer und nimmt ihre Dienste nur bei besonderen Gelegenheiten in Anspruch. Über jede und jeden sollten wir uns freuen, die so der Kirche die Treue halten und ihnen dafür dankbar sein. Zugleich dürfen wir aber fragen, ob das Gemeindeleben und die kirchlichen Angebote für sie attraktiver gestaltet werden können, und nach Möglichkeiten suchen, sie für eine aktivere Beteiligung am kirchlichen Leben zu gewinnen.

Kapitel 9

Von den guten Werken

1520 erschien Luthers »Sermon von den guten Werken«, der den Vorwurf zu entkräften suchte, dass die Rechtfertigungslehre gute Werke verbiete. Luther erkennt als gute Werke nur solche an, die Gott geboten hat. Damit erklärt er einen großen Teil der damaligen kirchlichen Praxis für wertlos. Positiv gründen die Ethik und das ihr folgende Verhalten im Glauben: »Das erste und höchste alleredelste gute Werk ist der Glaube an Christus« (StA 2,17,24f.). Damit ist keineswegs gesagt, der Glaube sei eine menschliche Leistung, denn im Kleinen Katechismus wird betont, dass der Heilige Geist diesen Glauben schafft, den der Mensch »nicht aus eigener Vernunft noch Kraft« erlangt. Vielmehr geht es darum, dass nur durch den Glauben an Christus gute Werke möglich werden. Luther weiß, dass auch Nichtchristen gute Taten tun und durch das von Gott allen Menschen gegebene Naturrecht über ethische Richtlinien verfügen. Er spricht nicht von einer philosophischen Ethik, sondern von Gottes Gebot, wie es in der Heiligen Schrift und speziell im Dekalog vorliegt. Deshalb erläutert er im Folgenden die guten Werke anhand der Zehn Gebote. Wer an Gott glaubt, erfüllt seine Gebote fröhlich und freiwillig, nicht um Verdienste zu erwerben, sondern weil es ihm eine Lust ist, Gott zu gefallen. Luther behauptet also, dass der Glaube seinem Wesen nach zum Tun des Guten bewegt. Oft betont er den Tatcharakter des Glaubens. Der Glaube »geht aus in die Werke und kommt wieder durch die Werke zu sich selbst« (62,19). Es besteht also eine Wechselbeziehung zwischen Glauben und Handeln: »Wie du glaubst, so liebst du und umgekehrt« (WA 20,755,5 f.).

Glauben und Liebe

Glauben heißt also nicht nur, eine Wahrheit zu akzeptieren, sondern auch, aus ihr zu leben. »Wo der Glaube recht ist, da folgt auch die Tat, und je größer der Glaube, je mehr der Tat. Es ist gar ein kräftig, mächtig, tätig Ding um einen rechten Glauben« (WA 10 I 1,269,19–21). Der Zusammenhang von Glauben und Tat bewirkt nicht nur, dass der Glaube zu gutem Handeln motiviert, sondern auch, dass der Glaube durch solches Tun geübt und gestärkt wird. Zum Beispiel üben Eltern bei der Erziehung ihrer Kinder den eigenen Glauben (Cl 1,278,13–18), und auch wer sich bemüht, »das Fleisch zu dämpfen«, also den Sexualtrieb zu zügeln, übt damit den Glauben (292,5 f.). Der Glaube ist »Werkmeister und Treiber« der guten Werke (294,15), und »die Werke, unserem Nächsten getan, zeigen an, dass wir den Glauben zu Gott und Liebe zu unserm Nächsten haben« (WA 10 III,95,13–15), sie sind Nachweis des Glaubens: »Diesen Glauben sollt ihr mit der Liebe beweisen … Denn wenn ihr solches Zeichen nicht von euch

geben werdet, so ist es gewiss, dass der Glaube nicht rechtschaffen sei« (10 I 2,238,17.20f.).

Die Schrift »Von der Freiheit eines Christenmenschen«
gipfelt darin, dass Luther die Gemeinschaft mit Christus
durch den Glauben und die Verbundenheit mit den
Nächsten durch die Liebe als Einheit darstellt: »Sieh doch,
nach dieser Regel ist es nötig, dass die Güter, die wir von
Gott haben, vom einen zum andern fließen und gemeinsamer Besitz werden, so dass jeder seinen Nächsten kleidet
und sich ihm gegenüber so verhält, als wenn er selbst an
seiner Stelle wäre. Diese Güter sind aus Christus geflossen
und fließen in uns hinein, und er hat uns so ausgestattet
und für uns gehandelt, als wenn er selbst wäre, was wir
sind. … Wir ziehen also folgenden Schluss: Ein Christenmensch lebt nicht in sich selbst, sondern in Christus und
in seinem Nächsten, oder er ist kein Christenmensch; in
Christus aber lebt er durch den Glauben, im Nächsten
durch die Liebe.« (LDStA 2,173,31–36; 175,5–8)

Luther half selber gern und großzügig, womit er gele-
gentlich seiner Frau Probleme bereitete, die einen großen
Haushalt versorgen musste. Als 1527 die Pest Wittenberg
heimsuchte und die Universität nach Jena auswich, blieb
er am Ort, um den Menschen in ihrer Not beizustehen.
Ansätze zu einer geordneten Diakonie wie in der Leisniger
Kastenordnung (s. o.) begrüßte und unterstützte er, aber
sie entfalteten nicht die erhoffte und notwendige Brei-
tenwirkung. Weithin übernahm die kommunale Obrigkeit
die Fürsorge für die Armen, erfüllte diese Aufgabe jedoch
nur ungenügend. Im reformierten Bereich wurde versucht, das Amt der Diakonen wieder zu beleben und so

die Armenfürsorge in der Kirche zu institutionalisieren, doch setzte sich diese Reform nicht durch. Die neu entstehenden evangelischen Kirchen mussten die sozialen Aufgaben zum großen Teil der örtlichen Obrigkeit überlassen, die sie nur sehr begrenzt erfüllen konnte.

Vom Pietismus gingen seit dem Ende des 17. Jahrhunderts neue Impulse für die Diakonie aus, wobei die führenden Leute wie Philipp Jacob Spener und August Hermann Francke sich auf Luther beriefen. Ihnen lag daran, dass der Glaube sich im ganzen Leben bewährt und in der tätigen Liebe sichtbar wird. Francke gründete 1695 in Glaucha bei Halle eine Armenschule und bald darauf das Waisenhaus. Seine Anstalten boten ein für damalige Zeit vorbildliches Beispiel für die Verbindung von Diakonie und christlicher Pädagogik. Nikolaus Ludwig Graf von Zinzendorf, der am dortigen Pädagogium erzogen wurde, gründete 1722 auf seinem Grundbesitz die Migrantensiedlung Herrnhut, in der das allgemeine Priestertum in einer bis dahin nicht gekannten Weise Gestalt gewann. Die meisten Mitglieder der Herrnhuter Brüdergemeine übernahmen ein Amt, die Fürsorge für Kranke, Arme und sonst Hilfsbedürftige wurde geregelt. Zinzendorf hob auch die Leibeigenschaft in seinem Bereich auf.

Ein Jahrhundert später erhielt die Diakonie durch die Erweckungsbewegung neuen Auftrieb. Johann Hinrich Wichern gründete 1833 in Horn bei Hamburg das »Rauhe Haus« als »Rettungshaus« für junge Menschen. Er wurde durch einen flammenden Aufruf auf dem Wittenberger Kirchentag 1848 zum Initiator der Inneren Mission und schuf das Amt des evangelischen Diakons neu. »Die Liebe gehört mir wie der Glaube«, solle die Kirche bekennen, so forderte er in seiner improvisierten Wittenberger Rede. Wicherns Ziel war nicht weniger als eine Erneuerung von Kirche und Gesellschaft in christlichem Geist und im Sinne der Reformation. Ihm schwebte eine lebendige Volkskirche vor, die sich von der Gemeinde her aufbaut, in der das allgemeine Priestertum geistliche Kraft entfaltet und der Glaube durch die tätige Liebe wirkt. Diakonie und Mission sollten sich gegenseitig stärken. Wichern setzte sich für eine Humanisierung des Strafvollzugs ein und regte zahlreiche diakonische Initiativen und Einrichtungen an. Er drang gleichermaßen auf verstärkte und geordnete Gemeindediakonie wie auf die Gründung von Anstalten, besonders mit sozialpädagogischer Zielstellung. Gegen die sozialen Missstände, die der ungezügelte Kapitalismus verursachte, sah er den Staat in der Pflicht und wusste, dass Almosen und individuelle Nächstenliebe nicht ausreichten, die Not zu lindern oder gar zu beseitigen. Das Programm seiner Zeitgenossen Marx und Engels lehnte er ab und setzte ihm sein Konzept entgegen, das vielen Menschen geholfen hat, auf der politischen Ebene aber nur wenig Früchte trug.

In der Sorge um Gefangene und Strafentlassene war auch der junge Pfarrer Theodor Fliedner (1800–1864) tätig, der 1826 die »Rheinisch-Westfälische Gefängnis-Gesellschaft« gründete. Ab 1836 initiierte er zusammen mit seiner Frau Friederike in Kaiserswerth bei Düsseldorf den Stand der evangelischen Diakonisse und schuf das erste Diakonissenkrankenhaus, um junge, unverheiratete Frauen als Pflegerinnen auszubilden. Das Krankenhaus

wurde durch weitere Sozialeinrichtungen wie eine Klein-
kindschule, ein Mädchenwaisenhaus, ein Lehrerinnen-
seminar, eine psychiatrische Klinik für Frauen ergänzt.
Als Fliedner mit seiner diakonischen Arbeit begann, wies
ihn jemand darauf hin, dass im Protestantismus der »mäch-
tige Hebel« fehle, »den die katholischen Schwestern für
ihre Wirksamkeit hätten«, nämlich sich dadurch den Himmel zu verdienen. Fliedner antwortete: »Wir haben allerdings jenen starken Hebel nicht, dürfen ihn auch nach
Gottes Wort nicht haben. Aber wir haben einen weit stärkeren Hebel, nämlich die dankbare Liebe zum Herrn Jesu,
der uns schon den Himmel verdient hat, und alles, was
wir auf Erden bedürfen, welche Liebe uns mit einer göttlichen Kraft treibt, ihn zum Dank wieder zu lieben in seinen kranken und elenden Gliedern« (Krimm II,216). Diese
Antwort Fliedners entspricht dem Denken der Reformatoren, und zwar der lutherischen ebenso wie der reformierten Tradition. Letzterer entstammte Fliedner.

Ein Zeitgenosse von Wichern und Fliedner war der
betont lutherische Pfarrer Wilhelm Löhe (1808–1872),
der im fränkischen Dorf Neuendettelsau 1854 eine Dia-
konissenanstalt gründete. Wie Wichern ging es auch
ihm um die erneuerte Kirche, die er sich allerdings als
»apostolisch-episkopale Brüderkirche« vorstellte (TRE
21,413,8). Er dachte im Gegensatz zu Wichern stark vom
Amt und von den Sakramenten her, aber auch für ihn gab
es keine lebendige Gemeinde ohne Diakonie und ebenso
nicht ohne Mission. Von seiner kleinen Dorfgemeinde
gingen deshalb Impulse nicht nur für die Innere, sondern
auch für die Äußere Mission aus. Klar war für ihn wie

für Wichern, dass der rechte Glaube in der Liebe tätig wird.

Die genannten Männer und Frauen wie Elisabeth Fry, die englische Quäkerin, die Fliedner und Wichern zum Engagement für Gefangene anregte, Amalie Sieveking, die gegen den Widerstand aus bürgerlichen und kirchlichen Kreisen als Krankenpflegerin begann und die Ausbildung dazu förderte, sowie viele andere leisteten Pionierarbeit. Sie erkannten schwere Mängel in der Gesellschaft, unter denen deren schwache Glieder litten. Damit linderten sie nicht nur die Not vieler einzelner Menschen, sondern sie verstärkten auch das Bewusstsein in der Gesellschaft und bei den Politikern für die sozialen Probleme. Natürlich trug dazu auch der Kampf der Arbeiterbewegung für soziale Gerechtigkeit in hohem Maße bei, und die von Bismarck seit den 70er Jahren des 19. Jahrhunderts betriebene Einführung von Kranken-, Renten- und Arbeitslosenversicherungen sind Früchte dieses Kampfes, die für das diakonische Anliegen der Fürsorge für arme und kranke Menschen größte Bedeutung erlangten. Arbeitszweige, die ursprünglich ganz oder überwiegend in kirchlichen Händen lagen wie die Einrichtung von Kindergärten und die Ausbildung der Erzieherinnen, übernahm mehr und mehr der Staat.

Im kommunistischen Herrschaftsbereich untersagten die meisten Regime den Unterhalt diakonischer Einrichtungen. Eine Ausnahme bildete die DDR, in der die Diakonie sogar ein gewisses staatliches Wohlwollen genoss, weil ihre Einrichtungen auf so hohem Niveau arbeiteten, dass Funktionäre der unteren Ränge sich gern in kirchlichen Krankenhäusern behandeln ließen. Die Unterstützung von bundesdeutscher Seite ermöglichte es, medizinische Geräte anzuschaffen, die in gewöhnlichen staatlichen Kliniken fehlten. Für die zunehmend an den gesellschaftlichen Rand gedrängten Kirchen in der DDR boten die diakonischen Anstalten, besonders die Krankenhäuser, eine Möglichkeit zur Begegnung mit Menschen außerhalb des Kirchenraumes. Viele Regimekritiker fanden einen Arbeitsplatz im geschützten Raum der Diakonie.

Pionierarbeit leistete die Diakonie bei der Arbeit mit geistig behinderten Menschen. Zu den herkömmlichen, schon von Wichern angeregten Aufgaben hatte die Arbeit mit schwer erziehbaren jungen Menschen gehört. Diese Tätigkeit wurde der Diakonie in der DDR verwehrt, weil der Staat die Kinder und Jugendlichen zu »allseitig gebildeten sozialistischen Persönlichkeiten« erziehen wollte, was die Kirche natürlich nicht leisten konnte. Stattdessen begann sie unter sehr bescheidenen Umständen, mit geistig behinderten jungen Menschen zu arbeiten. Dafür erfolgte eine von der Diakonie selbst getragene Ausbildung, und die Qualität der Arbeit nahm ständig zu. Das erforderte freilich immer höhere Zuschüsse seitens der staatlichen Kassen. So wurde die Diakonie mehr und mehr vom Staat abhängig. In einer demokratischen Gesellschaft wie der Bundesrepublik kann diese Abhängigkeit positiv als Partnerschaft verstanden und praktiziert werden. Die Diakonie übernimmt einen Teil der sozialen Aufgaben und erhält dafür die Vergütungen, die auch anderen Trägern entsprechender Dienstleistungen zustehen.

Diakonie im Konkurrenzkampf

In der DDR ergänzten die diakonischen Einrichtungen das Potential des staatlichen Gesundheits- und Sozialwesens. Sie sahen sich keinem Konkurrenzdruck ausgesetzt. Nach der Wiedervereinigung befanden sie sich plötzlich auf dem Markt der sozialen Dienstleistungen, der mehr und mehr privatisiert und von ökonomischen Gesichtspunkten bestimmt wurde. In den neuen Bundesländern übernahmen Diakonie und Caritas zahlreiche kommunale und staatliche Einrichtungen, darunter große Krankenhäuser, deren bisherige Träger sie als finanzielle Lasten abstießen. Damit verstärkte sich ein Problem, das bereits in der DDR zunehmend bedeutsam geworden war: Die Zahl der Diakonissen und Diakonieschwestern ging drastisch zurück, und auch unter den übrigen Mitarbeiterinnen nahm der Anteil derer ab, die durch ihren christlichen Glauben zur Arbeit in der Diakonie motiviert wurden. Daraus folgt die Frage, ob es noch möglich ist, in den Einrichtungen das Spezifische der Diakonie zur Geltung zu bringen. Ein christliches Krankenhaus kann nicht beanspruchen, dass seine Chirurgen besser operieren als die Kollegen im benachbarten Klinikum der Universität oder eines privaten Trägers. Sollen und können die Schwestern freundlicher und kompetenter sein als bei der Konkurrenz? Natürlich müssen Kliniken der Diakonie und der Caritas sich bemühen, fachlich gute Arbeit zu leisten, und sie versuchen auch, attraktive Besonderheiten zu bieten, zum Beispiel Spezialisten für Aufgaben zu gewinnen, für die im lokalen Umkreis erheblicher Bedarf besteht. Qualifizierte Leute sind aber nur für gutes Geld und unter günstigen Arbeitsbedingungen zu haben. Während für die Diakonissen das Motto galt: »Mein Lohn ist, dass ich dienen darf«, erwarten die Schwestern und Pfleger heute ein Gehalt, von dem eine Familie leben kann.

Das Spezifische der Diakonie auf dem Markt der Angebote ist vom Selbstverständnis her der Zusammenhang von Glauben und Liebe, der den Geist der Einrichtung prägt. Christinnen und Christen, denen dieser Zusammenhang für ihren Dienst am Herzen liegt, arbeiten auch außerhalb der Diakonie. Andererseits arbeiten in Häusern der Diakonie Frauen und Männer, die keiner Kirche angehören, aber doch die Verbindung von Glauben und Liebe bejahen und sich dadurch motivieren lassen. Viele Menschen – auch Kirchenmitglieder! – glauben nicht an einen persönlichen Gott, aber an eine gute Macht, der sie sich verpflichtet fühlen, oder an die Menschenwürde, der sie dienen möchten. Die Diakonie kann keine ökonomischen Gewinne damit erwirtschaften, dass in ihren Häusern die Zusammengehörigkeit von Glauben und Liebe erfahrbar wird, aber ihre Dienste werden immer gefragt sein, wenn der Geist des Hauses davon bestimmt ist.

Die Frage ist, ob die Diakonie unter dem wachsenden finanziellen Druck das bisherige Angebot aufrechterhalten kann. Bei 400 000 Mitarbeiterinnen und Mitarbeitern hängt viel von den Personalkosten ab, auf die die Gewerkschaft ver.di verstärkt Einfluss zu nehmen sucht. Das Spezifische der Diakonie erfordert neben den technischen Abläufen vor allem Zeit für die Menschen. Wird das durch den ökonomischen Druck verhindert, ist zu fragen, ob die

Diakonie sich aus der entsprechenden Arbeit zurückziehen sollte.

Zum Wesen der Diakonie gehört, dass sie in Lücken eintritt und Aufgaben übernimmt, die – aus welchem Grund immer – vernachlässigt wurden. In Halle rettete das Diakoniewerk nach der Wiedervereinigung die einzige verbliebene Poliklinik, indem es deren Träger wurde. Man kann nicht sagen, dass durch diese Trägerschaft der Zusammenhang von Glauben und Liebe erfahrbar wurde, denn die Arbeit der Poliklinik verläuft weiter wie vorher, vom spezifisch Christlichen ist nichts zu erkennen. Es handelte sich um einen Akt der Vernunft, die zusammen mit der Liebe den Menschen dienen soll. Unvernünftig war es, die Polikliniken aufzulösen, in denen die Medizintechnik kostensparend gemeinsam genutzt wird, die verschiedenen Fachärzte gut zusammenarbeiten können, überflüssige und schädliche Mehrfachuntersuchungen vermeidbar sind. Solche Vorteile zum Nutzen der Menschen zu nutzen, ist ein ethisches Gebot, dem die Diakonie folgen muss, wenn es andere nicht tun.

Diakonie der Gemeinden

Diakonie geschah schon immer in unterschiedlichen Institutionen. Im Mittelalter sorgten hauptsächlich die Klöster für Hospitäler, sie boten Zuflucht für Obdachlose und Bettler. Die Reformation führte dazu, dass diese Dienste weithin von den Gemeinden übernommen werden mussten, deren Armenkassen meist kaum ausreichten, die größte Not zu lindern. Luther sah die zuständige Obrigkeit ebenso wie die Kirchgemeinde in der Pflicht. Dass die helfende Liebe ihren Ort zuerst im unmittelbaren Umfeld hat, führt zur Priorität der Gemeindediakonie. Wer Christus dienen will, hat seinen hilfsbedürftigen Nächsten vor sich. Angesichts einer Pestepidemie in Wittenberg sagt Luther: »Willst du aber und magst deinem Nächsten nicht dienen, so glaube fürwahr, wenn Christus selbst da wäre, du tätest eben auch so und ließest ihn liegen« (WA 23,362,21–23). Die Dringlichkeit der Nächstenliebe betont Luther unter Berufung auf Mt 25,31–46: »Die Worte lass dir, lieber Mensch, zu Herzen gehen, da wird's dran liegen, ob du deinem Nächsten habst gegeben und wohlgetan« (WA 6,45,17 f.). Die Glieder der Gemeinde tragen einander die Lasten (Gal 6,2), sie teilen Freude und Leid.

Heute sorgt der Sozialstaat dafür, dass in unserem Land niemand hungern oder obdachlos leben muss. Es sei denn, Obdachlose verzichten auf das Angebot einer Unterkunft. Ebenso leben in unserem reichen Land Menschen, deren Mittel nicht für eine gesunde Ernährung ausreichen, aber für sie gibt es Tafeln, die von Spenden und ehrenamtlicher Arbeit leben. Bei allen vorhandenen Mängeln gehören wir im Weltmaßstab zu den Ländern mit der höchsten sozialen Sicherheit. Die kirchlichen und anderen freien sozialen Werke müssen auf bestehende Notlagen und Ungerechtigkeiten aufmerksam machen und sich zugunsten der Schwachen auch in die Politik einmischen. Luther hat das kräftig getan, aber auch von den Schwachen verlangt, dass sie das ihnen Mögliche zur Selbsthilfe leisten. Das Betteln bekämpfte er energisch. Zur Menschenwürde gehört, nicht aus Bequemlichkeit oder Trägheit auf Kosten anderer zu leben.

Diakonie kann und muss nahe bei den Menschen sein. Die in der staatlichen Fürsorge Tätigen können nicht allen Menschen nachgehen, die Beistand brauchen. Viele suchen keine Hilfe bei den zuständigen Stellen oder werden den Behörden erst dann bekannt, wenn die Lage sich zugespitzt hat. Es sei nur an alkoholkranke Menschen erinnert. Sie gestehen sich und anderen ihr Leiden oft erst dann ein, wenn bereits schwerer Schaden entstanden ist. Ihre Mitmenschen verkennen die Krankheit meist und reagieren falsch: »Nimm dich zusammen«, fordern sie in Unkenntnis der Abhängigkeit, die moralische Appelle ins Leere laufen lässt. Oder sie verharmlosen die Lage: »Du kannst ruhig ein Bier trinken, aber nicht so viel!« Wer bereits abhängig ist, darf keinen Tropfen Alkohol mehr trinken, doch das schafft er nicht aus eigener Kraft. Gruppen der Anonymen Alkoholiker können helfen, »trocken« zu werden, wenn der Betroffene bereit ist, ihren strengen Regeln zu folgen. Meist versammeln sich diese Gruppen in kirchlichen Räumen, aber sie agieren selbständig. Sie setzen keinen christlichen Glauben und keine Kirchenzugehörigkeit voraus, wohl aber die Erkenntnis, Hilfe zu brauchen, und die Bereitschaft, mit dieser Hilfe ein neues Leben anzufangen. Diese Hilfe kann keine einzelne Person leisten. Unzählige Ehen sind am Alkohol zerbrochen. Auch Familien sind in der Regel überfordert. Entziehungskuren mit ärztlicher Hilfe können notwendig sein, aber die Gefahr des Rückfalls ist sehr hoch, wenn der Betroffene nicht in einer Gruppe Halt findet.

In Gruppen dieser Art wachsen enge gegenseitige Beziehungen, die von Vertrauen und Offenheit getragen sind. So entsteht eine aus der Not geborene Gemeinschaft besonderer Art. Eine Kirchgemeinde kann sich nicht nach diesem Modell bilden, weil das Verhältnis von Nähe und Distanz anders sein muss. Das Bewusstsein gegenseitiger Verantwortung sollte aber doch wenigstens ansatzweise vorhanden sein. Die Herrnhuter Brüdergemeine zeigte bereits unter Zinzendorf, dass das in einer überschaubaren Gemeinde möglich ist, und viele freikirchliche Gemeinden beweisen es ebenfalls. In manchen Konzepten des Gemeindeaufbaus wird versucht, die großen volkskirchlichen Gemeinden zu untergliedern und überschaubare Bezirke zu bilden, für die sich ehrenamtlich Mitarbeitende verantwortlich wissen. Sie organisieren Besuchsdienste und sorgen für Informationen darüber, wo diakonische oder seelsorgerliche Hilfe nötig ist. Wenn heute in der Praktischen Theologie »Kommunikation des Evangeliums« als Leitmotiv anerkannt ist, gilt es zu bedenken, dass diese Kommunikation persönlichen Kontakt mit den Menschen und Informationen über ihre Freuden und Leiden erfordert. In zunehmendem Maß entstehen solche Kontakte über das Internet.

Künftig ist in unserem Land verstärkt mit Altersarmut zu rechnen, weil die Erwerbsbiographien häufig durch Arbeitslosigkeit, Kurzarbeit oder Niedriglohnzeiten gebrochen sind. Gleichzeitig schwindet der Rückhalt in Familien. Die Zahl der alten und pflegebedürftigen Menschen nimmt zu, die Kosten in den Seniorenheimen aber steigen in für viele unerschwingliche Höhen. Auch gibt es viele alte Menschen, die zu Hause bleiben und sich selber versorgen können, aber unter Einsamkeit leiden. Andere rüstige Rentnerinnen und Rentner brauchen eine sinnvolle Aufgabe und können erfahren, dass sie selber davon profitieren. Analog zum allgemeinen Priestertum gibt es ein allgemeines Diakonen- und Diakonissentum. Der Stand der evangelischen Diakonissen stirbt in unserem Land nach fast 200 Jahren segensreicher Tätigkeit aus, doch es ist zu hoffen, dass sich Frauen und Männer in neue Formen berufen wissen, ihren Glauben in tätiger Nächstenliebe zu bewähren, sei es im Hauptberuf oder im Ehrenamt.

In der Blütezeit des Diakonissenamtes entstand der Beruf der Gemeindeschwester, die diakonische Hilfe mit seelsorgerlicher Zuwendung verband. In den großen volkskirchlichen Gemeinden war sie für viele Menschen die Person, die das Evangelium kommunizierte und die Verbindung zur Kirche pflegte. Als in der zweiten Hälfte des 20. Jahrhunderts die Zahl der Diakonissen abnahm, kehrten die Gemeindeschwestern in ihre Mutterhäuser zurück. In der DDR traten staatliche Gemeindeschwestern an ihre Stelle, die natürlich in der Regel keine seelsorgerlichen Aufgaben übernahmen. In der Bundesrepublik wurden Sozialstationen in der Trägerschaft der verschiedenen Wohlfahrtsverbände eingerichtet, darunter auch die Diakonie und die Caritas. Ob und wie die Mitarbeiterinnen der Sozialstationen in diakonischer Trägerschaft sich dem Erbe der Diakonissen verpflichtet fühlen, hängt von den einzelnen Personen ab. Ihre praktischen Möglichkeiten, Diakonie und Seelsorge zu verbinden, sind durch den engen vorgegebenen Zeitrahmen äußerst begrenzt. Zeit für Gespräche wird nicht bezahlt. Umso wichtiger ist, dass ehrenamtliche Frauen und Männer ihren Dienst ergänzen, wobei eine personelle Verbindung zwischen ihnen und der Sozialstation notwendig ist, damit die erforderlichen Informationen fließen.

Will die Diakonie Lücken im sozialen Netz erkennen und nach Möglichkeiten suchen, wie sie zu schließen sind, ist sie darauf angewiesen, dass sie Anstöße von Menschen mit besonderem Gespür für gesellschaftliche Probleme und für spezielle Nöte erhält. In Bad Segeberg eröffnete ein Arzt im Ruhestand in Räumen der Diakonie eine »Praxis ohne Grenzen« für nicht versicherte Kranke. Er behandelt sie kostenlos aus christlicher Nächstenliebe und finanziert die Sachkosten aus Spenden. Bald zeigte sich, dass mehr Menschen als erwartet in keiner Kasse versichert sind. Ob aus eigener Schuld oder durch tragische Ereignisse, interessiert den Arzt nicht. Menschen in Not muss geholfen werden. Es ist zu befürchten, dass die Zahl der Kranken, die sich keinen Arzt leisten können, künftig wächst. Auf der politischen Ebene muss gegengesteuert werden, und Verhältnisse wie in den USA sind zu verhindern, aber die »Praxis ohne Grenzen« zeigt, dass auch in einem hochentwickelten Sozialsystem Menschen unter die Räder kommen und unbürokratische Hilfe brauchen.

Die fernen Nächsten

Zum Wesen der christlichen Gemeinde gehört die Verbundenheit mit den Geschwistern im Glauben in der ganzen Welt. Als Teilkirche (*ecclesia particularis*) ist die Gemeinde ein Glied der Weltkirche (*ecclesia universalis*), die sich über konfessionelle und geographische Grenzen erstreckt. Wenn koptische Christen in Ägypten oder Glieder der assyrischen Kirche im Irak ermordet werden, sind wir in Deutschland davon betroffen. Es gehört zur ökumenischen Diakonie, die verfolgten Christen geistig und materiell zu unterstützen. Politiker und Politikerinnen sind verpflichtet, außen- und innenpolitisch die möglichen Hilfen zu leisten. Das Asylrecht darf nicht mehr im Wege stehen, wenn verfolgte Christen in Deutschland Zuflucht suchen. Leider verfügen manche Gerichte nicht über die nötigen Kenntnisse und fällen Urteile, die von den Kirchen nicht akzeptiert werden können. Nach Schätzungen leiden gegenwärtig etwa 100 Millionen Christen wegen ihres Glaubens Verfolgung, die meisten in islamisch regierten Ländern. Auch wenn man berücksichtigt, dass religiöse Motive sich oft mit politischen oder ethnischen Konflikten verbinden, ist festzustellen, dass seit der stalinistischen Christenverfolgung nie so viele Christen Märtyrer wurden wie heute und dass keine Religion so unter Gewalt leidet wie die christliche.

Die modernen Mittel der Kommunikation, Information und Mobilität haben uns die fernen Nächsten nähergerückt. In der ökumenischen Bewegung werden diese Mittel zu vielfachem Austausch und zu persönlichen Begegnungen genutzt. Während seit der Mitte des 19. Jahrhunderts zahlreiche Missionare von Deutschland in die fernen Kontinente, besonders nach Afrika und Asien zogen, kommen heute Männer und Frauen aus den dort wachsenden Kirchen zu uns und erschrecken über die geistliche Armut in einem materiell reichen Land. Die lutherischen Kirchen schrumpfen in Europa, zum Teil auch in den USA, doch sie wachsen in Afrika und Asien. Zwischen den einst missionierenden Kirchen und ihren selbständig gewordenen Partnerkirchen entwickelte sich eine Beziehung gegenseitigen Gebens und Nehmens. Materiell stehen die deutschen Kirchen allerdings vorläufig viel besser da und sind zum Teilen verpflichtet. Die populärste und finanzstärkste Hilfsaktion der deutschen ökumenischen Diakonie, »Brot für die Welt«, gibt Hilfen zur Selbsthilfe. Zurzeit vollzieht sich unter Schmerzen die Vereinigung mit dem Evangelischen Entwicklungsdienst (EED), was hoffentlich einer wirksamen Koordinierung der ökumenischen Diakonie und einem Abbau der Bürokratie dient, die leider auch auf diesem Gebiet erhebliche Mittel und Kräfte verschlingt.

Auf das Gustav-Adolf-Werk und den Martin-Luther-Bund, die ebenfalls ökumenische Diakonie leisten, wurde bereits hingewiesen. Diese Hilfswerke für die evangelische bzw. lutherische Diaspora verfügen über wesentlich geringere finanzielle Mittel, zeichnen sich aber durch schlanke Verwaltungen und eine wirksame Vergabe der Gelder aus, weil zwischen den Partnerkirchen und den Werken intensive persönliche Beziehungen bestehen. Viele Initiativen gehen von den sogenannten Hauptgrup-

pen aus, deren Mitglieder auf eigene Kosten in die Partnerkirchen reisen, dort den Bedarf für konkrete Projekte
erkunden und dann auch deren Realisierung begleiten. So
entsteht hier eine Schule mit Internat, dort ein Senioren-
heim, eine Kirche oder ein Pfarrhaus. Immer werden Ei-
genleistungen der Partnerkirche vorausgesetzt.

Die enge Verbindung der Diasporawerke zu einzelnen
Gemeinden führt häufig dazu, dass Gemeinden oder Kir-
chenkreise selbständig Projekte der ökumenischen Diakonie übernehmen, die in keiner Statistik der Werke erscheinen. So baut die Dorfgemeinde Niederfrohna bei
Chemnitz ein Gemeindezentrum im Oblast Kaliningrad.
Eine Gruppe von Handwerkern und anderen Gemeinde-
gliedern fuhr zu mehreren Einsätzen dorthin und errichtete das Gebäude, dessen Rohbau im Jahre 2010 stand. Für
das Material und sonstige Kosten brachte die Gemeinde
Niederfrohna bis zu diesem Zeitpunkt rund 50 000 Euro
auf. Das leistet eine Gemeinde, die zu klein ist, um noch
einen eigenen Pfarrer zu erhalten. Sie ist auch nicht mit
reichen Mitgliedern gesegnet, aber mit Leuten, die ihren
Glauben durch die Liebe als »Tatsache« beweisen. Niederfrohna wurde in den 30er Jahren des 19. Jahrhunderts
von der lutherisch geprägten Erweckungsbewegung erfasst. Als 1838 unter der Führung des Dresdener Pfarrers
Martin Stephan eine Emigration in die USA erfolgte,
nahm ein erheblicher Teil der Erweckten aus Niederfrohna
mit dem Ortspfarrer Keyl daran teil. Eine positive Nach-
wirkung der damaligen Erweckung ist bis heute spürbar
und erklärt die erstaunliche Leistung dieser Gemeinde in
ihrem Engagement für die fernen Nächsten.

Diakonie und Mission

In Medienberichten über diakonische Aktivitäten versichern die Akteure häufig, dass sie keine Mission treiben. Sie erwecken den Eindruck, als hielten sie es für peinlich oder unanständig, wenn ihr Tun mit Mission in Verbindung gebracht würde oder wenn man ihnen missionarische Absichten unterstellte. Unanständig wäre es, wenn jemand eine Notlage anderer Menschen ausnutzte, um sie quasi religiös zu erpressen. Doch wo geschieht das? Wenn diakonische Einrichtungen bei der Einstellung von Mitarbeiterinnen oder Mitarbeitern deren Mitgliedschaft in einer Kirche verlangen, ist das legitim, weil die Diakonie als christliches Unternehmen darauf achten muss, ihre Identität zu wahren, ihre *corporate identity,* auf die auch andere Unternehmen Wert legen. Dafür ist die formale Mitgliedschaft der Mitarbeitenden in der Kirche zwar keine Garantie, aber die äußere Zugehörigkeit weist doch auf eine gewisse Verbundenheit hin. Übernimmt die Diakonie eine vorher nicht kirchliche Einrichtung, darf sie allerdings keinen Druck ausüben, dass Mitarbeiter in die Kirche eintreten, um ihre Stelle zu behalten.

Von ihrer Geschichte her hängt evangelische Diakonie untrennbar mit dem Auftrag zur Mission zusammen. Johann Hinrich Wichern wollte die der Kirche entfremdeten Menschen durch Diakonie für den Glauben gewinnen. Er beklagte die weit verbreitete Gleichgültigkeit gegenüber der christlichen Verkündigung schon vor mehr als 150 Jahren und wusste, dass eine Erneuerung in der Kirche und in der Gesellschaft notwendig ist, ein »Mentalitätswandel«, den heute auch die Reformschrift der EKD fordert. Nüchtern sah Wichern, dass dafür nicht Worte genügen, sondern die Einheit von Wort und Tat erforderlich ist. Heute stehen die Menschen noch viel stärker als zu Wicherns Zeit unter dem Eindruck einer inflationären Entwertung des Wortes. Die verschiedenen Medien bis hin zum Internet überschütten uns mit einer Flut von Wörtern und Bildern, die wir nicht verarbeiten können. Das Wort der Kirche geht in dieser Flut unter, wenn nicht besondere Anreize das Interesse dafür wecken. Ein solcher Anreiz ist die helfende Tat, die oft auch in Worten bestehen kann, die sich als hilfreich erweisen.

Die Bahnhofsmission begann ihre Arbeit 1894 in Berlin, um jungen Frauen zu helfen, die Arbeit suchend vom Land in die Großstadt kamen, dort keine Bleibe hatten und Rat brauchten. 1907 gab es bereits an 70 deutschen Bahnhöfen evangelische oder katholische Bahnhofsmissionen, woran sich zeigt, wie zügig Innere Mission und Caritas auf die sprunghafte Urbanisierung und die Ausweitung des Bahnnetzes reagierten. Praktische Hilfe auf der Reise verband sich mit dem unaufdringlichen seelsorglichen Angebot. Oft beschränkt sich der Dienst darauf, jemanden vom Bahnsteig abzuholen und zum Taxi zu führen oder ein preiswertes Frühstück anzubieten. Um Mission handelt es sich in dem Sinn, dass die Kirche nahe bei den Menschen ist, sie ein Stück auf ihrem Weg begleitet. Diese Präsenz der Kirche in der Gesellschaft war den Machthabern der DDR ein Dorn im Auge, weshalb sie 1956 die Bahnhofsmissionen bis auf kleine Reste verbot. Das geschah gleichzeitig mit anderen gegen die Kirche gerichteten Maßnahmen wie der rigorosen Durchsetzung der Jugendweihe und der Abschaffung des Einzugs der Kirchensteuer durch die Finanzämter. Alles diente dazu, die Kirchen aus dem öffentlichen Leben zu verdrängen. Nach der Wiedervereinigung lebten die Bahnhofsmissionen wieder auf, manche in ökumenischer Trägerschaft. Sie leben von der ehrenamtlichen Mitarbeit und von Spenden und brauchen deshalb gute Verbindungen zu den Gemeinden im Umfeld.

Unverzichtbar ist die Zusammengehörigkeit von Diakonie und Mission auch in der sogenannten Äußeren Mission. Missionare und Missionsschwestern waren oft die Ersten, die Krankenstationen einrichteten. Im Gegensatz zu den auf Ausbeutung bedachten Kolonialherren wollten die Männer und Frauen der Mission die Eingeborenen nicht ausplündern, sondern ihnen durch Wort und Tat die Liebe Gottes nahebringen. Dabei brachten sie nicht immer das nötige Verständnis für die einheimische Kultur auf, aber es ist ungerecht, ihnen pauschal vorzuwerfen, sie hätten den Menschen eine fremde Kultur aufgezwungen und sie ihrer Identität beraubt. Vielmehr haben die Missionare oft die von ihnen vorgefundenen kulturellen Güter wissenschaftlich erfasst, haben die Sprachen unter größten Mühen erforscht und erlernt, die ersten Wörterbücher und Grammatiken verfasst und mit der Gründung von Schulen die Grundlagen dafür gelegt, dass die Menschen in den Kolonien sich in einem langen, leidvollen Prozess von der Fremdherrschaft befreien konnten.

Kapitel 10

Glauben und Bildung

Bildung ist kein Wort aus Luthers Sprachschatz. Es stammt aus der Mystik, wo es in rein religiösem Sinn gebraucht wird, nämlich bezogen auf Gen 1,26f.: Der Mensch ist zu Gottes Bild geschaffen, das in Christus Gestalt annahm. In der mystischen Vereinigung »bildet« der Mensch sich Christus ein, der das Ebenbild Gottes ist (2Kor 4,4; Kol 1,15). Dieser mystische Bildungsbegriff bleibt für Christen bedeutsam, insofern Christus als der wahre Mensch das Leitbild ist. Luther übernimmt aus der Mystik den Gedanken einer Verwandlung des Glaubenden in den geistlichen Leib Christi (StA 1,280,1). In der weiteren Geschichte des Bildungsbegriffs verliert dieser aber seine mystische Bedeutung, und das beginnt schon bei den Humanisten, die für die Reformation bedeutsam wurden. Bildung wird oft identisch mit Erziehung verstanden, und das Wort blieb eine Eigenheit der deutschen Sprache, während *education* beides bedeutet. Luther spricht vom »ziehen«. Im Neuhochdeutschen ist es sinnvoll, Bildung und Erziehung zu unterscheiden. Unter Erziehung verstehen wir pädagogisches Handeln mit unmündigen Menschen. Mündige Menschen werden nicht mehr erzogen, aber weiter gebildet. Nur Diktatoren schaffen Umerziehungslager für erwachsene Menschen, denen sie Mündigkeit absprechen.

Glauben ist als Wirkung des Heiligen Geistes kein Ergebnis von Erziehung oder Bildung, aber Erziehung kann den Weg zum Glauben bahnen oder versperren, und Bildung ist für Luther und Melanchthon nicht ohne gründliche Kenntnis der Heiligen Schrift denkbar. Von den Humanisten lernten die Reformatoren die Hochschätzung der Quellentexte und der alten Sprachen, die zum tieferen Verständnis der Texte Zugänge erschließen. Bildung erforderte deshalb neben der Kenntnis der mittelalterlichen Gelehrtensprache Latein das Erlernen der griechischen und der hebräischen Sprache. Das Ziel der Bildung sahen die Reformatoren darin, junge Menschen zum Dienst in der Kirche und in der Gesellschaft zu befähigen. Dabei gehörten fachliche Kompetenz und christliche Verantwortung untrennbar zusammen. Im Grunde lief Bildung darauf hinaus, die Bedeutung der Heiligen Schrift für das individuelle und gemeinsame Leben in Kirche und Gesellschaft zu erkennen.

Glauben und Denken

Melanchthon erklärt in seiner Wittenberger Antrittsrede, die er 1518 als 21-jähriger Professor für die griechische Sprache hielt: »... mehr als alle anderen Studiengebiete verlangt die Theologie tatsächlich ein Höchstmaß von Denkfähigkeit, intensiver Beschäftigung und Sorgfalt« (Melanchthon I,57), und er warnt die Studenten davor,

Philosophie so zu treiben, dass sie dabei den Gebrauch des gesunden Menschenverstandes verlernen (55). »Habt Lust daran, eure Verstandeskräfte einzusetzen«, ruft er sie auf (60). Luther lobte diese Rede seines jungen Kollegen, mit dem er trotz mancher Meinungs- und Temperamentsunterschiede zeitlebens eng verbunden blieb.

Der für die Reformatoren besonders wichtige Apostel Paulus erklärt in 2Kor 10,5: ›Wir nehmen alles Denken gefangen in den Gehorsam Christi‹. In 1Kor 1,20 fragt er rhetorisch: ›Hat nicht Gott die Weisheit dieser Welt zur Torheit gemacht?‹, und er spricht von der Torheit der Predigt, die sich dialektisch als Weisheit Gottes erweist. Paulus nimmt das Denken gefangen, aber er schaltet es nicht aus, er argumentiert von bestimmten Voraussetzungen her. Er verhängt also kein Denkverbot, wie auch Jesus kein solches ausgesprochen hat, aber eine Spannung zwischen Glauben und Denken liegt doch vor und durchzieht die Geschichte des Christentums. Schon die Apologeten der ersten Jahrhunderte bemühten sich, Glauben und Denken zu versöhnen und die Argumente der Christentumsgegner zu widerlegen, wobei sie philosophische Gedanken heranzogen. Origenes und Augustinus waren scharfsinnig denkende Theologen. Anselm von Canterbury formulierte das Programm des Glaubens, der das Verstehen sucht (*fides quaerens intellectum*). Die ganze mittelalterliche Theologie, die sogenannte Scholastik, bemühte sich um eine Synthese von Theologie und Philosophie, Glauben und Denken. Auch Meister Eckhart behauptete einen Zusammenklang von Glauben und Denken, wobei er sich auf die Bibel und die verschiedensten Philosophen berief.

Für Luther existiert diese Synthese nicht. Die Denkfähigkeit des Menschen ermöglicht eine natürliche Erkenntnis vom Dasein Gottes und die Einsicht in naturrechtliche Normen wie die »Goldene Regel«, sie erschließt das notwendige Wissen und Urteilsvermögen im weltlichen Raum, aber sie führt nicht in *die* Wahrheit, die nur Gottes Geist offenbaren kann. Das Denken ist natürlich auch notwendig, um Irrtümer zu erkennen und widerlegen zu können. Dafür schätzt Luther die Logik und Dialektik. Nicht zuletzt muss der denkende Mensch die Grenzen seiner Denkfähigkeit erkennen und respektieren.

Im Marxismus wurde behauptet, der Mensch könne denkend alle für das Leben wesentlichen Dinge erklären, während religiöser Glaube die Wirklichkeit nur verzerrt widerspiegele und wissenschaftlich unhaltbar sei. Auch die Vertreter des naturwissenschaftlich argumentierenden neuen Atheismus meinen, die Welt mit ihren Theorien rational deuten zu können, während die Religionen wissenschaftlich widerlegt werden. Wer denkt, könne nicht glauben. Die Giordano-Bruno-Stiftung propagiert Atheismus mit dem Slogan: »Glaubst du noch, oder denkst du schon?« Wer glaubt, ist rückschrittlich, wer denkt, ist fortschrittlich. Sowohl die Marxisten (allerdings nicht Karl Marx selber) als auch die neuen Atheisten unterstellen, die Religion wolle die Welt erklären. Darin liege ihr Sinn, und da sie das nicht leisten könne, sei sie sinnlos. Sinn und Ziel von Religion – soweit man überhaupt pauschal von ihr reden kann – liegen aber nicht darin, die Welt rational zu erklären, sondern in der Welt die Realität des

Heiligen zu erfahren, die nach christlichem Glauben über diese Welt hinausweist, sie transzendiert. Die Theologie versucht, diese Realität denkend zu deuten, wobei sie sich vor allem auf die Heilige Schrift zu beziehen hat, aber auch auf die vielfältige Wirklichkeit des gelebten Glaubens in Kirche und Gesellschaft.

Wenn die Gegner der Religion Glauben und Denken als unvereinbare Gegensätze hinstellen, übersehen sie, dass sie selber auf Glauben angewiesen sind. Dass die klassenlose Gesellschaft alle Entfremdung beseitige und soziale Gerechtigkeit bringe, ergibt sich nicht aus wissenschaftlichem Denken, sondern es ist Wunschdenken, an das man glauben muss in der Hoffnung, einmal das Ziel zu erreichen. Unter dem Anspruch, die einzige wissenschaftlich begründete Weltanschauung entwickelt zu haben, verbirgt sich eine säkularistisch-religiöse Utopie, die noch heute in Nordkorea mit brutaler Intoleranz propagiert wird. Abweichendes Denken wird wie bei der Inquisition im Mittelalter verfolgt. Es handelt sich nicht, wie die Ideologen behaupten, um einen Gegensatz zwischen wissenschaftlichem Denken und religiösem Unsinn, sondern auf der einen Seite stehen Leute, die ihre Gedanken mit Gewalt durchsetzen wollen, und auf der anderen Seite Menschen, deren Denken unterdrückt wird, damit es die Anmaßung der Mächtigen nicht gefährdet. Solchen Missbrauch der Macht haben wir leider auch in der Kirchengeschichte zu beklagen, wie die Erinnerung an die Inquisition zeigt. Ihre unheiligen Taten liegen jedoch in ferner Vergangenheit, während Christen heute noch in Nordkorea, Laos und China unterdrückt werden.

Glauben gibt es nicht ohne Denken, und auch das Denken kommt nicht ohne Glauben aus, aber beides geschieht je für sich sehr unterschiedlich. Unser ältester Sohn sagte im Alter von fünf Jahren beim Anblick eines Flugzeugs: »Da muss der liebe Gott aber den Kopf einziehen, wenn so ein Flugzeug über den Himmel braust!« Für ein fünfjähriges Kind war das ein Ergebnis logischen Denkens: Gott ist im Himmel, denn wir beten: »Vater unser im Himmel«. Als Erwachsener, der Physik studierte, weiß das einstige Kind, dass der Himmel der Flugzeuge vom Himmel des Glaubens zu unterscheiden ist, und er stellt sich Gott nicht mehr als Mensch (anthropomorph) vor. Viele Menschen bleiben jedoch auf der Stufe kindlicher Denkformen und Vorstellungen stehen. Psychologisch nennt man das infantil. Sie verwechseln den Glauben mit infantilem Denken, und viele erklären dann, als denkende Menschen könnten sie nicht glauben.

Andererseits gibt es glaubende Menschen, die sich selber oder auch anderen das Denken verbieten, weil sie kritisches Denken und Zweifel mit Unglauben verwechseln und einen Dominoeffekt befürchten: Wackelt ein Stein, fällt alles in sich zusammen. Solche Angst beruht auf verkürztem Denken. ›Wo der Geist des Herrn ist, da ist Freiheit‹ (2Kor 3,17), auch die Freiheit zum Denken. ›Die Wahrheit wird euch frei machen‹ (Joh 8,32), und den Jüngern ist verheißen, dass Gottes Geist sie in alle Wahrheit leitet (Joh 16,13). Darauf darf die Kirche vertrauen, obwohl die Kirchengeschichte zeigt, dass sie sich oft auf Irrwege verführen ließ, was Luther als Werk des Teufels deutete. Natürlich irren sich auch die einzelnen Gläubigen und brauchen die Korrektur durch die Gemeinschaft. Im konkreten Fall ist das für die Betroffenen schmerzhaft, und im Protestantismus neigen wir dazu, bei Differenzen mit der eigenen Kirche sie zu verlassen und gegebenenfalls eine andere zu suchen oder gar zu gründen.

Im Laufe der Geschichte änderte sich das Verhältnis von Glauben und Denken. Grob vereinfacht lässt sich sagen: Bis zur Aufklärung waren die wesentlichen Glaubensinhalte allgemein akzeptiert, es galt nur, sie denkend zu durchdringen, wobei auch im Detail Streitfragen diskutiert wurden. »Ich glaube, damit ich verstehe« (*credo ut intelligam*), hieß die Losung. Seit der Aufklärung stehen auch die wesentlichen Inhalte des Glaubens zur Diskussion. »Ich glaube nur, was ich verstehe«, sagt der radikale Rationalist. Der große Philosoph Immanuel Kant (1724–1804) formulierte drei Fragen als die Grundprobleme der Philosophie, Fragen, die jeden denkenden Christen beschäftigen:

– Was kann ich wissen?
– Was soll ich tun?
– Was darf ich hoffen?

Wissen im strengen Sinn, wie es die Mathematik und die Naturwissenschaft vermitteln, können wir nicht auf Gott anwenden. Kant bringt die Gottesfrage in Verbindung mit den beiden anderen Fragen. Er erklärt die Willensfreiheit, die Unsterblichkeit der Seele und die Existenz Gottes als »Postulate der praktischen Vernunft«, das heißt, es handelt sich um moralische Notwendigkeiten, deren Realität der Vernunft einleuchtet.«Die Religion innerhalb der Grenzen der bloßen Vernunft« heißt eine Schrift Kants, in der er die praktische Vernunft zum Maßstab für die Glaubensinhalte erhebt. Die praktische Vernunft orientiert sich am »kategorischen Imperativ«, der mit der »Goldenen Regel« übereinstimmt. Wie erwähnt, sah auch Luther in der Goldenen Regel die Zusammenfassung des Naturgesetzes. Im Verständnis des Glaubens und der Vernunft liegen jedoch Welten zwischen Kant und Luther. Zwar wurde Kant mitunter »Philosoph des Protestantismus« genannt, weil das Gewissen bei ihm wie bei Luther wesentliche Bedeutung hat, doch ist er vom Denken der Reformatoren weit entfernt. Er ist der größte Denker der Aufklärung, die er als »Ausgang aus der selbst verschuldeten Unmündigkeit« definierte. Aufklärung heißt für ihn aber nicht Beseitigung des Glaubens durch das Wissen, sondern er sagt im Gegenteil: »Ich musste das Wissen aufheben, um zum Glauben Platz zu bekommen«.

Kants Einfluss nicht nur auf die evangelische, sondern auch auf die katholische Theologie ist stark, aber auch der eine Generation jüngere Georg Wilhelm Friedrich Hegel (1770–1831) wirkte nachhaltig auf die Theologie ein. »Was vernünftig ist, das ist wirklich: und was wirklich ist, das ist vernünftig«, heißt ein Kernsatz Hegels. Wissen und Glauben, Theologie und Philosophie wollte Hegel, der selber Theologie studiert hatte, in Einklang bringen. Mit Luther beginnt für Hegel eine neue Ära der Geistesgeschichte, in der die Freiheit des Geistes an die Stelle äußerer Autorität tritt und das »Prinzip der Subjektivität« sich entfalten kann. »Der Mensch ist durch sich selbst bestimmt frei zu sein«, sagt Hegel (Ebeling, WuG 3,35). Die Freiheit ist bei ihm allerdings nicht wie bei Luther durch die Bindung an Gottes in der Heiligen Schrift gegebenes Wort und durch die Einbindung in die Gemeinde begrenzt. Hegels Versuch einer Synthese von Wissen und Glauben hat auf die folgenden Generationen weniger ausgestrahlt als die Religionskritik des Linkshegelianers Ludwig Feuerbach, der sich ebenfalls mit Luther befasste, den Glauben aber als Projektion menschlicher Wünsche und Vorstellungen kritisierte. Hegel wusste, dass menschliche Vorstellungen von Gott vom Sein Gottes selber zu unterscheiden sind. In dieser Unterscheidung erkennt die menschliche Vernunft ihre Grenzen. Möglichkeiten und Grenzen des Denkens zu erkunden und zu bedenken, ist eine Aufgabe jeder Bildung.

Kirche und Schule

Am Anfang der Reformation zeichnete sich die Gefahr ab, dass das vorhandene Schulwesen Schaden litt. Der spiritualistische Flügel der Reformatoren hielt die herkömmliche Bildung für unnütz oder gar schädlich und schloss hier und da die Schulen. Die mit Klöstern verbundenen Schulen verloren teilweise ihre Existenzgrundlage. Schon 1520 wandte sich Luther deshalb »An den christlichen Adel deutscher Nation« mit der Forderung, in jeder Stadt Schulen für Knaben und Mädchen einzurichten. 1524 appelliert er »An die Ratsherrn aller Städte deutschen Landes, dass sie christliche Schulen aufrichten und halten sollen«.

Der Teufel ist daran interessiert, die Kinder von der Schule fernzuhalten, damit sie nicht befähigt werden, Gott in der Kirche und in der Welt zu dienen. Luther beklagt, dass viele Eltern ihre Pflichten an den Kindern vernachlässigen. Etliche sind nicht so fromm und redlich, diese Aufgabe zu erfüllen, obwohl sie es könnten. »Wie die Strauße verhärten sie sich gegen ihre Jungen und lassen's dabei bleiben, dass sie die Eier von sich geworfen und Kinder gezeugt haben, mehr tun sie nicht dazu« (Cl 2,447,39–448,2). Der größte Teil der Eltern weiß nicht, wie man Kinder erziehen und lehren soll, weil sie es selbst nicht gelernt haben. Eine dritte Gruppe wäre fähig und würde gern das Nötige tun, schafft es aber vor anderen Pflichten nicht. Deshalb muss die Obrigkeit handeln, denn das Wohlergehen der Stadt hängt davon ab, »dass sie viele feine, gelehrte, vernünftige, ehrbare, wohl erzogene Bürger hat« (448,32 f.), die für Wohlstand sorgen.

1530 folgte »Eine Predigt, dass man Kinder zur Schulen halten solle«. Es bestand noch keine allgemeine Schulpflicht, und die Schrift, die den Umfang einer Predigt überschreitet, zeigt, wie viel Luther daran lag, die Eltern zum Schulbesuch ihrer Kinder zu bewegen. Er ruft die Prediger auf, den Eltern ins Gewissen zu reden, und er geht wieder davon aus, wie sehr dem Teufel daran liegt, die Schulbildung zu hintertreiben. Positiv hält er den Lesern vor, welcher Nutzen für die Menschen daraus entsteht, wenn gut ausgebildete Leute ihre Ämter als Pfarrer, Schulmeister oder in weltlichen Diensten segensreich ausüben. So geschehen die guten Werke, die Gott von uns erwartet. Wie das Predigtamt aus Teufelsdienern Gotteskinder macht, »so ist es des weltlichen Regiments Werk und Ehre, dass es aus wilden Tieren Menschen macht und Menschen erhält, dass sie nicht wilde Tiere werden« (Cl 4,163,6–8). Luther versichert, er würde für den Fall, dass er das Predigtamt aufgeben müsste, kein anderes Amt übernehmen als das des Schulmeisters. »Denn ich weiß, dass dieses Werk nächst dem Predigtamt das allernützlichste, größte und beste ist, und weiß dazu noch nicht, welches unter beiden das beste ist, denn es ist schwer, alte Hunde zu bändigen und alte Schälke fromm zu machen, woran doch das Predigtamt arbeitet und viel umsonst arbeiten muss; aber die jungen Bäumlein kann man besser biegen und ziehen, ob gleich auch etliche drüber zerbrechen. Lieber, lass es der höchsten Tugend eine sein auf Erden, fremden Leuten ihre Kinder treulich erziehen, welches gar wenig und schier niemand tut an seinen eigenen« (174,20–28).

Bemerkenswert ist, wie kritisch Luther die erzieherischen Bemühungen der Eltern beurteilt. Er beklagt die fehlende Bereitschaft, die nötigen finanziellen Mittel für die Schulen aufzubringen, und er ruft die Obrigkeit auf, sie möge die Eltern »zwingen, ihre Kinder zur Schulen zu halten« (177,21). Kann sie die Leute zum Kriegsdienst zwingen, so ist sie viel mehr befugt, im geistigen Krieg gegen den Teufel die Eltern zum Schulbesuch ihrer Kinder zu nötigen. Sind die Eltern dafür zu arm, soll ihnen aus kirchlichen Mitteln geholfen werden. Die Reichen fordert Luther auf, testamentarisch Stipendien zu stiften, die zwar keine Seelen aus dem Fegefeuer erlösen, aber helfen, dass die Lebenden nicht ins Fegefeuer kommen, sondern aus der Hölle erlöst werden und gen Himmel fahren (178,3–9). Erziehung und Bildung sind also nicht nur weltliche Dinge, sondern gute Werke im Gehorsam gegen Gott unter der Verheißung seines Segens.

Schulbildung ist also eine für die Kirche äußerst wichtige Aufgabe, die aber nur zusammen mit den Eltern und der Obrigkeit erfüllt werden kann. 1543 gründete Herzog Moritz von Sachsen die Fürstenschulen in Meißen und (Schul)Pforta, die bis heute als Landesgymnasien bestehen. So entstand allmählich neben dem kirchlichen ein staatliches Schulwesen, in dem allerdings die Kirche erheblichen Einfluss ausübte. Der von Luther hochgeschätzte Lehrerberuf war dem Pfarramt untergeordnet und besonders auf dem Land weithin so schlecht besoldet, dass die Lehrerfamilie sich bis ins 18. Jahrhundert meist nur ernähren konnte, indem der Schulmeister zugleich als Küster und Kantor arbeitete und seine Familie noch einen Acker bearbeitete. Im Schulgebäude befanden sich der Schulraum, der manchmal zugleich als Wohnzimmer diente, und der Stall für eine Kuh und ein Schwein. Das Pfarrhaus war geräumiger und das Einkommen des Pfarrers höher, aber auch viele Pfarrfamilien lebten ärmlich. Dem niedrigen Lebensstandard entsprach meist ein schwaches Leistungsniveau, und der Pfarrer befand sich als Dienstvorgesetzter des Schulmeisters nicht selten in der unangenehmen Lage, die mangelhaften Fähigkeiten des Lehrers zu kritisieren und dem Schulrat mitzuteilen, der zum Konsistorium gehörte.

Natürlich gab es zu jeder Zeit tüchtige Lehrer und Pfarrer, die harmonisch zusammenarbeiteten. Die Zuordnung der Institutionen Kirche und Schule enthielt jedoch einigen Konfliktstoff, und die Lehrerschaft strebte mehr und mehr nach Emanzipation von der Kirche, die sich mit der Aufklärung anbahnte und in den Städten, besonders in den Gymnasien, eher erreicht wurde als auf dem Land. Das Allgemeine Preußische Landrecht von 1794 erklärte die Schule zur staatlichen Veranstaltung, die der Aufsicht des Staates unterworfen sein sollte. Die Pädagogik begann sich als selbständige, von der Theologie unabhängige Wissenschaft zu entwickeln. Im 19. Jahrhundert setzten sich namhafte Pädagogen wie Johann Friedrich Herbart (1776–1841) und Friedrich Adolph Wilhelm Diesterweg (1790–1866) dafür ein, das Erbe der Aufklärung im Gegensatz zu restaurativen politischen und theologischen Kräften in den Schulen zur Geltung zu bringen. Von Johann Heinrich Pestalozzi angeregt, sah Herbart das Ziel der Erziehung in der Charakterbildung, die zur individuellen Mündigkeit führen sollte. Einflüsse der Aufklärung zeigen sich in der Betonung der Moral. Diesterweg engagierte sich nicht nur theoretisch, sondern auch in der Politik für eine Demokratisierung der Schulen, für ihre Selbständigkeit gegenüber den Kirchen, für einen gemeinsamen Religionsunterricht statt dessen konfessioneller Trennung und für eine Aufwertung des Lehrerstandes einschließlich höherer Besoldung besonders der Grundschullehrer. Ein wichtiges Ziel der Schulpolitik Diesterwegs bestand darin, den Kindern aller Schichten gleiche Bildungs- und damit Aufstiegschancen zu eröffnen.

In den kommunistisch regierten Ländern führte diese genuin demokratische Zielstellung zu einer Benachteiligung der bürgerlichen Schicht sowie der Kinder und Jugendlichen aus christlichen Familien. Als Voraussetzung für den höheren Bildungsweg wurden politische Leistungen verlangt, die in keinem sachlichen Zusammenhang mit Bildung standen, auch wenn man berücksichtigt, dass das Bildungsziel als »allseitig gebildete sozialistische Persönlichkeit« definiert wurde. Von der »sozialistischen Persönlichkeit« erwarteten die Machthaber, dass sie sich vom Willen der Partei leiten lässt, die sich anmaßte, immer Recht zu haben. Lothar de Maizière, der einzige demokratisch gewählte Ministerpräsident der DDR, stellte seine Erinnerungen an die Friedliche Revolution 1989/90 unter den Titel: »Ich will, dass meine Kinder nicht mehr lügen müssen«. Das Schlimmste am Bildungswesen unter kommunistischer Herrschaft war die Nötigung zur Unwahrheit und zum Opportunismus. Die Kinder lernten schnell, dass sie in der Schule sagen müssen, was die Lehrer hören wollen, nicht aber was zu Hause gesagt wird.

Seit der Mitte der 50er Jahre setzten die kommunistischen Machthaber die Jugendweihe durch und schwächten damit die Konfirmationspraxis, die bis dahin eine Stütze der Volkskirche bildete. An den Schulen begann die Verdrängung der christlichen und der bürgerlichen Teile der Bevölkerung an den Rand der Gesellschaft, womit diese ihr eigenes Potential erheblich schwächte. Die maßgeblichen Bildungspolitiker verweigerten bis zuletzt das Gespräch mit den Kirchen. Hinsichtlich der Beseitigung religiösen Denkens und kirchlicher Sitten erzielte Frau Honecker nachhaltige Erfolge, im Gegensatz zum wirtschaftlichen Desaster des DDR-Regimes. Zusammen mit der ideologischen Beeinflussung in den Massenorganisationen und Betrieben gelang es den atheistischen Propagandisten, in der Mehrheit der Bevölkerung eine tiefe Distanz zu allen Religionen, zum Christentum und zu den Kirchen zu schaffen.

Andererseits verdienen die pädagogischen Leistungen vieler Lehrerinnen und Lehrer Anerkennung. Das autoritäre System konnte durch Lehrkräfte, die sich dem Wohl der Kinder verpflichtet wussten, humanisiert werden, und die zentrale Organisation des Bildungswesens hatte gegenüber dem föderalen Durcheinander in der Bundesrepublik deutliche Vorteile. Das Bildungswesen der Bundesrepublik litt und leidet noch immer unter zu vielen Strukturdebatten und daraus folgenden Experimenten auf Kosten der Kontinuität. Pädagogische Probleme wie die Frage, ob das gegliederte Schulsystem mit dem Gymnasium ab der 5. Klasse oder möglichst langes gemeinsames Lernen besser ist, geraten in den Parteienstreit hinein, statt auf der Basis sachlicher empirischer Befunde entschieden zu werden.

Mit der Friedlichen Revolution erhielten die Kirchen in den neuen Bundesländern die Möglichkeit, ihr Verhältnis zur Schule wieder positiv zu gestalten und die Möglichkeit des Religionsunterrichts zu nutzen sowie Schulen in eigener Trägerschaft zu gründen. Anfangs verhielt sich die evangelische Kirche zurückhaltend. Die negativen Erfahrungen mit der Schule wirkten hemmend, und die Sorge, Religionsunterricht könne als schwarze Gehirnwäsche nach Abschaffung der roten missverstanden werden, verstärkte das Zögern. Außerdem fürchtete man auf evangelischer Seite, der schulische Religionsunterricht werde das Ende der Christenlehre bedeuten. Letztere erreichte zwar nur einen minimalen Teil der Kinder, galt aber als Inbegriff der kirchlichen Sorge um die junge Generation. So blieb die den Kirchen günstige Stimmung in den Jahren 1989/90 für einen Neuanfang im Verhältnis von Kirche und Schule ungenügend genutzt.

Ähnlich wie bei diakonischen Krankenhäusern hängt die Sinnhaftigkeit Evangelischer Schulen davon ab, dass das Lehrerkollegium die vom christlichen Glauben geprägte Zielstellung bejaht und fähig ist, die daraus folgende pädagogische Aufgabe in guter Qualität zu erfüllen. Das Evangelische Schulzentrum Leipzig, mit ca. 1100 Schülerinnen und Schülern die größte Schule in kirchlicher Trägerschaft in Ostdeutschland, ließ sich bei seiner Gründung 1991 von folgenden Thesen leiten:

»1. Gute Schule braucht Gestaltungsfreiheit
 2. Gute Schule braucht eine geistige Mitte
 3. Gute Schule braucht eine Lehrer-Schüler-Elterngemeinschaft, die sich freiwillig und mit Engagement und innerer Bereitschaft dieser geistigen Mitte stellt« (EvDia 2009,73).

In einer Evangelischen Schule kann nur das Evangelium diese geistige Mitte bilden. Sabine Ulrich, Leiterin des genannten Schulzentrums, schildert, wie die geistige Mitte im Schulalltag Gestalt gewinnt. Jede Woche beginnt mit einer Andacht in der Peterskirche, bei der die Teilnahme freiwillig ist. Es finden aber auch in jedem Schuljahr mehrere Gottesdienste statt, an denen alle teilzunehmen haben und die von Lehrern gemeinsam mit Schülern vorbereitet werden. Für die älteren Schülerinnen und Schüler werden freiwillige Tage außerhalb der Schule, zum Beispiel im Kloster Wechselburg angeboten, die der Orientierung und Selbstfindung dienen. Diakonische Projekte verschiedenster Art zeigen konkret, was es heißt, als Christ Verantwortung zu übernehmen und helfen, verschiedene Facetten christlichen Lebens kennenzulernen. Der Religionsunterricht ist für alle verbindlich, auch für die konfessionslosen Schüler, die das von vornherein wissen und akzeptieren. Das Miteinander christlich sozialisierter und nichtchristlicher Schülerinnen und Schüler belebt die Diskussionen. Auch zum Lehrerkollegium gehören nicht nur Christen, aber die Leitung legt Wert darauf, dass sie die Mehrheit bilden, weil die christliche Überzeugung die geistige Mitte begründet.

Als Beispiel aus dem ländlichen Raum nenne ich die Martin-Luther-Grundschule Oppin bei Halle, deren Lehrerinnen sich bemühen, die geistige Mitte im Sinne des Namenpatrons zu gewährleisten, zugleich aber Kinder aus nichtchristlichen Familien nicht auszugrenzen. Wie in Leipzig liegen Schule und Kirche räumlich dicht beieinander, und eine Religionslehrerin sorgte von Anfang an zusammen mit der Schulleiterin und Müttern dafür, dass diese Nähe den Geist der Schule prägt. In der extrem entkirchlichten Gegend um Halle wirkt eine solche Schule fast als Missionsstation, weil manche Eltern dadurch mit der Kirche in Kontakt kommen und durch ihre Kinder über den christlichen Glauben informiert werden können. Ein

Problem der Evangelischen Schule besteht in dem hohen finanziellen Bedarf, besonders in den ersten Jahren, die ohne staatliche Zuschüsse bewältigt werden müssen. Ohne Schulgeld ist das nicht möglich, und dadurch besteht die Gefahr, dass eine schichtspezifische Auslese erfolgt. Umso wichtiger ist die Unterstützung durch die EKD-Schulstiftung und andere kirchliche Quellen. So unterstützte auch das Gustav-Adolf-Werk die Martin-Luther-Schule als eine wichtige evangelische Initiative in der durch die Säkularisierung entstandenen Diaspora, in der die Kirchenmitgliedschaft selbst in den Dörfern von etwa 90 % auf rund 10 % und zum Teil noch darunter gesunken ist.

Konfessioneller Religionsunterricht?

Religions*unterricht* stand in der Übergangszeit 1990 in Ostdeutschland auch bei Christen unter dem Verdacht einer kirchlichen Vereinnahmung, während Religions*kunde* als objektive Information über die Welt der Religionen und damit auch des Christentums verstanden wurde. Solche religiöse Sachkunde fehlte in der DDR völlig, und das Angebot, diese Bildungslücke zu schließen, gab objektiv keinen Anlass, eine klerikale Einflussnahme zu unterstellen. Die katholische Kirche entschied sich schnell für den konfessionellen Religionsunterricht, obwohl sie nur ca. 5 % der Bevölkerung in der DDR stellte und, vom Eichsfeld und der Lausitz abgesehen, weithin bis heute nur mit Mühe die erforderlichen Schülerzahlen aufbringt.

Immer wieder erheben sich Stimmen, die wie schon

Diesterweg einen überkonfessionellen Religionsunterricht vorschlagen oder fordern. Bietet ein solcher sich heute noch mehr als vor 150 Jahren an? Viel stärker als damals ist die Bevölkerung konfessionell durchmischt, und viel weniger als in Diesterwegs Zeit verstehen die Leute die Unterschiede zwischen katholischer und evangelischer Lehre. Die ökumenische Bewegung macht das Gemeinsame bewusst, das in einer säkularen Umwelt von größerem Gewicht ist als die Eigenheiten der Kirchen. Sprechen nicht auch pädagogische Gründe dafür, die Kinder im Klassenverband zu lassen, statt sie zu trennen? Argumente dieser Art führten in Brandenburg zum Lehrfach LER (Lebensgestaltung, Ethik, Religionskunde) anstelle des konfessionellen Religionsunterrichtes nach Art. 7 (3) GG, der durch Ethik ersetzt werden kann. In Bremen gibt es auf Grund von Art. 141 GG (»Bremer Klausel«) einen »bekenntnismäßig nicht gebundenen Unterricht in Biblischer Geschichte auf allgemein christlicher Grundlage« als ordentliches Lehrfach für alle, also ohne Wahlmöglichkeit. Berlin führte auf der gleichen Gesetzesbasis Ethik als Pflichtfach ein und bietet zusätzlich freiwilligen Religionsunterricht an. Ein Volksentscheid für einen gleichberechtigten Religionsunterricht scheiterte 2009, wobei die atheistische Humanistische Union gemeinsam mit anderen linken Kräften gegen den gleichberechtigten Religionsunterricht kämpfte. In der SPD etabliert sich gegenwärtig eine laizistische Gruppe, die den Religionsunterricht ganz abschaffen will. Sollten dann nicht alle Kräfte der Kirchen sich auf einen gemeinsamen Religionsunterricht konzentrieren?

Trotz allem spricht mehr für als gegen einen konfessionellen Religionsunterricht. Natürlich ist es möglich, den Unterricht als überkonfessionell oder allgemein christlich zu bezeichnen, doch dann handelt es sich entweder um Etikettenschwindel oder um eine Oberflächlichkeit, die dem Wesen jeder Religion widerspricht. Etikettenschwindel liegt vor, wenn die Lehrperson ihre Bekenntnisposition einnimmt, sie aber nicht zu erkennen gibt. Sie ist zum Beispiel lutherisch orientiert, gibt darüber aber keine Rechenschaft, auch nicht, wenn sie über typisch Katholisches informiert. Oder sie stellt Unterschiede dar, ohne die eigene Meinung kundzutun, womit sie Orientierung schuldig bleibt. Etikettenschwindel liegt auch vor, wenn unter der Bezeichnung LER die Religionen nur am Rande erscheinen und von religiös uninteressierten Lehrkräften dargeboten werden.

Anzustreben ist eine möglichst weitgehende Kooperation der Konfessionen im Religionsunterricht. Dabei bleibt für die Kinder und Jugendlichen erkennbar, welche Konfession jeweils vertreten wird, worin ihre Eigenheit besteht und wo das Gemeinsame vorliegt. So kommen die verschiedenen Positionen ins Gespräch und den Schülern wird geholfen, sich ihre eigene Meinung zu bilden, aber auch andere Meinungen zu verstehen und zu tolerieren. Außerdem können die Lehrkräfte der verschiedenen Konfessionen – in der Regel der katholischen und evangelischen – sich gegenseitig vertreten und unterstützen, zum Beispiel bei gemeinsamen Ausflügen oder Projekten. Wo die Möglichkeit besteht, sollte solche Zusammenarbeit auch mit jüdischen und moslemischen Religionslehrern gesucht werden. Da islamischer Religionsunterricht auf der politischen Agenda steht und die Ausbildung islamischer Religionslehrer an deutschen Universitäten begonnen hat, wird die gegenseitige Verständigung und Zusammenarbeit an Bedeutung zunehmen.

Schüler des Katechismus bleiben

In der Vorrede zum Großen Katechismus von 1529 erregt Luther sich über die Pfarrer, die als »schändliche Fresslinge und Bauchdiener« lieber »Säuhirte oder Hundeknechte sein sollten denn Seelenwärter und Pfarrherren« (BSLK 546,6–9). Er ärgert sich darüber, dass viele sich über den Katechismus erhaben dünken und seinen Inhalt zu kennen meinen, wenn sie ihn einmal gelesen haben. Dagegen bekennt er: »Ich bin auch ein Doktor und Prediger, ja so gelehrt und erfahren, wie die alle sein mögen, die solche Vermessenheit und Sicherheit haben. Noch tue ich wie ein Kind, das man den Katechismus lehrt, und lese und spreche auch von Wort zu Wort des Morgens und wenn ich Zeit habe das Vaterunser, die zehn Gebote, Glaube, Psalmen etc und muss noch täglich dazu lesen und studieren und kann dennoch nicht bestehen, wie ich gerne wollte, und muss ein Kind und Schüler des Katechismus bleiben und bleib's auch gerne« (547,29–548,6). Die grundlegenden Inhalte des Glaubens sind immer neu anzueignen, niemand wird jemals damit fertig. 1529 hatte Luther auch den Kleinen Katechismus veröffentlicht, nachdem er bei der Visitation eine schlimme Unwissenheit in Glaubensdingen feststellen musste. Die Texte des Kleinen Katechismus sollten nach damals üblicher Methode zuerst auswendig gelernt und dann erklärt werden. Die erklärenden Antworten auf die Frage »Was ist das?« regen an, den Text weiter zu überdenken, ihn meditativ zu durchdringen und aufzunehmen. Je mehr das jemand tut, desto mehr wird er erkennen, wie wenig er davon weiß und wie viel er daran zu lernen hat (553,17–19). Der Glaube ist Gegenstand eines Wissens, das erworben werden muss, aber nicht im Sinne einer objektiven Gegebenheit, die ich zur Kenntnis nehme, um dann zur Tagesordnung überzugehen.

Das Leben eines Christenmenschen ist ein ständiges Werden und darum immerwährendes Lernen, es »ist nicht ein Frommsein sondern ein Frommwerden, nicht ein Gesundsein sondern ein Gesundwerden, nicht ein Sein sondern ein Werden, nicht eine Ruhe sondern eine Übung. Wir sind es noch nicht, wir werden es aber. Es ist noch nicht getan und geschehen, es ist aber im Gang und Schwang. Es ist noch nicht das Ende, es ist aber der Weg« (StA 2,333,10–15). Auf diesem Weg ist der Katechismus für Luther ein unentbehrlicher Begleiter. In der Geschichte des Luthertums prägte kein anderes Buch über Jahrhunderte das Leben so stark wie der Kleine Katechismus. Seine Wirkung ist allerdings ambivalent. Luther verstand ihn als »der ganzen heiligen Schrift kurzen Auszug und Abschrift« (BSLK 552,31–33), als knappe Einführung in die grundlegenden Aussagen der Heiligen Schrift. Bemerkenswert ist, dass er einen für ihn so wichtigen Begriff wie Rechtfertigung nicht erwähnt. Er bietet keinen Grundriss der Dogmatik, sondern eine elementare Hilfe für die

Praxis des Glaubens. Unzählige Menschen fanden darin Orientierung, aber viele andere quälten sich damit, unverstandene Texte auswendig zu lernen, um sie bald nach der Konfirmation zu vergessen. Als ich 1947 in einer sächsischen Dorfgemeinde konfirmiert wurde, mussten wir alle fünf Hauptstücke des Kleinen Katechismus samt Erklärungen auswendig lernen, was zum großen Teil mechanisch geschah. Wir lernten, dass wir »nicht afterreden oder bösen Leumund machen« sollen, und dachten uns nicht viel dabei. 30 Jahre später war es ernüchternd, in theologischen Examina nach dem Kleinen Katechismus zu fragen. Von seinem 450. Geburtstag 1979 nahmen die Katechetik und die Religionspädagogik nur beiläufig Kenntnis, und nur noch besonders mutige Pfarrer gebrauchten ihn im Konfirmandenunterricht, der auch nicht mehr »Unterricht« hieß sondern »Arbeit mit Konfirmanden«.

Heute ist zu überlegen, ob der Kleine Katechismus neu für Glaubenskurse mit Erwachsenen dienen kann. Kants Fragen, was ich wissen kann, was ich tun soll und was ich hoffen darf, lassen sich anhand der fünf Hauptstücke bedenken und diskutieren. Nach Luther enthält der Katechismus, was »ein jeglicher Christ notwendigerweise wissen soll, also dass, wer solches nicht weiß, nicht könnte unter die Christen gezählt und zu keinem Sakrament zugelassen werden« (BSLK 554,1–4). In den evangelischen Kirchen setzte sich deshalb die Praxis durch, dass die Zulassung zum Abendmahl die Konfirmation voraussetzte. Die Kommunikanten sollen wissen, was im Heiligen Mahl geschieht, sie sollen auch wissen, was die Taufe für sie bedeutet. Dieses Wissen unterscheidet sich von Kants »reiner Vernunft«, denn es kommt nur im Glauben zu seinem Ziel. Es ist ein Wissen im Sinne von Ernst Moritz Arndts Bekenntnis: »Ich weiß, woran ich glaube« (EG 357).

Die Frage, was ich tun soll, erfordert Wissen, das in der wissenschaftlichen Ethik erarbeitet wird und in elementarer Zusammenfassung im Dekalog, dem ersten Hauptstück des Kleinen Katechismus, vorliegt. Heute gehört viel Wissen, oft in komplizierten Fragen, dazu, um zum Beispiel zu entscheiden, welche Konsequenzen sich aus dem 5. Gebot »Du sollst nicht töten« oder dem 7. Gebot »Du sollst nicht stehlen« ergeben. Es lohnt sich auch, Kants Frage nach der Hoffnung auf den Katechismus, zu beziehen. Für Luther stehen alle Gebote Gottes unter dem Vorzeichen seiner Zusage: »Ich bin der Herr dein Gott«. Ehe Gott etwas von mir fordert, spricht er mir seine Verheißung zu, die Grundlage jeder Hoffnung: »Was willst Du mehr haben oder begehren, als dass er Dir so freundlich verheißt, er wolle Dein sein mit allem Guten, Dich schützen und helfen in allen Nöten?« (BSLK 570,13–17). 1Petr 3,15 ruft die Glaubenden auf: ›Seid allezeit bereit zur Verantwortung vor jedermann, der von euch Rechenschaft fordert über die Hoffnung, die in euch ist‹. Für »Rechenschaft« steht im Urtext »Apologie«. Gemeint ist die Fähigkeit, über die Hoffnung Rede und Antwort zu stehen, sie gegenüber Fragenden und Ablehnenden zu vertreten. Dafür ist es nötig, dass Glauben und Bildung sich verbinden.

Kapitel 11

Luther und die Juden

Julius Streicher, einer der übelsten antisemitischen Hetzer im Gefolge Hitlers, berief sich im Nürnberger Prozess gegen die Hauptkriegsverbrecher auf Luther. Auch ernsthaftere Leute stellten eine Verbindung zwischen dem Reformator und Hitler her, weil Luther 1543 in seiner Schrift »Von den Juden und ihren Lügen« schändliche Forderungen aufstellte, die den Holocaust vorzubereiten schienen. Luther forderte erstens, die Synagogen zu verbrennen, zweitens die Häuser der Juden zu zerstören, drittens ihnen ihre Betbücher zu nehmen, viertens den Rabbinern die Predigt zu verbieten, fünftens den Juden das freie Geleit zu verweigern, sechstens ihnen das Zinsnehmen zu verbieten und siebentens die gesunden jungen Juden zu zwingen, dass sie ihren Lebensunterhalt durch körperliche Arbeit verdienen. So schlimm diese Forderungen sind, enthalten sie keine Aufforderung zum Töten. Angriffe auf den Leib und das Leben von Juden bis hin zur grausamen Verbrennung fanden im Mittelalter häufig statt, werden von Luther aber ausdrücklich verworfen. Eine direkte Verbindung seiner judenfeindlichen Ausfälle mit den Verbrechen der Nazis lässt sich nicht herstellen, zumal die Schrift von 1543 durch judenfreundliche Äußerungen Luthers teilweise korrigiert wird. Luther war kein Antisemit, denn ihn interessierte die Rassenfrage überhaupt nicht. Außerdem müssen die negativen Aussagen auf dem Hintergrund der im Mittelalter und noch in der frühen Neuzeit verbreiteten Judenfeindlichkeit verstanden werden, auch wenn sie damit nicht zu rechtfertigen sind. Es ist aber ein Anachronismus, wenn man die nach Auschwitz gültigen Einsichten bei Menschen erwartet, die 500 Jahre früher lebten. Dennoch bleibt die Frage, wie die Judenfeindschaft einst und heute zu erklären ist und welche Folgerungen sich für die Kirchen der Reformation aus ihrer historischen Schuld ergeben.

Dass Jesus Christus ein geborener Jude sei

1521 wandte Luther sich gegen das Verbrennen jüdischer Schriften mit dem schönen Satz: »Feuer, sagt man, hebt keine Argumente auf« (StA 2,422,1). Im Gegensatz zu der verbreiteten judenfeindlichen Stimmung fordert er, die Juden »nicht so unfreundlich zu behandeln« (StA 1,362,13), zumal viele Christen sich ärger verhalten als Juden und Heiden. Unchristliches Verhalten bringt keinen Juden zu Christus. 1523 erklärt Luther in der Schrift »Dass Jesus Christus ein geborener Jude sei«, wenn er Jude gewesen wäre und gesehen hätte, welche Tölpel den Christenglauben regieren, wäre er eher eine Sau geworden als ein Christ (WA 11,314,31). Luthers Hoffnung richtet sich aber darauf, dass etliche Juden zum Glauben an Christus finden. Zum Christentum bekehrte Juden gab es immer wieder einmal, und Luther bezog sich in seinen späten judenfeindlichen Äußerungen auf Schriften ehemaliger Juden, die besonders abfällig über ihre einstige Religion herzogen. 1523 steht für ihn nicht die Abgrenzung sondern die Einladung im Vordergrund: »Ich hoffe, wenn man mit den Juden freundlich handelt und aus der heiligen Schrift sie säuberlich unterweist, es sollten ihrer viele rechte Christen werden« (315,14–16). Gott hat keinem Volk solche Ehre erwiesen wie den Juden. Luther wendet sich gegen die den Juden angedichteten Gräuelmärchen wie die Behauptung, sie würden Christenblut trinken, und er verlangt ihre Integration in die Gesellschaft, statt »dass man ihnen verbietet, unter uns zu arbeiten, hantieren und andere menschliche Gemeinschaft zu haben, womit man sie zum Wuchern treibt« (336,27–29).

Die späteren judenfeindlichen Ausfälle erklären sich teilweise als Reaktion der Enttäuschung darauf, dass die Hoffnung der Bekehrung von Juden sich nicht erfüllte. Es wäre wieder ein Anachronismus, von Luther die Toleranz zu verlangen, die sich erst mit der Aufklärung allmählich durchsetzte und bis heute nicht weltweit akzeptiert ist. Die Reformatoren lebten nicht in einer pluralistischen, sondern in einer religiös homogenen Gesellschaft, in der die Mehrheit eine anders geartete Minderheit als Störfaktor empfand und ausgrenzte. Wie Calvin in Genf fühlte Luther sich in Wittenberg und in seinem weiteren Einflussbereich dafür verantwortlich, dass das evangelische Bekenntnis das kirchliche und gesellschaftliche Leben bestimmt. Die jüdische Religion stand diesem Bekenntnis entgegen, und es empörte Luther, wenn Juden sich abfällig über Christus, Maria, die Trinität und andere christliche Dogmen äußerten. Luther erfuhr auch von angeblicher Mission der Juden unter Christen in Böhmen, die zu Konversionen zum Judentum geführt hätten. Zugleich resignierte er im Blick auf die Möglichkeit, Juden zum Christentum zu bekehren. Wie wichtig ihm das Thema war, zeigt seine »Vermahnung wider die Juden« im letzten Gottesdienst, am 15. Februar 1546 in Eisleben, die mit den Sätzen schließt:

> »Wollen sich die Juden zu uns bekehren und von ihrer Lästerung und was sie uns sonst getan haben aufhören, so wollen wir es ihnen gerne vergeben. Wo aber nicht, so sollen wir sie auch bei uns nicht dulden noch leiden« (WA 51,196, 14–17).

Diese harten Worte fielen auf einer Reise, die dem Frieden in Luthers Mansfelder Heimat galt. Es sprach sie ein Mann, der bereits ahnte, dass seine letzte Reise bevorstand. Dass ausgerechnet in dieser Situation sein letztes Wort von Unduldsamkeit zeugte, ist schwer zu verstehen, zumal kein akuter Anlass vorlag, die Juden auf die Tagesordnung zu setzen. Wie stark das negative Urteil über die Juden Luthers Denken am Ende seines Lebens bestimmte, zeigt ein Brief an seine Käthe aus Eisleben vom 1. Februar 1546, in dem er von einem Schwächeanfall auf der Fahrt von Wittenberg über Halle nach Eisleben berichtet. Er gibt sich selbst die Schuld für diesen Vorfall, bemerkt aber: »Wenn du dagewesen wärest, so hättest du gesagt, es wäre der Juden oder ihres Gottes Schuld gewesen. Denn wir mussten durch ein Dorf hart vor Eisleben, da viel Juden

innen wohnen, vielleicht haben sie mich so hart angebla-
sen« (Cl 6,425 f.). Merkwürdig ist, dass Luther sich einerseits selbst für verantwortlich erklärt, andererseits aber
seiner Frau unterstellt, sie würde den Juden die Schuld
zuschieben. In Unterrissdorf sei ihm ein so kalter Wind
ins Barrett gedrungen, »als wollt mirs das Hirn zu Eis
machen«, und diese Kälte habe wohl zu einem Schwin-
delanfall beigetragen. Kurios ist der Gedanke, daran könnten die im Dorf lebenden Juden schuld sein, und befremd-
lich die Äußerung, »ihres Gottes Schuld« könne es
gewesen sein, als hätten der Gott der Juden und der Christen nichts miteinander zu tun. Hier liegt eine private Mitteilung vor, deren Verfasser nicht an eine Veröffentlichung
dachte, aber es ist bemerkenswert, dass der große Reformator so törichten Gedanken Raum geben konnte.

500 Jahre später besteht freilich kein Grund, dass wir
uns über Luther erhaben dünken, wenn wir die weitere
Geschichte der Juden bedenken. Die Aufklärung brachte
zwar den Gedanken der Toleranz, aber die blutigsten Verfolgungen der Juden fanden nach ihr statt, und am
schlimmsten verging sich dabei unser deutsches Volk, aus
dem Kant und Lessing hervorgegangen waren. Bei ihren
Verbrechen fanden die Nazis bereitwillige Helfer in fast
allen von ihnen besetzten Ländern, besonders in Ost-
europa, und bis zum bitteren Ende im eigenen Land, als
die Befreiung durch die Siegermächte schon vor der Tür
stand. Eine Minderheit der angeblich überlegenen arischen
Rasse setzte sich unter Lebensgefahr für die Verfolgten
ein, aber die große Mehrheit wurde aktiv oder passiv mit-
schuldig. Nach dem Krieg kam die Frage auf, ob deutsche

Christinnen und Christen angesichts des Holocaust noch Judenmission treiben dürfen. Eine Meinung lautete, wir seien in besonderer Weise den Juden das Evangelium schuldig, das durch die Verbrechen der Nazis verraten worden war. Dagegen wurde mit Recht eingewandt, dass wir Deutschen gegenüber den Juden die Glaubwürdigkeit verloren haben, ohne die keine Mission möglich ist.

Ein anderes Argument theologischer Art lehnt Judenmission mit der Begründung ab, dass Gottes Bund mit Israel gültig bleibt und daher der Heilsweg über das jüdische Gesetz keine Bekehrung zu Jesus als Erlöser erfordert. Wer diese Meinung konsequent vertritt, gibt die christliche Überzeugung auf, dass in keinem anderen als Christus das Heil gegeben ist (Apg 4,12) und kein Weg zum Vater führt als er (Joh 14,6). Christliche Identität ist nicht möglich ohne den Glauben an Christus als den Heiland, den für die Menschen Gestorbenen und Auferstandenen. Die Ersten, die das glaubten, waren Juden, und auch heute gibt es die sogenannten messianischen Juden, die sich in unterschiedlicher Weise der jüdischen Tradition verpflichtet wissen und zugleich an Jesus als den gekommenen Messias glauben. Die meisten von ihnen stammen aus der ehemaligen Sowjetunion und leben über die Welt verstreut, vor allem in den USA, wo sie nach manchen Statistiken rund 300 000 Mitglieder haben sollen, in geringer Zahl aber auch in Israel und Deutschland. Sie bilden keine organisierte Einheit und zerfallen in Gemeinden, die sich an die Gesetze der Tora gebunden fühlen, und solche, die sich nicht daran halten, aber jüdisches Brauchtum pflegen und zum Beispiel ihre Gottesdienste am Sabbat feiern.

Von jüdischer Seite werden beide nicht als Juden anerkannt, und die von den »messianischen Juden« betriebene
Mission unter Juden stößt bei Letzteren auf heftigen Protest. Theologisch gehören die »messianischen Juden« zu
den evangelikalen Gemeinschaften, die die Mündigen-
taufe praktizieren.

Mission geschah in der Vergangenheit oft aus einem
Gefühl der Überlegenheit und nicht selten aus einer
Machtposition heraus. Das gilt auch für Luthers Einladung an die Juden, die sich an eine unterdrückte, rechtlich
krass benachteiligte Minderheit richtete. Weltweit blieben
die Juden eine Minderheit, aber in allen Rechtsstaaten genießen sie die Bürgerrechte, und auf der religiösen Ebene
leben sie als Partner, die den Dialog auf Augenhöhe pflegen oder ablehnen können. Im deutschen Sprachraum begann ein solcher Dialog schon im 17. Jahrhundert, als Johann Christoph Wagenseil (1633–1705) das Gespräch mit
jüdischen Gelehrten suchte, um das Judentum besser zu
verstehen und so Juden das Evangelium nahebringen zu
können. Von ihm ließ sich der Hallesche Pietist Johann
Heinrich Callenberg (1694–1760) anregen, ein »Institu-
tum Iudaicum et Muhammedicum« zu gründen, in dem
die jüdische Religion mit dem Ziel der Judenmission erforscht wurde. Die Bedeutung dieser Arbeit lag mehr in
der Pflege positiver Beziehungen zwischen Christen und
Juden als in der Bekehrung der Letzteren, die relativ selten
erfolgte.

Von jüdischer Seite setzte sich besonders der aufgeklärte
Philosoph Moses Mendelssohn (1729–1786) für einen
Dialog mit dem Christentum und für die Gleichberechti-

gung der Juden ein. König Friedrich II. honorierte seine Leistungen, indem er ihm die den Juden vorenthaltenen vollen Bürgerrechte erteilte. Nebenbei sei bemerkt, dass der aufgeklärte König, von dem das Wort stammt, jeder möge auf seine Façon selig werden, nicht daran dachte, allen Menschen in seinem Land gleiche Rechte zu gewähren. Gotthold Ephraim Lessing, wie Mendelssohn 1729 geboren, verehrte den jüdischen Philosophen und trat wie dieser für religiöse Toleranz ein, besonders nachhaltig im »Nathan«, wo er dem jüdischen Freund in der Gestalt Nathans des Weisen ein Denkmal setzte. Im 19. Jahrhundert ließen sich zahlreiche Juden taufen, um die Bürgerrechte zu erlangen. Das bekannteste Beispiel ist Heinrich Heine (1797–1856), der den Taufzettel als sein »Entrebillett zur europäischen Kultur« bezeichnete. Der als siebenjähriges Kind getaufte große Komponist Felix Mendelssohn-Bartholdy (1809–1847), Enkel des Philosophen Moses Mendelssohn, verband dagegen in seiner Person den christlichen Glauben mit dem jüdischen Erbe.

Moses und Felix Mendelssohn könnten beispielhaft verkörpern, was mit einer jüdisch-christlichen Leitkultur in Deutschland gemeint ist, wenn es nicht besser wäre, auf diesen Begriff zu verzichten. Für den Begriff spräche die historische Tatsache, dass das Christentum aus dem Judentum hervorgegangen ist, weil nicht nur Jesus ein geborener Jude war, sondern auch seine Jünger und, wie schon Luther betont, sämtliche Verfasser der Schriften des Neuen Testaments. Für den Begriff lässt sich auch vorbringen, dass es bei aller Rivalität und Feindseligkeit viel gute Gemeinsamkeit gab, und große jüdische Denker bis in die Gegenwart trotz aller Verbrechen gegen ihr Volk immer wieder das Gespräch mit der christlichen Seite gepflegt haben. Erinnert sei an Leo Baeck (1873–1956), der als Überlebender des KZ Theresienstadt den Apostel Paulus als gläubigen Juden darstellte. Martin Buber (18/8–1965) entwarf eine Philosophie der zwischenmenschlichen Begegnung und des dialogischen Denkens und er praktizierte diese Begegnung im Dialog und in der Entdeckung bleibender Gemeinsamkeiten von Judentum und Christentum. Viele andere bis in die Gegenwart hinein wirkende Autoren wären zu nennen, wie die Philosophin jüdischer Herkunft Edith Stein (1891–1942), die als katholische Nonne in Auschwitz starb, oder der jüdische Dichter Franz Werfel (1890–1945), dessen Werke von starker Sympathie für die katholische Frömmigkeit zeugen. Trotz der vielen positiven Beziehungen, die hiermit nur angedeutet sind, ist auf den Begriff der jüdisch-christlichen Leitkultur zu verzichten, weil er der widersprüchlichen Realität nicht gerecht wird. Auf die jüdische Seite wirkt er als Vereinnahmung durch die Christen, und die anderen Nichtchristen fühlen sich durch einen solchen Begriff ausgeschlossen. Außerdem steht der Versuch, eine deutsche Leitkultur zu definieren, in der Gefahr, nationalistisch missbraucht zu werden. Die Luther-Jubiläen von 1883, 1917 und 1933 waren nicht von der Versuchung frei, Luther als den deutschen Helden zu feiern und in ihm das deutsche Wesen verkörpert zu sehen, an dem die Welt genesen sollte. Heute wäre eher zu fragen, ob von der Reformation Impulse für ein geistiges Fundament Europas ausgehen können.

Der Blick muss noch über Europa hinausreichen, zumal, wenn wir an die Juden denken. Vom Aufstand Bar Kochbas gegen die Römer (135 n. Chr.) bis zum Aufstand im Warschauer Ghetto 1943 befanden die Juden sich immer in der Situation der militärisch Unterlegenen. Mit der Neugründung des Staates Israel 1948 entstand eine Armee, die das Heft des Handelns in die Hand nehmen konnte und sich der arabischen Übermacht zu erwehren vermochte. Der Preis für das Leben im Heiligen Land ist hoch, und er muss auch von vielen Menschen gezahlt werden, die weder am Holocaust beteiligt waren noch für Terrorismus verantwortlich sind. Zu ihnen gehören die palästinensischen Christen, die in der Gefahr stehen, zwischen den Fronten der Israelis und ihrer palästinensischen Gegner zerrieben zu werden. Ein erheblicher Teil dieser Christen gehört zur Evangelisch-lutherischen Kirche, deren Bischof gegenwärtig als Präsident dem Lutherischen Weltbund vorsteht. Er wird aller Voraussicht nach beim Reformationsjubiläum 2017 in Wittenberg mitwirken, und es ist zu hoffen, dass er dann von einer verbesserten Lage seiner Kirche im Heiligen Land berichten kann. Seine Gemeindeglieder leiden unter der Mauer, die Israel gegen die Terroristen errichtete. Den Menschen in Israel ist nicht zuzumuten, dass sie den Terror ihrer Feinde wehrlos hinnehmen, und wer einen konsequenten Pazifismus vertritt, wie das einige im evangelischen Raum tun, muss erklären, wie das Existenzrecht Israels ohne Waffen gesichert werden soll. Leider gibt es keine solche Erklärung. Andererseits garantiert der Einsatz von Waffen auch keine Sicherheit. Das Dilemma ist nur lösbar, wenn die Völkergemeinschaft sich verbündet, um Israelis und Arabern zu helfen, dass sie gemeinsam Lebensmöglichkeiten finden und so die biblischen Verheißungen sich erfüllen, dass man Schwerter zu Pflugscharen umschmiedet (Jes 2,4) und Arbeitsplätze schafft, statt Flüchtlinge in Lager zu pferchen.

Die Hebräische Bibel

Viele Autoren sprechen lieber von der Hebräischen Bibel als vom Alten Testament. Offenbar empfinden sie das Attribut »alt« als abwertend. In der Geschichte der Bibelauslegung finden wir tatsächlich die Abwertung des Alten gegenüber dem Neuen. So wird dem Gesetz des alten Bundes das Neue Testament als neues Gesetz (*lex nova*) übergeordnet. Das Neue hebt das Alte auf, wie Jesus in der Bergpredigt erklärt: ›Ihr habt gehört, dass zu den Alten gesagt ist … Ich aber sage euch …‹ (Mt 5,21 f.). In derselben Bergpredigt sagt Jesus aber auch: ›Ihr sollt nicht meinen, dass ich gekommen bin, das Gesetz oder die Propheten aufzulösen; ich bin nicht gekommen aufzulösen, sondern zu erfüllen‹ (5,17). Luther erklärt: »Ich (= Jesus) will nicht ein anderes oder neues Gesetz bringen, sondern eben die Schrift, die ihr habt, nehmen und recht ausstreichen (= auslegen) und so handeln, dass ihr wisst, wie man's halten soll« (WA 32,356,16–18). Jesus erfüllt das Gesetz, indem er es neu auslegt, aber auch, indem er Gottes Willen in seinem Leiden und Sterben vollzieht (vgl. Joh 15,25; 18,9; 19,28.36).

Für Luther kam es nicht in Frage, das Neue Testament gegen das Alte auszuspielen, weil Gott in beiden Teilen der Bibel zu uns spricht und Christus in beiden die Mitte bildet. »Was Christum treibet«, ist der hermeneutische Schlüssel. Luther hat zwar das mittelalterliche Schema vom vierfachen Schriftsinn nach anfänglicher Übernahme verworfen, doch er legte viele Worte des Alten Testamentes weiterhin allegorisch auf Christus hin aus. Die wissenschaftliche Exegese kann ihm darin nicht folgen, doch in der christlichen Verkündigung wird mit Recht davon ausgegangen, dass die religiöse Sprache wie die poetische über den engen Wortsinn hinausweist und neue Bedeutung erschließt. Beim 23. Psalm, »Der Herr ist mein Hirte …«, können Christen sich den Guten Hirten von Joh 10 vorstellen, aber sie müssen es nicht, sie können auch an Jahwe denken, den Gott seines Volkes Israel. Er ist jedoch für Christen der Vater Jesu Christi, und das trennt uns von den Juden ebenso wie die Lehre von der Trinität. Luther meinte, die kirchlichen Dogmen von Christus und von der Trinität, die sich in den ersten fünf Jahrhunderten der Kirchen- und Dogmengeschichte entwickelten, schon im Alten Testament vorzufinden. Darin können wir ihm nicht folgen, und manche Streitpunkte zwischen christlichen und jüdischen Bibelauslegern haben sich durch die Bibelwissenschaft erledigt.

Wichtiger ist die enorme positive Bedeutung, die das Alte Testament für Luther hatte. Sie drückt sich nicht zuletzt in seinen langjährigen exegetischen Vorlesungen aus. Die erste überlieferte Vorlesung, die er 1514/15 in Wittenberg hielt, galt den Psalmen. Er kannte nicht das Ideal moderner wissenschaftlicher Exegese, die Texte so objektiv wie möglich aus ihrer Zeit heraus zu verstehen, sondern er durchdringt die Texte meditativ und lässt sich persönlich von ihnen so bewegen, dass die Vorlesung oft den Charakter einer Predigt oder auch eines Gebetes erhält. 1532 hielt Luther wieder eine Psalmenvorlesung, an deren Ende er meinte, die Psalmen enthielten eine Summe beinahe aller Artikel des christlichen Glaubens. Im Anschluss an diese Psalmenvorlesung begann er, über die Genesis zu lesen, was sich mit Unterbrechungen über die letzten zehn Jahre seines Lebens erstreckte. Der Umfang dieser letzten Vorlesung lässt erkennen, wie unerschöpflich Luther den Reichtum der Heiligen Schrift fand und wie unermüdlich er sich mühte, diesen Schatz zu heben. In der Hochschätzung des Alten Testamentes stimmte Luther mit Calvin und den anderen Schweizer Reformatoren überein. Die lutherische Orthodoxie des 16./17. Jahrhunderts und auch der Pietismus folgten ihm darin. In der Barockzeit zeigten die Theologen ein auffälliges Interesse am rabbinischen Schrifttum, das sie weitgehend positiv verarbeiteten, so dass von einer judenfreundlichen Tendenz gesprochen werden kann, die auf einem gemeinsamen Interesse an der Hebräischen Bibel und ihrer Sprache beruht.

Bei Friedrich Daniel Ernst Schleiermacher (1768–1834), einem Denker von großem Einfluss auf die gegenwärtige evangelische Theologie, zeigt sich dagegen eine deutliche Distanz zum Alten Testament. Er hielt als Professor in Halle und Berlin Vorlesungen über alle Gebiete der Theologie, nur nicht über das Alte Testament, das er im Gegensatz zum Neuen sah. Das Christentum sieht er »zwar in einem besonderen geschichtlichen Zusammenhange mit dem Judentum; was aber sein geschichtliches Dasein und seine Abzweckung betrifft, so verhält es sich zu Judentum und Heidentum gleich« (GL §12). Für ihn besteht also keine besondere Nähe zwischen Juden- und Christentum, vielmehr stellt er die Regel auf, dass für Christen dasjenige im Alten Testament den geringsten Wert hat, »was am bestimmtesten jüdisch ist« (ebd.). Christen müssen klar unterscheiden, was der Zeit der Verheißung – also dem Alten Testament – und was der Zeit der Erfüllung, dem Neuen Testament und damit dem eigentlich Christlichen zugehört. Das Judentum ist für Schleiermacher die Religion des Gesetzes, nicht des Geistes wie das Christentum. Wer das Alte Testament in christliches Denken einbezieht, öffne es für Gesetzlichkeit und Buchstabendienst. Schleiermacher war kein Antisemit, ihm ging es aus theologischen Gründen um die klare Unterscheidung des Christlichen vom Jüdischen.

Noch schärfer distanzierte sich der große liberale Theologe Adolf von Harnack (1851–1930) vom Alten Testament. Seiner Ansicht nach konnten die Reformatoren sich noch nicht vom Alten Testament lösen, aber dass es seit dem 19. Jahrhundert im Protestantismus weiter als kanonische Urkunde konserviert werde, sei die Folge einer religiösen und kirchlichen Lähmung. Eine nicht gelähmte, sondern lebendige Kirche müsste demnach seit 200 Jahren auf das Alte Testament als Teil der Heiligen Schrift verzichten. Die Judenfeindschaft der Nazis lag Harnack fern. Sein Sohn Ernst wurde als Widerstandskämpfer hingerichtet. Die NS-Ideologen und die ihnen nahestehenden »Deutschen Christen« verwarfen die Hebräische Bibel aus rassistischen Motiven. Alfred Rosenberg verkündete: »An die Stelle der alttestamentlichen Viehhändler- und Zuhältergeschichten werden die nordischen Sagen und Märchen treten.«

Nach dem Zweiten Weltkrieg entwickelten Alttestamentler Konzepte für positive Beziehungen zwischen beiden Testamenten, in denen sie das Verhältnis von Verheißung und Erfüllung, das bei Schleiermacher der Abgrenzung diente, positiv aufnahmen. Das Alte Testament ist die große Geschichte einer Bewegung von der Verheißung zur Erfüllung, wobei die Erfüllung immer offen bleibt auf die Zukunft hin. Erfüllung bedeutet also nicht, es bleibe nichts mehr zu hoffen, sondern sie geschieht auf neue Hoffnung hin. Dieses hermeneutische Modell ist nicht so gemeint, als sei die Verheißung nur dem Alten und die Erfüllung nur dem Neuen Testament zugeteilt. Vielmehr gehört beides in beide Testamente. Im Alten Testament wird zum Beispiel die Verheißung erfüllt, dass die Deportierten aus dem Exil in Babylon in ihre Heimat nach Jerusalem zurückkehren. Was Deuterojesaja ankündigt, erfüllt sich aber nur teilweise.

Die Urchristenheit lebte mit der Hebräischen Bibel und fand deren Verheißungen in Jesus erfüllt. Davon zeugen die vielen Hinweise: »auf dass erfüllt würde …«. Für Luther war es ebenso klar wie für die Urgemeinde, dass der Gottesknecht von Jes 53 Jesus ist. Schon der Finanzminister aus Äthiopien fragte, als er dieses Kapitel las: ›von wem redet der Prophet das, von sich selber oder von jemand anderem?‹, und natürlich deutete Philippus das Wort auf Jesus (Apg 8,34 f.). Heute wagt das kein wissenschaftlicher Exeget, aber es gibt auch keine andere sichere Erklärung. Die Deutung ist offen, und Christen dürfen in den Worten des zweiten Jesaja wiederfinden, was in Christus geschah. Wenn entsprechende Texte in der Passionszeit gelesen und der Predigt zugrunde gelegt werden, bestimmt der liturgische Kontext das Verständnis. Gleiches gilt zu Weihnachten. »Was der alten Väter Schar höchster Wunsch und Sehnen war und was sie geprophezeit, ist erfüllt in Herrlichkeit«, singen wir (EG 12,2), wissen aber, dass die Herrlichkeit in den Windeln eines Kindes und später am Kreuz verborgen ist. Dass die prophetischen Verheißungen sich in Christus erfüllten, ist nur dem Glauben einsichtig, der zugleich auf die Vollendung in der Zukunft hofft.

Geschaffen samt allen Kreaturen

Der Glaube an Gott, den Schöpfer und Erhalter des Lebens, verbindet Juden und Christen.

Im Kleinen Katechismus sagt Luther zum Schöpfungsglauben:

> »Ich glaube, dass mich Gott geschaffen hat samt allen Kreaturen,
> mir Leib und Seele, Augen, Ohren und alle Glieder,
> Vernunft und alle Sinne gegeben hat und noch erhält«.

Bemerkenswert ist hier erstens der persönliche Charakter des Bekenntnisses: *Ich* verdanke mein Leben dem Schöpfer. Zweitens gehöre ich in den großen Zusammenhang der Mitgeschöpfe. »Ich bin Leben, das leben will, inmitten von Leben, das leben will«, sagte Albert Schweitzer. Zu Luthers Zeit sprach noch niemand von Ökologie, und die Verbindung mit den anderen Geschöpfen gehörte ganz anders zum Alltag als heute. Uns macht die Umweltkrise bewusst, dass wir nur gemeinsam mit allen Kreaturen eine Zukunft haben. Was heißt in diesem Zusammenhang, dass Gott uns unser Leben (drittens) »gegeben hat und noch erhält«? Die Theologie spricht von der fortdauernden Schöpfung (*creatio continua*), um die Nachhaltigkeit des göttlichen Schaffens auszusagen. Gott hat seine Schöpfung den Menschen anvertraut (Gen 1,28) und sie damit für sie verantwortlich gemacht. Dass Gott die Erde samt den Tieren der Herrschaft des Menschen übergibt, hat dieser lange so missverstanden, als dürfe er die Schätze der Natur rücksichtslos ausbeuten und die Tiere selbstsüchtig dem Eigennutz opfern.

Seit den 80er Jahren des vorigen Jahrhunderts haben die Kirchen die Bewahrung der Schöpfung zusammen mit der Sorge um den Frieden und um soziale Gerechtigkeit auf ihre Tagesordnung gesetzt. Von der Vollversammlung des Ökumenischen Rates der Kirchen in Vancouver 1983 ging der »Konziliare Prozess für Gerechtigkeit, Frieden und Bewahrung der Schöpfung« aus, an dem der Erfurter Propst Dr. Heino Falcke maßgeblich beteiligt ist. Ein Schlüsselbegriff dieser Bewegung ist das hebräische Wort *Schalom*, das Frieden in einem umfassenden Sinn bedeutet und die drei Aspekte des Konziliaren Prozesses in ihrer Zusammengehörigkeit einschließt. Der Frieden ist überall bedroht, wo soziales Unrecht und Verweigerung der Menschenrechte Gewalt und Gegengewalt provozieren. Ebenso gefährdet der Raubbau in der Natur den Frieden, weil die natürlichen Ressourcen in ihrer Begrenztheit es nicht erlauben, dass ein Teil der Menschen diese Güter verschwendet, während den anderen das Nötigste fehlt. Diese Rücksichtslosigkeit ist nicht nur unmoralisch, sondern auch selbstzerstörerisch, denn die benachteiligten Menschen in Afrika, Asien und Lateinamerika sind immer weniger bereit, zugunsten der reichen Länder Verzicht zu üben.

Christen und Juden leben bis jetzt mehrheitlich in den reichen Ländern. Beide müssten von ihrem Glauben her Verbündete im Engagement für Gerechtigkeit, Frieden und die Schöpfung sein, und sie müssten für diese Aufgaben auch bei Muslimen Unterstützung finden. Der katholische Theologe Hans Küng bemüht sich mit seinem Projekt eines »Weltethos« darum, die verschiedenen, miteinander konkurrierenden religiösen Kräfte im Dienst für das weltweite Wohl zu vereinigen. Eine allen gemeinsame Grundlage sieht Küng in der auch für Luthers Ethik wesentlichen Goldenen Regel. Der Grundsatz, andere so zu behandeln, wie man selber behandelt werden möchte, muss auch für das Verhältnis der Religionen untereinander gelten. Dazu gehört, das 8. Gebot des Dekalogs zu beachten und die anderen nicht zu diffamieren, was oft aus Unkenntnis geschieht. Küng betont deshalb die Notwendigkeit des Dialogs, und ein solcher setzt solide Information voraus. Das Verhältnis von Christen und Juden ebenso wie das zum Islam wird jeweils von beiden Seiten durch Vorurteile und Pauschalisierungen belastet. Was ist spezifisch jüdisch, islamisch und christlich? Innerhalb des Judentums gibt es ebenso erhebliche Unterschiede wie im Islam und im Christentum. Dadurch verlieren allerdings die interreligiösen Differenzen nicht an Gewicht. Küng will keinem Synkretismus das Wort reden oder Konflikte verharmlosen, sondern er sucht nach Möglichkeiten, um gemeinsamer Ziele willen Gemeinsames zu entdecken und Gegensätze zu überbrücken.

Schalom

Ein gemeinsames Ziel besteht darin, dass alle in Frieden leben können. Luther nannte den zeitlichen Frieden das größte Gut auf Erden, das alle anderen zeitlichen Güter einschließt (Cl 4,155,16–18). »Es ist wohl ein halbes Himmelreich, wo Friede ist« (WA 31 I,202,11). »Wer zwei Kühe hat, soll eine dafür geben, dass der Friede erhalten wird. Es ist besser, eine im Frieden als zwei im Krieg zu besitzen. ›Es ist besser, eine Hand voll mit Ruhe als beide Hände voll mit Mühe und betrübter Seele‹, wie Pred.Sal.4,6 sagt« (WA 44,784,17–20). Für Frieden zu sorgen, ist die wichtigste Aufgabe der Regierenden. Das Alte Testament enthält bekanntlich wie der Koran auch anders lautende Texte, die zu Kriegen und grausamen Taten auffordern und davon berichten. Christen, Juden und Moslems haben im Lauf der Geschichte sich Texte ausgesucht, die das Abschlachten im Krieg rechtfertigten, und bis heute berufen islamistische Terroristen sich auf den Koran, während andere Moslems die Anschläge als Sünde verurteilen.

Luthers Wort von den beiden Kühen erinnert daran, dass der Frieden viel wert ist und dass wir bereit sein müssen, dafür etwas zu opfern. Frieden wird weltweit auf lange Sicht nur möglich sein, wenn die reichen Völker anders als bisher bereit sind, mit den anderen zu teilen. Im Nahen Osten kann Frieden nur einkehren, wenn die Palästinenser ebenso wie die Israelis sicher und frei leben können. Auf unserem Land liegt eine besondere Verpflichtung, dabei zu helfen, weil der Holocaust von hier ausgegangen ist. Wie solche Hilfe konkret geschehen kann, müssen die unmittelbar Betroffenen entscheiden, es darf nicht als Einmischung von außen her wahrgenommen werden. Deutschland hat in Europa Gewicht, und das Heilige Land liegt so dicht vor Europas Tür, dass sein Ergehen auch uns betrifft. Die Zukunft wird davon abhängen, ob es gelingt, die Extremisten beider Seiten zur Mäßigung zu bewegen und Kompromisse zu erzielen, mit denen alle leben können. Dabei ist der religiöse Faktor nicht zu unterschätzen. Wenn beide Seiten die religiösen Stätten für sich beanspruchen, ist Frieden nicht möglich. Das einst Abraham und seinen Nachkommen verheißene Land heute den Palästinensern wegzunehmen, ist ein Missbrauch biblischer Überlieferung, der Unfrieden stiftet. Gleiches gilt für Bestrebungen, den von den Römern zerstörten Tempel in Jerusalem wieder aufzubauen.

Frieden ist Gabe Gottes und zugleich Aufgabe der Menschen. ›Der Herr wird sein Volk mit Frieden segnen‹, sagt

Ps 29,11, und Ps 34,15 fordert auf: ›Suche den Frieden und jage ihm nach‹. Etwa 250-mal enthält die Hebräische Bibel das Wort *Schalom*, häufig in Verbindung mit Gerechtigkeit. ›Dass Gerechtigkeit und Friede sich küssen‹ mögen, erbittet der Beter von Gott (Ps 85,11) und erwartet er von denen, die ihn furchten, und Jesaja hofft auf eine Zeit, in der Frieden die Frucht der Gerechtigkeit sein wird (Jes 32,17). Zu Weihnachten wird in den Kirchen die Hoffnung verkündigt, die sich mit der Geburt des Kindes verbindet, das Friede-Fürst genannt wird und dessen Herrschaft groß werden soll ›und des Friedens kein Ende auf dem Thron Davids und in seinem Königreich, dass er's stärke und stütze durch Recht und Gerechtigkeit‹ (Jes 9,5 f.). Die Hoffnung auf Frieden schließt die Tierwelt ein: ›Da werden die Wölfe bei den Lämmern wohnen und die Panther bei den Böcken lagern. Ein kleiner Knabe wird Kälber und junge Löwen und Mastvieh miteinander treiben‹ (Jes 11,6).

›Aber die Gottlosen, spricht der Herr, haben keinen Frieden‹ (Jes 48,22; 57,21). Die Gottlosen sind nicht Atheisten im modernen Sinn, sondern Menschen, die leben, als gäbe es Gott nicht. Ihnen fehlt der innere Frieden, sie ›sind wie das ungestüme Meer, das nicht still sein kann und dessen Wellen Schlamm und Unrat auswerfen‹ (Jes 57,20). Großen Frieden haben dagegen diejenigen, die Gottes Gebot (*thora*) lieben (Ps 119,165). *Schalom* vereint äußeren und inneren Frieden, aber diese Verbindung fehlt oft im Leben. Jeremia beklagt, dass die Priester und Propheten lügen, ›indem sie sagen: Friede! Friede! Und ist doch nicht Friede‹ (6,14; 8,11). *Schalom* ist nur da, wo

Menschen auf Gottes Wort hören und danach leben. Zwar kann es den Gottlosen äußerlich gut gehen, sogar besser als den Frommen, beobachtet der Beter von Ps 73, aber zuletzt werden sie doch zunichte, und der Beter findet seine Freude darin, dass er sich trotz aller äußeren und inneren Not an Gott hält und seine Zuversicht auf ihn setzt.

Schalom kann auch die Gesundheit bedeuten, so Ps 38,4, wo der Beter beklagt, dass wegen seiner Sünden kein *Schalom,* nichts Gesundes, in seinen Gebeinen ist. Luther litt häufig unter Krankheiten, und er sprach aus Erfahrung, wenn er sagte, dass der innere Frieden auch bei einem äußeren Unglück wie Krankheit möglich ist (WA 12,519,35–38). Er macht sich Gedanken über Zusammenhänge zwischen Krankheit und geistlichen Anfechtungen. In einer Tischrede von 1533 erklärt er, seine Kopf- und Magenschmerzen seien nicht nur die Folge von zu viel Arbeit, sondern vor allem von »Gedanken in der Anfechtung« (Cl 8,58,2), und er fordert die anwesenden jungen Leute auf, sich vor der Traurigkeit zu hüten, weil Gott sie verboten habe und sie der Gesundheit schade. »Unser Herrgott hats befohlen, man soll fröhlich sein« (9). Unter der enormen beruflichen Belastung war es für Luther oft nicht leicht, fröhlich zu sein, zumal wenn zusätzlich Gicht, Nierensteine, Darmschwäche, Ischiasschmerzen und Herzschwäche ihm zusetzten. Er sah darin Satan am Werk, der sich nicht darauf beschränkt, ihn mit nur einer Krankheit zu quälen, sondern mit mehreren zugleich (Cl 8,200,2; 1538).

»Hauptsache gesund!« – diese moderne Losung hätte Luther ferngelegen. »Hauptsache Schalom!«, könnte er sagen, weil darin zeitliches und ewiges Heilsein eine Einheit bilden. Unbekannt war ihm und den Menschen seiner Zeit die Anspruchshaltung, die Gesundheit als schuldige Leistung der Medizin erwartet und mit Anwälten droht, wenn diese Erwartung nicht erfüllt wird. Mit dem Juden Jesus Sırach (38,1) fordert er dazu auf, den Stand der Ärzte zu ehren, der »ein nützlicher, tröstlicher, heilsamer Stand, dazu ein angenehmer Gottesdienst sei, von Gott geschaffen und gestiftet« (WA 30 II,580,29 f.). Übrigens bezieht Sirach den Apotheker in dieses Lob ein, und heute ist das ganze Spektrum der Heilberufe entsprechend zu würdigen. Jüdische und christliche Ärzte und Wissenschaftler haben viel dazu beigetragen, die Schulmedizin auf ihr heutiges hohes Niveau zu bringen, und ständig entwickeln Frauen und Männer, deren geistige Wurzeln in den verschiedensten Religionen, Weltanschauungen und Kulturen liegen, neue Möglichkeiten, um Krankheiten zu besiegen und Schmerzen zu lindern. Damit steigen aber auch die Kosten derartig, dass die Frage der Finanzierbarkeit zum ethischen Problem wird und die Gefahr wächst, dass nicht alle hilfsbedürftigen Menschen die Segnungen der Medizin in gleichem Maße empfangen. Wie kann die Ökonomisierung der Medizin durch ihre Humanisierung korrigiert werden? *Schalom* ist notwendig und umso eher möglich, je mehr Menschen in ihrer Religion die Verpflichtung zu Gerechtigkeit, Frieden und Bewahrung der Schöpfung erkennen und entsprechend handeln.

Kapitel 12

Luther und die Musik

Musik ist für Luther eine Gabe Gottes, die von allen Künsten der Theologie am nächsten steht, denn Gott teilt das Evangelium auch durch die Musik mit. Sie ist eine »Herrin und Lenkerin der menschlichen Affekte« (WA 50,371,2) und die beste Erquickung für gestresste Menschen. Luther schätzt die Musik also nicht nur wegen ihrer Bedeutung für den Gottesdienst, sondern auch im humanistischen Sinn als natürlichen, dem Menschen anvertrauten und für die Bildung wichtigen Schatz. Er war selber musikalisch und hatte auch eine musiktheoretische Ausbildung genossen, denn die Musik gehörte zu den »sieben freien Künsten«, die in der unteren Stufe des akademischen Studiums, der Artistenfakultät, gelehrt wurden. Als Schüler sang er in der Kurrende, und auch im Kloster übte er den Gesang. Musik empfand er als wohltuend, und er betont, dass Musik die Seelen fröhlich macht und negative Gefühle und Gedanken vertreibt. Dabei hat er David vor Augen, der mit seinem Harfenspiel den bösen Geist von König Saul vertreibt (1Sam 16,23). Der Teufel will keine Musik hören (Cl 8,29,20), jedenfalls keine fröhliche, denn er ist ein Geist der Traurigkeit. Musik macht das Herz bereit, Gottes Wort zu hören, und sie wirkt zugleich als Medium dieses Wortes.

Luther erkannte deshalb früh die Notwendigkeit, evangelisches Liedgut zu schaffen. Nahm die Gemeinde im Mittelalter überwiegend passiv am Gottesdienst teil, sollte sie jetzt das Priestertum aller Glaubenden auch durch den Gesang praktizieren, in dem sie Gott das Lobopfer des Dankes und der Anbetung darbringt, den gemeinsamen Glauben bekennt und damit auch anderen verkündigt. Die Ausbreitung der Reformation erfolgte durch das gedruckte, gepredigte und nicht zuletzt durch das gesungene Wort. Dazu trug Luthers Zusammenarbeit mit dem Torgauer Kantor Johann Walter (1496–1570) erheblich bei, der schon 1524 ein evangelisches Chorgesangbuch mit vier- bis fünfstimmigen Sätzen herausgab und den Reformator nicht nur musikalisch beriet, sondern auch mit ihm musizierte und berichtet, dass Luther nicht genug singen und sich darüber freuen konnte.

Luther ermunterte seine Mitarbeiter schon 1523, evangelische Lieder zu dichten. Ab 1524 erschienen zahlreiche Gesangbücher, an denen Luther maßgeblich beteiligt war. Eine der Ersten, die Luthers Initiative durch eigene Liedschöpfungen unterstützten, war die 19-jährige Elisabeth Cruciger, geb. von Meseritz (1505–1535), eine Freundin Katharina Luthers und wie diese als Nonne einem Kloster entflohen. Das Evangelische Gesangbuch enthält ihr Lied »Herr Christ, der einig Gotts Sohn« von 1524 (EG 67). Luthers Freund Justus Jonas steuerte ein Lied zu Ps 124 bei (EG 297), das Luther um zwei Strophen erweiterte. Paul Speratus (1484–1551) folgte Luthers Aufruf mit dem Lied »Es ist das Heil uns kommen her« (EG 342), dem der für die Reformation zentrale Text Röm 3,21–28 zugrunde liegt, ein Lied über die Rechtfertigung durch Glauben. Dem gleichen Thema widmet Luther sein Lied »Nun freut euch, lieben Christen g'mein« (EG 341). In den deutschsprachigen evangelischen Gesangbüchern steht er bis heute mit der Zahl der von ihm gedichteten und zum großen Teil auch vertonten Lieder bei Weitem an der Spitze, sogar vor dem barocken Lutheraner Paul Gerhardt (1607–1676), dessen Lieder heute bekannter und beliebter sind als die meisten Lieder Luthers.

Singen und Sagen

Eins der populärsten Lieder Luthers ist das Weihnachtslied »Vom Himmel hoch da komm ich her« (EG 24), in dem der Engel die »gute Mär« der Weihnachtsbotschaft verkündet: »der guten Mär bring ich so viel, davon ich *singen und sagen* will«. Alle geistlichen Lieder sagen in der Form des Gesangs, »was Gott an uns gewendet hat« (EG 341,1). Indem die Gemeinde singt, eignet sie sich die Inhalte der Verkündigung an und sagt sie weiter. Die Lieder der Reformatoren erklangen auch außerhalb der Gottesdienste in Wohnungen und Werkstätten, auf Äckern und Märkten. Luther lag daran, dass die Lieder nicht nur inhaltlich die biblische Wahrheit angemessen ausdrücken, sondern dass sie auch sprachlich verständlich und gut singbar sind. Dafür müssen Texte und Melodien zusammenpassen, die Melodien dürfen nicht falsche Betonungen der Wörter verursachen. Thomas Müntzer, der wie Luther auch lateinische Gesänge ins Deutsche übertrug, hat nach Luthers Meinung die Stimmigkeit von Texten und Melodien verfehlt, aber auch seine eigenen Lieder erfüllen diese Forderung nicht immer.

500 Jahre nach der Reformation hat sich die deutsche Sprache so verändert, dass weder Luthers Bibel noch seine Lieder vollständig im originalen Wortlaut übernommen werden können. Jede Zeit nimmt ihre Anpassungen vor, die mitunter nicht nur der Entwicklung des Hochdeutschen Rechnung tragen. So formulierte Luther im Lied »Ach Gott vom Himmel sieh darein«, das den 12. Psalm auslegt: »Gott woll' *ausrotten* alle gar, die falschen Schein uns lehren«. Ps 12,3 sagt: ›Der Herr wolle ausrotten alle Heuchelei‹. In EG 273,3 haben die Herausgeber Luthers Text gemildert: »Gott wolle *wehren* allen gar, die falschen Schein uns lehren«. Der Wunsch, dass Gott die Feinde ausrottet, findet sich zwar in der Bibel, aber die heutige Gemeinde kann ihn sich nicht zu eigen machen. Die Reformatoren befanden sich in einer Situation des Kampfes um Leben und Tod. Anlass für das erste, 1523 von Luther gedichtete Lied war der Märtyrertod zweier evangelischer junger Männer in Brüssel.

Das bekannteste Lied Luthers dürfte »Ein feste Burg ist unser Gott« (EG 362) sein. Die Entstehungszeit ist umstritten, aber sie liegt zwischen dem Bauernkrieg 1525 und dem Augsburger Reichstag 1530, und es spricht viel für das Jahr 1527. In diesem Jahr entstand eine Schrift, in der sich Luther mit der Abendmahlslehre der Schweizer Reformierten auseinandersetzt und die zahlreiche Formulierungen enthält, die sich auch im Lied von der festen Burg finden. Luther fühlte sich äußerlich und innerlich bedrängt, und 1527 erlitt er so schwere Herzanfälle, dass er mit dem Tod rechnete. Bald danach brach die Pest über Wittenberg herein. Während die Universität nach Jena flüchtete, blieb Luther in Wittenberg, litt aber an Depressionen und bangte um seine Familie, die zu wachsen begann, nachdem 1526 der erste Sohn geboren war. Private und dienstliche Sorgen belasteten ihn, und mit dem Lied des Vertrauens auf Gott als feste Burg sprach er sich selbst Mut zu. Auch wenn die Entstehung des Liedes nicht bestimmten datierbaren Ereignissen zugeordnet werden kann, steht dahinter auf jeden Fall die Erfahrung schwerer äußerer und innerer Kämpfe und die Zuversicht: »… das Reich muss uns doch bleiben«.

Heute leiden weltweit Millionen Christinnen und Christen unter Verfolgungen, äußeren und inneren Nöten, während wir im Land der Reformation Frieden und Wohlstand genießen. Niemand will uns wegen unseres Glaubens »den Leib, Gut, Ehr, Kind und Weib« nehmen (EG 362,4). Unsere Not liegt im Desinteresse der meisten Menschen am Evangelium, nicht in der grausamen Rüstung, mit der Luther sich vom Teufel bedroht sah. Wir fürchten eher die grausame Rüstung der Atommächte, der wir uns hilflos ausgeliefert fühlen. Was bei Luther in seiner Situation von Kampf und Bedrängnis glaubwürdig wirkt, gerät bei uns unter den Verdacht eines unehrlichen Pathos. Im Evangelischen Gesangbuch steht das Lied unter der Rubrik »Angst und Vertrauen«. Das Vertrauen richtet sich auf Christus, der für uns streitet, nicht auf protestantische Tapferkeit, und das Lied ist nicht geeignet, konfessionelles Selbstbewusstsein zu demonstrieren. Im

19. und 20. Jahrhundert wurde das Lied dazu missbraucht, Protestantismus und Nationalismus zu vermischen. So zeigte eine Zeitung zum Reformationsfest 1917 das Bild vorwärtsstürmender Soldaten mit der Unterschrift: »Und wenn die Welt voll Teufel wär«, und es folgt ein Gedicht mit der Strophe

> »Vierhundert Jahre! Luther lebet!
> Zuschanden wird der Feinde Spott!
> Sein Glaube in uns wirkt und webet:
> ›Ein feste Burg ist unser Gott‹«. (Lu 2002,89)

So wurde das Lied vom geistlichen Kampf zur Durchhalteparole in einem sinnlosen Krieg verfälscht.

»Erhalt uns, Herr, bei deinem Wort und steu'r des Papsts und Türken Mord« (vgl. EG 193), heißt ein anderes Kampflied Luthers, das er angesichts verstärkter Bedrohung durch die Türken 1543 dichtete. Dieses Lied breitete sich schnell aus, und es gehörte bald zu den bekanntesten Liedern Luthers, aber es stieß auch teilweise auf Bedenken im evangelischen Lager, weil es provozierend wirkte, den Papst zusammen mit den Türken des Mordes zu bezichtigen. Der evangelische Rat der Stadt Nürnberg verordnete deshalb 1548 zu singen: »Erhalt uns, Herr, bei deinem Wort und wehr des Satans List und Mord« (LuJ 2008,159). Die Textänderungen zeigen, dass konkrete, in einer bestimmten Situation entstandene Aussagen beim Singen wie bei anderen Medien der Kommunikation Schwierigkeiten bereiten können, wenn sich die Situation verändert. 1547 hatten die Protestanten den Schmalkaldischen Krieg verloren und mussten dem Kaiser Zugeständnisse machen. Soll man den Sieger durch provozierende Lieder reizen? Die Nürnberger entschieden sich für eine unpolitische Formulierung, die theologisch korrekt war.

1983 erlebten meine Frau und ich anlässlich des Luther-Jubiläums, wie ein Lied Johann Walters politische Brisanz gewann. Peter Schreier gab im Theater von Eisleben ein Konzert mit Liedern der Reformation. In der vordersten Reihe saßen die führenden Genossen der SED und hörten, wie Schreier mit blitzenden Augen sang: »Wach auf, wach auf, du deutsches Land, du hast genug geschlafen. Bedenk, was Gott an dich gewandt, wozu er dich erschaffen!« (vgl. EG 145). Schreier konnte durch das Lied etwas sagen, was ohne dieses Medium nicht aussagbar gewesen wäre. Ob die Hörer sich das sagen ließen, ist freilich fraglich. Sie entschärften den Anspruch des Liedes durch den Gedanken, es handle sich nur um kulturelles Erbe. Dass sie »genug geschlafen« hatten, wurde sechs Jahre später offenkundig, als die Wahrheit nicht länger unterdrückt werden konnte.

Das damals am häufigsten gesungene Lied Luthers war die nach einem mittelalterlichen liturgischen Gesang geschaffene Strophe »Verleih uns Frieden gnädiglich« (EG 421). »Keine Gewalt!«, hieß eine Parole der Friedlichen Revolution von 1989, und es trug sicher zum unblutigen Verlauf des Untergangs der DDR bei, dass die Menschen in den Friedensgebeten sich seelisch dafür stärkten, gewaltfrei für die notwendigen Änderungen einzutreten.

Gemeinschaft erfahren

Heute wird die Musikkultur in starkem Maß durch die rasante Entwicklung der elektronischen Medien bestimmt, durch die Musik zu einem stets verfügbaren Konsuminhalt geworden ist. In Luthers Zeit konnten die meisten Menschen das natürliche Bedürfnis nach Musik nur befriedigen, indem sie selber sangen, und das geschah oft gemeinsam. Dem modernen Individualismus kommen die neuen Möglichkeiten, Musik je für sich zu hören, entgegen. Typisch dafür ist der Kopfhörer, der nicht nur die Aufzeichnungen eines transportablen Tonträgers hörbar macht, sondern die Person zugleich gegen die Geräusche der Außenwelt abschirmt. Der Rückzug in den individuellen Musikkonsum zeigt aber nur eine Seite der Medaille. Auf der anderen Seite steht das Bedürfnis nach Gemeinschaft, das sich bei den Auftritten berühmter Bands und großer Sängerinnen und Sänger zeigt. Die Begeisterung für die Musik und deren Interpreten wird durch das gemeinsame Erlebnis oft rauschhaft verstärkt.

In der ökumenischen Gemeinschaft von Taizé zeigt sich, dass solches Erlebnis ohne unnatürliche, das Gehör schädigende Lautstärke und ohne Nachahmung der jeweils neusten Stilrichtung möglich ist. Tausende überwiegend junge Leute singen unermüdlich die schlichten, eingängigen Lieder, die sich aus der französischen Gemeinschaft in alle Welt ausgebreitet haben. Diese Lieder strahlen Ruhe aus, und sie kommunizieren in knapper Form wesentliche Inhalte des christlichen Glaubens, die allen Konfessionen gemeinsam sind.

Luther konnte solche Gemeinsamkeit nicht einmal im eigenen Lager voraussetzen. Seine Lieder drücken häufig die Sehnsucht nach »einerlei Sinn« aus. Im Lied »Erhalt uns Herr bei deinem Wort« bittet er: »Gott Heilger Geist, du Tröster wert, gib dein'm Volk einerlei Sinn auf Erd« (EG 193,3). Das Pfingstlied »Nun bitten wir den Heiligen Geist« enthält die Bitte, »dass wir uns von Herzen einander lieben und im Frieden *auf einem Sinn bleiben*« (EG 124,3). Die gemeinsam gesungene Bitte stärkt die Gemeinschaft. Im Pietismus kam diese Gemeinschaft stiftende Kraft des Gesangs stark zur Geltung. August Hermann Francke hielt seit 1698 in seinem Pfarrhaus in Glaucha bei Halle private Singstunden, aus denen sich nach dem Bau des Waisenhauses öffentliche Veranstaltungen entwickelten, so dass eine neue Form gemeinsamer Erbauung entstand. Gemeinsamer Gesang wurde mit Bibelauslegung verbunden, das »Singen und Sagen« bildete eine öffentliche Andacht zusätzlich zu den liturgisch gestalteten Gottesdiensten. Dabei wurde unter anderem das besonders von Franckes Schwiegersohn Johann Anastasius Freylinghausen (1670–1739) neu geschaffene pietistische Liedgut eingeübt. Nach dem Umzug aus dem Pfarrhaus in einen Saal des Waisenhauses nahmen 500 bis 600 oder sogar mehr Personen an den zweimal wöchentlich stattfindenden Singstunden teil, die nach späterem Sprachgebrauch Bibelstunden zu nennen wären. In einer Psalmauslegung zieht Francke eine Linie aus vom Musizieren mit drei Instrumenten zum Wort Jesu: ›Wo zwei oder drei versammelt sind in meinem Namen, da bin ich mitten unter ihnen Mt 18,20‹. So ist Jesus mitten unter uns, wenn die äußerliche Musik sich mit dem von Herzen kommenden Lob Gottes verbindet.

Zinzendorf lernte in Halle die Singstunden kennen und machte sie in Herrnhut zu einem wesentlichen Bestandteil des Gemeindelebens. Die Einheit von Singen und Sagen prägte das Selbstverständnis der Brüdergemeine, die als Gemeinschaft von Brüdern und Schwestern lebt. Sie bringt ihre Verbundenheit untereinander sowie mit dem gemeinsamen Herrn singend zum Ausdruck, und zugleich stärkt das Singen die Gemeinschaft. Für Zinzendorf waren die Singstunden nach der Feier des Heiligen Mahles die wichtigste Veranstaltung der Gemeinde. Viele Lieder schuf er dafür selber, oft spontan mitten in der Versammlung. Er legte Wert darauf, dass die Geschwister die Lieder auswendig lernen, weil sie so besser »von Herzen« erklingen können, aber auch, damit sie das Leben im Alltag begleiten und bestimmen.

Singen als Ausdruck und Stärkung geistlicher Gemeinschaft ist eine Frucht der Reformation, von der auch die katholische Kirche zehrt. Zugleich ist gemeinsames Singen ein Kulturgut, das durch den passiven Musikkonsum zu verkümmern droht. Typisch ist die Situation bei Beerdigungen. Je mehr aktive Christinnen und Christen teilnehmen, desto stärker wird die Atmosphäre durch den gemeinsamen Gesang geprägt, der Glauben, Liebe und Hoffnung bezeugt und Trost vermittelt. Der Gesang hebt die Sprachlosigkeit auf, die den einzelnen Trauernden zu lähmen droht. Damit kommt das allgemeine Priestertum zur Wirkung, und der Glaube der Gemeinschaft trägt die Einzelnen. Die Gemeinschaft nimmt nicht nur am Leid der vom Tod Betroffenen teil, sondern sie teilt auch mit ihnen den Trost des Evangeliums, der im Singen und Sagen zum Ausdruck kommt. Voraussetzung dafür ist die Fähigkeit und Bereitschaft der Anwesenden, in dieser Weise ihre Anteilnahme zu bekunden. Wenn außer der Pastorin kaum jemand mitsingt, wirkt das eher peinlich als tröstend. Weithin ist das Singen so aus der Übung gekommen, dass die Leute sich genieren, in den Gesang einzustimmen, auch wenn sie musikalisch genug sind, sich zu beteiligen. Wenn Sportler bei einem internationalen Wettkampf die von einer Kapelle intonierte Nationalhymne nicht mitsingen, fragt man sich, ob sie ihre Verbundenheit mit der Nation nicht bezeugen wollen oder es nicht können. Dieselbe Frage stellt sich, wenn am Heiligen Abend viele Anwesende selbst die bekanntesten Weihnachtslieder nicht mitsingen.

Luther schreibt in der Vorrede zum letzten in seiner Lebenszeit erschienenen Gesangbuch: »Gott hat unser Herz und Mut fröhlich gemacht durch seinen lieben Sohn, welchen er für uns gegeben hat zur Erlösung von Sünden, Tod und Teufel. Wer solches mit Ernst glaubt, der kann's nicht lassen, er muss fröhlich und mit Lust davon singen und sagen, dass es andere auch hören und herzukommen« (WA 35,477, 6–9). Die Pflege der Kirchenmusik durch die Gemeindeglieder ist ein Zeichen für die Lebendigkeit der evangelischen Gemeinde. Seit dem 19. Jahrhundert entwickelte sich eine reiche evangelische Musikkultur in gemischten Chören, Kinderchören, Posaunenchören und anderen Instrumentalgruppen. Die von Luther beschriebene theologische Motivation verbindet sich mit anderen ebenfalls sinnvollen Gründen zur Beteiligung: Freude an der Musik, Erfahrung von Gemeinschaft. Vielfältige Angebote umfassen ein breites Spektrum von anspruchsvollen Aufführungen auf hohem künstlerischem Niveau bis zu vollständig von Amateuren dargebotener Begleitung von Gottesdiensten und Geburtstagsständchen. In vielen Gemeinden sind Kirchenmusiken – abgesehen von der Christvesper – die am besten besuchten Veranstaltungen. Umso wichtiger ist es, im kirchlichen Haushalt angemessene Beträge für die Kirchenmusik einzuplanen.

Das neue Lied

»Ein neues Lied wir heben an«, so beginnt das erste von Luther geschaffene Lied. Die Rede vom neuen Lied stammt aus Ps 98,1: ›Singt dem Herrn ein neues Lied, denn er tut Wunder‹. Was er unter diesem Wunder versteht, besingt Luther in seinen Liedern, zum Beispiel in dem von ihm mit einer fröhlichen Melodie versehenen Lied:

> »Nun freut euch, lieben Christen g'mein und lasst uns
>   fröhlich springen,
> dass wir getrost und all in ein mit Lust und Liebe singen,
> was Gott an uns gewendet hat und seine süße Wundertat;
> gar teu'r hat er's erworben« (EG 341,1).

Es folgt das persönliche Zeugnis vom Heilsweg aus der Verlorenheit des Menschen in der Sünde zum barmherzigen Handeln Gottes in Jesus Christus, der sich für ihn gab, um ihn in ein neues Leben zu führen zu Gottes Lob und Ehren. Im Weihnachtslied (EG 24,1) bringt der Engel »gute neue Mär«. »Gute Nachricht« heißt griechisch *euangélion*, Evangelium. Ein neues Lied wird gesungen, wenn das Evangelium erklingt. Die »gute neue Mär« von Bethlehem ist im 21. Jahrhundert eine seit Langem bekannte Nachricht, die nie veraltet, aber immer neu in ihrer Aktualität weitergesagt werden muss. Entsprechend hat auch das neue Lied eine alte Botschaft zu verkündigen. Es muss erkennbar sein, dass das Neue mit dem Alten übereinstimmt. Für Luther war die Kontinuität mit der Urchristenheit und den Kirchenvätern wichtig. Was die katholische und die orthodoxe sowie die anglikanische Kirche durch eine angeblich lückenlose Kette der Bischöfe gewährleisten wollen, muss die evangelische Kirche durch eine Kontinuität der Lehre und des Bekenntnisses erreichen. Diese Kontinuität wird in starkem Maß durch den Rückgriff auf die Tradition in den Gesangbüchern gewonnen. Trotz aller Änderungen bei der Auswahl der Lieder und Gebete und trotz aller Modernisierungen bleibt ein Kernbestand der Glaubenssubstanz erhalten, mitunter auch dadurch, dass Anpassungen an den Zeitgeist wieder rückgängig gemacht werden. Der Einfluss der Gesangbücher auf die Frömmigkeit ist allerdings rückläufig, seit sie kaum noch in Hausandachten Verwendung finden und in vielen Familien gar nicht mehr vorhanden sind, zumal man sie in jeder Kirche vorfindet.

Luther schuf einige Lieder, indem er deutsche mittelalterliche Gesänge erweiterte oder lateinische Hymen übersetzte, während bei anderen Liedern die Texte und Melodien ganz von ihm stammen. Es ging ihm darum, der Gemeinde für alle wichtigen Themen und Anlässe Lieder zur Verfügung zu stellen, die in der Heiligen Schrift verwurzelt und gut singbar sind. Lieder sind ein hervorragendes Medium für die Kommunikation des Evangeliums, und Luther fand in seinen Texten und Melodien angemessene Formen für dieses Medium. Es spricht für die Qualität seiner Schöpfungen, dass einige von ihnen bis heute in den Gemeinden lebendig sind. Die »gute neue Mär« wird in ihnen durch allen Wandel der Zeiten hindurch weitergesagt.

Sie bedarf aber immer wieder neuer Ausdrucksformen, um als gute Nachricht erkennbar zu bleiben. Das gilt in der pluralistischen Gesellschaft stärker als in Luthers Zeit. Heute spricht kein Musikstil alle Menschen an. Missionarisch orientierte und besonders mit jungen Leuten arbeitende Experten kritisieren, unsere Kirche sei zu sehr auf Bach und Schütz festgelegt, während die meisten Menschen in unserem Land Popmusik hören wollen, Rock oder Heavy Metal, Blues oder Swing, und wie die Richtungen sonst heißen. Es ist nicht möglich, allen Erwartungen gerecht zu werden, weil diese zu unterschiedlich oder sogar gegensätzlich sind. Ein wichtiges Kriterium ist die Singbarkeit der Lieder. In dieser Hinsicht darf Luthers Erbe keineswegs preisgegeben werden. Wenn die Musik durch elektronische Verstärkung so laut schallt, das sie jeden Gesang übertönt, stimmt etwas nicht, und das gilt auch für zu lautes Orgelspiel. Die Gemeinde darf nicht musikalisch entmündigt werden. Sie braucht qualifizierte

Fachleute, die haupt- oder nebenamtlich für ein gutes Niveau der Kirchenmusik sorgen und ihre wichtigste Aufgabe darin sehen, möglichst viele Gemeindeglieder für aktive Mitwirkung zu gewinnen.

Kapitel 13

Die letzten Dinge

So unterschiedlich die Themen der Lieder Luthers sind, nehmen doch die meisten Bezug auf den Tod und seine Überwindung durch Christus. »Was kann euch tun die Sünd und Tod?«, fragt er im Weihnachtslied »Vom Himmel kam der Engel Schar« (EG 25,4). Sünde und Tod haben ihren Schrecken verloren, denn im Glauben an Jesus gilt: »Ihr habt mit euch den wahren Gott«. Hier klingt Röm 8,31 an: ›Ist Gott für uns, wer kann wider uns sein?‹ Im Osterlied »Christ lag in Todesbanden« (EG 101) erscheint das drastische Bild, dass »ein Tod den andern fraß«. Dahinter steht 1Kor 15,54: ›Der Tod ist verschlungen vom Sieg‹. Durch seinen Tod und seine Auferstehung beseitigte Christus den ewigen Tod. »Das Leben behielt den Sieg, es hat den Tod verschlungen«.

Von der Bereitung zum Sterben

»Mitten wir im Leben sind mit dem Tod umfangen«, heißt eines der Lieder, die Luther aus dem Mittelalter übernahm und ergänzte (EG 518). »Mitten in dem Tod anficht uns der Hölle Rachen. Wer will uns aus solcher Not frei und ledig machen? Das tust du, Herr, alleine«, so beginnt die zweite Strophe. Damit ist das Entscheidende gesagt: Der Glaube lenkt den Blick weg von den Schrecken des Todes hin zu Christus, in dem uns Gott nicht als strafender Richter, sondern als barmherziger Heiland begegnet. Luther teilt mit den Menschen des Mittelalters das Wissen um die Nähe des Todes. Es gab eine ganze Literaturgattung, die sich diesem Gedanken und damit der Vorbereitung auf ein seliges Sterben widmete, die *ars moriendi*, Kunst des Sterbens. 1519 verfasst Luther auf Wunsch eines der Räte Friedrichs des Weisen eine Schrift in dieser Tradition, den »Sermon von der Bereitung zum Sterben«. Zuerst empfiehlt er, die äußeren Dinge zu regeln und die Beziehungen zu den Mitmenschen in Ordnung zu bringen. Sodann ist der Tod als neue Geburt zu betrachten. Wie die Geburt aus der Enge des Mutterleibes in diese weite Welt hinausgeführt hat, so öffnet sich nach der Angst (Enge!) des Todes »ein großer Raum und Freude« (StA 1,232,33 f.).

Zur Vorbereitung auf die letzte Reise empfiehlt Luther die Beichte, das Abendmahl und die Letzte Ölung (heute Krankensalbung genannt), die er seit 1520 nicht mehr als Sakrament anerkannte. Ohne Glauben nützen die Sakramente nicht. In der Sicht des Glaubens helfen sie, die erschreckenden Bilder des Todes, der Sünde und der Hölle zu vertreiben, die der Teufel uns aufdrängen will. Die negativen Gedanken sollen rechtzeitig im Leben bedacht werden, nicht aber zur Unzeit. Wenn der Tod naht, sollen wir »nur das Leben, Gnade und Seligkeit vor Augen haben« (234,28 f.). »Du musst den Tod in dem Leben, die Sünde in der Gnade, die Hölle im Himmel ansehen …

Denn Christus ist nichts als nur Leben« (235,28 f.41). Auf sein Kreuz soll der Blick sich richten, durch das er die Sünde wegnimmt und zum Bild des Lebens und der Gnade gegen die Bilder des Todes und der Sünde wird. Es fällt auf, wie stark Luther die Bilder und das Schauen betont, während er an anderen Stellen den Vorrang des Hörens unterstreicht. Hier folgt er der *ars moriendi*, die empfiehlt, den Sterbenden das Bild des Gekreuzigten vor Augen zu halten. Er meint aber auch das geistige Sehen, die »selige Schau« (*visio beata*), von der der Kirchenvater Augustin sprach.

Als sinnlich wahrnehmbares Zeichen der Nähe und Gnade Gottes dienen die Sakramente. »Dazu wirst du durch dieselben Sakramente eingeleibt und vereinigt mit allen Heiligen und kommst in die rechte Gemeinschaft der Heiligen, so dass sie mit dir in Christo sterben, (die) Sünde tragen, (die) Hölle überwinden« (239,16–19). Zwar muss jeder seinen eigenen Tod sterben, wie Luther am Anfang der berühmten Invokavit-Predigten 1522 betont, aber der und die Glaubende ist dennoch im Tode nicht allein, sondern durch die glaubend empfangenen Sakramente Glied der tragenden Gemeinschaft. Besonderen Wert legt Luther auf das Heilige Abendmahl, in dem »Gemeinschaft, Hilfe, Liebe, Trost und Beistand aller Heiligen in allen Nöten« zugesagt wird (241,43 f.). Wer an Gott glaubt, ist an seinem Ende von Scharen der Engel und Heiligen umgeben, die ihn in ihre Mitte aufnehmen. Weil Glauben keine Leistung des Menschen, sondern Gottes Gabe ist, müssen wir ihn darum bitten. Statt uns vor dem Tod so sehr zu fürchten, sollen wir »allein seine Gnade preisen und lieben, denn die Liebe und das Lob erleichtert das Sterben gar sehr« (243,33 f.).

Die Vorbereitung auf den Tod soll beginnen, wenn das Sterben noch nicht in Sicht ist, zumal niemand den Zeitpunkt kennt. Eine besondere Gelegenheit, mitten im Leben an den Tod zu erinnern, bieten die Beerdigungen. Von Luther sind vier Leichenpredigten überliefert, von denen er je zwei anlässlich der Bestattung Friedrichs des Weisen 1525 und seines Nachfolgers Johann 1532 hielt. Damit beginnt die Gattung der evangelischen Leichenpredigt, die ihre größte Verbreitung im Barockzeitalter fand. Viele tausend dieser Predigten wurden gedruckt, teils um die Verstorbenen zu ehren, teils um den Hinterbliebenen zur Erbauung und zur Vorbereitung auf ihren eigenen Tod zu dienen. Luther predigte über den Auferstehungstext 1 Thess 4,13–18 und konzentrierte sich auf die darin bezeugte Hoffnung. Er würdigte die Kurfürsten, denen er viel verdankte, mit wenigen, aber herzlichen Worten. Sein Freund Spalatin berichtet, der Reformator habe bei der Beerdigung des Kurfürsten Johann geweint wie ein Kind, und er begründete auch in der Predigt das Recht, über den Verlust eines lieben Menschen zu trauern. Das stoische Ideal der Unerschütterlichkeit ist ihm »im Grunde eine gemachte Tugend und erdichtete Stärke, die Gott nicht geschaffen hat, ihm auch gar nicht gefällt« (WA 36,238,22). Der natürlichen Trauer wird als Trost die Hoffnung der Auferstehung entgegengesetzt. Für den Glauben ist es viel gewisser, »dass Herzog Hans von Sachsen wieder hervorkommen wird aus dem Loch und viel schöner als die Sonne jetzt ist, denn dass er hier vor unseren Augen liegt«

(250,20). Vom Leichnam weg ist der Blick auf Christi Tod und Auferstehung zu richten. In dieser Perspektive wird der physische Tod zum »Kindersterben« und zum Schlaf. »Die getauft sind, schlafen in Christo« (263,12). »Wir sollen uns im Glauben üben und gewöhnen, den Tod zu verachten und als einen tiefen, starken, süßen Schlaf anzusehen, den Sarg nicht anders als unsers Herrn Christus Schoß oder Paradies, das Grab für nichts anderes als ein sanftes Ruhebett zu halten; wie es denn vor Gott in Wahrheit so ist« (WA 35,478,13–17).

»Den Tod verachten« heißt nicht, ihn aus dem Bewusstsein zu verdrängen oder die Auseinandersetzung mit ihm so lange wie möglich zu vermeiden. Nur in der Sicht des Glaubens gilt für Luther: »Der Tod ist mein Schlaf worden« (EG 519,1), auf den das Erwachen zum ewigen Leben folgt. »Der Christ schläft im Tode und geht dadurch ins Leben. Aber der Gottlose geht vom Leben und fühlt den Tod ewiglich; wie wir denn sehen, dass etliche zittern, zweifeln und verzagen, unsinnig und toll werden in Todesnöten. Darum heißt auch der Tod in der Schrift ein Schlaf. Denn gleichwie der nicht weiß, wie ihm geschieht, der einschläft und es ist unversehens morgens, wenn er aufwacht, so werden wir plötzlich auferstehen am Jüngsten Tage, dass wir nicht wissen, wie wir in den Tod und durch den Tod gekommen sind« (WA 17 II,235,13–20). Für Luther ist der Unterschied zwischen dem physischen und dem geistlichen Tod wesentlich. Nur den physischen Tod kann er »verachten«, das heißt für harmlos halten im Vergleich zu dem Tod, der ewig von Gott trennt.

Im Bewusstsein des modernen Menschen hat sich das

Schwergewicht vom metaphysischen auf den physischen Tod verschoben. Unser Thema ist die Lebenskunst statt der Sterbekunst. Wir können uns freilich nicht der Tatsache verschließen, dass jedes Leben mit dem Tod endet. Wie sieht eine Lebenskunst aus, die das Sterben als Bestandteil des Lebens einbezieht? Unter dem Aspekt von Gesetz und Evangelium wurden dazu bereits einige Gedanken geäußert (s. Kapitel 5). Die moderne Medizin hat so grandiose Erfolge im Kampf gegen die Krankheiten erzielt und so sehr zur erhöhten Lebenserwartung beigetragen, dass die Bereitschaft, den Tod als natürliches Ende anzunehmen, geschwunden ist. An die Stelle der Vorbereitung auf ein seliges Sterben ist die Sorge getreten, im Sterbeprozess quälenden Maßnahmen der Apparatemedizin ausgeliefert zu sein, die den müden Menschen nicht einschlafen lassen. Liegt keine eindeutige Patientenverfügung vor, sehen die Ärzte sich gezwungen, das letzte Leiden zu verlängern, um nicht in rechtliche Schwierigkeiten zu geraten. Das humane Bemühen, Menschen auf dem letzten Lebensabschnitt die bestmögliche Hilfe zu leisten, wendet sich so gegen die Betroffenen.

Das Leben behielt den Sieg

Das Bild vom Schlaf übernimmt Luther aus 1Thess 4,13. Bei der Leichenpredigt für Kurfürst Johann erklärt er, verglichen mit dem einzigartigen Tod Jesu sei der Tod aller anderen Menschen nur ein Schlaf, bei dem lediglich ein Teil des Menschen stirbt (Cl 7,406,32). In der Luther-Forschung ist umstritten, ob der Reformator die Unsterblichkeit der Seele annimmt, wie es schon die Kirchenväter im Anschluss an Platon taten. Luther denkt nicht in philosophischen Kategorien, sondern in biblischen Bildern. Entsprechend dichtet der Melanchthonschüler Johann Schalling (1532–1608):

> »Ach Herr, lass dein lieb' Engelein an meinem End die Seele mein
> in Abrahams Schoß tragen. Der Leib in seim Schlafkämmerlein
> gar sanft ohn ein'ge Qual und Pein ruh bis zum Jüngsten Tage.
> Alsdann vom Tod erwecke mich, dass meine Augen sehen dich
> in aller Freud, o Gottes Sohn …« (EG 397,3).

Das Bild vom Engel, der die Seele in Abrahams Schoß trägt, stammt aus dem Gleichnis Jesu Lk 16,22. Johann Sebastian Bachs Johannespassion klingt mit dieser Strophe aus.

Wenn die Verstorbenen schlafen, existieren sie irgendwie. Im Gegensatz zur katholischen Kirche verwerfen die Reformatoren den Gedanken, auf das Schicksal der Verstorbenen durch Seelenmessen oder Ablass Einfluss nehmen zu können. Sie wussten sich aber mit der »seligen Schar« der schon Vollendeten verbunden. Diese Verbindung geriet in der evangelischen Frömmigkeit weithin in Vergessenheit. Bei Luther bleibt die irdische Kirche mit der himmlischen verbunden. So bezeugt er von einem verstorbenen Mitarbeiter, dass dieser »selig ist und das ewige Leben und ewige Freude hat in der Gemeinschaft Christi und der himmlischen Kirche, in der er jetzt das lernt, sieht und hört, was er hier in der Kirche nach Gottes Wort dargelegt hat« (WA 53,400,14–19). Die Auferstehung zum ewigen Leben tritt also mit dem Tod ein und das Bild vom Schlaf ist nicht zeitlich zu verstehen, da der Tod für die Betroffenen Raum und Zeit aufhebt.

Zeugnisse des Glaubens an die Auferstehung sind heute auf den Friedhöfen und in den Todesanzeigen selten geworden, besonders in Ostdeutschland, und leider ist der Befund auf evangelischen Friedhöfen ärmlicher als auf katholischen. Hinterbliebene evangelischer Konfession scheuen sich eher, ihren Glauben sichtbar zu bekennen. Andererseits besteht bei vielen Menschen das Bedürfnis, ihre Verbundenheit mit den Verstorbenen zu demonstrieren. Oft werden in Todesanzeigen die Verstorbenen angesprochen: »Deine Kinder …« unterzeichnen. Die verstorbene Person wird als geistig gegenwärtig vorgestellt. Ein Weiterleben nach dem Tod macht man vom Gedenken der noch Lebenden abhängig: »Tot ist nur, wer vergessen ist«, heißt es. Andererseits findet die Reinkarnationslehre viel Zustimmung, wenn auch in einer von ihren fernöstlichen Ursprüngen abgewandelten Form. In jedem Fall setzt sie voraus, dass die Seele weiterlebt. Diese Lehre entspricht der Tatsache, dass niemand sich vorstellen kann, nicht mehr zu existieren.

Das Verlangen, sich etwas vorzustellen, das das menschliche Vorstellungsvermögen übersteigt, führt schon in der Bibel dazu zur bildhaften Sprache. So gebraucht Paulus in 1Kor 15,42–44 das Bild von Saat und

Ernte: ›Es wird gesät verweslich und wird auferstehen unverweslich. Es wird gesät in Niedrigkeit und wird auferstehen in Herrlichkeit. Es wird gesät in Armseligkeit und wird auferstehen in Kraft. Es wird gesät ein natürlicher Leib und wird auferstehen ein geistlicher Leib‹. Nach Joh 12,24 wendet Jesus dieses Bild auf sich selbst an. ›Wenn das Weizenkorn nicht in die Erde fällt und erstirbt, bleibt es allein; wenn es aber erstirbt, bringt es viel Frucht‹. Kontinuität und neue Schöpfung drückt dieses Bild gleichermaßen aus. Der vergängliche Leib ist Gottes Saatgut für das unvergängliche Leben. Der natürliche Leib verwest wie das Saatkorn in der Erde, doch der Schöpfer lässt daraus in der Auferstehung einen geistlichen Leib hervorgehen, eine neue Lebensform, die dem materialistischen Denken als Phantasie gilt. Die irdische Schöpfung ist nach Luther »Material für Gott zu ihrer zukünftigen Herrlichkeitsgestalt« (WA 39 I,177,5 f.).

Die natürliche Analogie wird gern für ein säkularisiertes Verständnis der Auferstehung aufgenommen. Berühmtestes Beispiel ist Goethes Osterspaziergang im Faust:

> »Jeder sonnt sich heute so gern.
> Sie feiern die Auferstehung des Herrn;
> Denn sie sind selber auferstanden:
> Aus niedriger Häuser dumpfen Gemächern,
> Aus Handwerks = und Gewerbesbanden …«

Die Analogie kann als Anknüpfung für die analogielose Botschaft von der Auferstehung Jesu dienen, in der die christliche Hoffnung begründet ist. Enger ist mit dieser

Hoffnung eine andere Analogie verbunden, nämlich das in der Taufe vollzogene Töten des alten und Auferstehen des neuen Menschen. Nach Luthers Erklärung im Kleinen Katechismus bedeutet die Wassertaufe, »dass der alte Adam in uns durch tägliche Reue und Buße soll ersäuft werden und sterben mit allen Sünden und bösen Lüsten, und wiederum täglich herauskommen und auferstehen ein neuer Mensch, der in Gerechtigkeit und Reinigkeit vor Gott ewiglich lebe«. Röm 6,4 erklärt, dass wir durch die Taufe mit Christus begraben sind, um so, wie er auferweckt wurde, in einem neuen Leben zu wandeln. Die im Glauben erfahrbare Auferstehung aus dem Tod der Sünde eröffnet die Hoffnung auf die zukünftige Auferstehung der Toten und das ewige Leben. Im Glauben gilt schon jetzt: ›Ist jemand in Christus, so ist er eine neue Schöpfung; das Alte ist vergangen, siehe, Neues ist geworden‹ (2Kor 5,17). Wer an Jesus glaubt, *hat* das ewige Leben (Joh 5,24). Die Hoffnung auf den zukünftigen endgültigen Sieg des Lebens erwächst aus dem Glauben an den, der der Weg, die Wahrheit und das Leben ist (Joh 14,6).

Luther stellte sich das Himmelreich anschaulich vor. In einer Tischrede wird erzählt, er sei gefragt worden, ob in jenem Leben auch Hunde und andere Tiere sein würden. Luther habe geantwortet: Ja, freilich, denn Gott wird eine neue Erde und einen neuen Himmel schaffen, auch Hunde mit goldenen Haaren und Loden von Edelsteinen. »Da wird keiner den andern fressen, wie Kröten, Schlangen und dergleichen giftige Tiere, die um der Erbsünde willen hier vergiftet und schädlich sind. Alsdann werden sie uns nicht allein unschädlich, sondern auch lieblich, lustig und angenehm sein, dass wir werden mit ihnen spielen« (TR 1, Nr. 1150). Luther bezieht sich auf biblische Verheißungen, geht aber in märchenhafter Ausschmückung über sie hinaus. Wesentlich ist, dass in der neuen Welt Gottes die für die ganze Schöpfung schädlichen Folgen der Erbsünde aufgehoben sind. In der gegenwärtigen Welt müssen die Tiere unter der menschlichen Sünde leiden und ein Teil von ihnen schadet dem Menschen, der die Disharmonie in Gottes guter Schöpfung verschuldet hat.

Die Vorstellung von Hunden mit goldenen Haaren ist kein Inhalt der Verkündigung, sondern ein Beispiel dafür, wie die persönliche Frömmigkeit sich eine Hoffnung ausmalen und mit ihr spielen kann. Ein solches Gedankenspiel ist auch die Vorstellung vom himmlischen Garten, die in Liedern Paul Gerhardts zum Ausdruck kommt: »… Freude die Fülle und selige Stille hab ich zu warten im himmlischen Garten, dahin sind meine Gedanken gericht'« (EG 449,12).

»Welch hohe Lust, welch heller Schein wird wohl in Christi Garten sein …«. Das beliebte Sommerlied »Geh aus mein Herz und suche Freud« (EG 503) lenkt den Blick von der Freude an der irdischen Welt auf die neue Schöpfung, deren Glanz in das gegenwärtige Leben strahlt und die Bitte auslöst: »Mach in mir deinem Geiste Raum, dass ich dir werd ein guter Baum und lass mich Wurzel treiben. Verleihe, dass zu deinem Ruhm ich deines Gartens schöne Blum und Pflanze möge bleiben«.

Ein anderes Gedankenspiel ist die Vorstellung vom Wiedersehen im Reich Gottes. Jesus stellte auf eine provozierende Frage der Sadduzäer hin klar, dass die Auferstehung keine Fortsetzung des irdischen Lebens, sondern eine neue Existenzweise bringt (Mt 22,23–33). Bei Lukas heißt es: ›Gott ist nicht ein Gott der Toten, sondern der Lebenden; denn in ihm leben sie alle‹ (20,38). Abraham, Isaak und Jakob leben nach ihrem leiblichen Tod durch die Auferstehung bei Gott, sie existieren in ihm, und das gilt für alle, die mit Paulus hoffen, ›dass das Sterbliche verschlungen werde vom Leben‹ (2Kor 5,4). Aus dieser Hoffnung lässt sich nicht ableiten, dass die Auferstehung ein großes Wiedersehen mit den Menschen bringt, von denen wir hier Abschied nehmen mussten, aber die Vorstellung ist erlaubt, dass aller Trennungsschmerz aufgehoben wird, alle Rätsel sich lösen. Die Offenbarung des Johannes spricht vom neuen Jerusalem, von der Hütte Gottes bei den Menschen. ›Und er wird bei ihnen wohnen, und sie werden sein Volk sein, und er selbst, Gott mit ihnen, wird ihr Gott sein; und Gott wird abwischen alle Tränen von ihren Augen, und der Tod wird nicht mehr sein, noch Leid noch Geschrei noch Schmerz wird mehr sein, denn das Erste ist vergangen‹ (Offb 21,3 f.).

Der liebe Jüngste Tag

Luther hielt seine Zeit für die Endzeit der Geschichte, und er rechnete mit der baldigen Wiederkunft (Parusie) Christi. Sein Freund Michael Stiefel, Mathematiker und Pfarrer in Lochau (heute Annaburg) im Kurkreis errechnete den 19. Oktober 1533 als Tag der Parusie und geriet unter Druck, weil Gemeindeglieder wegen seiner Vorhersage ihre Arbeit vernachlässigten. Luther lehnte Stiefels Berechnung ab, zumal Jesus sagte, dass niemand als allein Gott der Vater Tag und Stunde der Parusie kennt (Mt 24,36), doch er legte beim Kurfürsten Fürsprache ein, um Stiefel vor dem Gefängnis zu bewahren. Gern wird Luther das Wort in den Mund gelegt: »Wenn ich wüsste, dass morgen die Welt untergeht, würde ich doch heute mein Apfelbäumchen pflanzen«. Zwar lässt sich dieser Spruch bei ihm nicht nachweisen, doch gibt er seine Einstellung gut wieder. Von einer Reise nach Eisenach schreibt er am 16. Juli 1540 seinem »Liebchen«, der »gnädigen Jungfer Katharin Lutherin«, er und seine Freunde seien gottlob frisch und gesund, »fressen wie die Böhmen (doch nicht sehr), saufen wie die Deutschen (doch nicht viel), sind aber fröhlich«. Dann klagt er über unerträgliche Hitze und Dürre und seufzt: »Komm, lieber Jüngster Tag. Amen« (Cl 6,417 f.). Freude am Leben mit einer Prise Galgenhumor und die Sehnsucht nach der Ewigkeit gehen ineinander über. In seinen letzten Lebensjahren litt er stark unter verschiedenen Krankheiten und unter der übermäßigen Arbeitslast, und in seinem Verlangen nach Ruhe konnte er erklären: »Ich habe genug gelebt, Gott beschere mir ein selig Stündlein, darin der faule unnütze Madensack unter die Erde komme zu seinem Volk und den Würmern zuteil werde« (Brecht 3,233). Das schreibt der 60-jährige Reformator, der trotz aller körperlichen Beeinträchtigungen rastlos tätig bleibt.

Er versteht das ganze Leben als die praktische Konsequenz aus der Taufe, die sich erst im Tod vollendet: »Die geistliche Geburt, die Mehrung der Gnade und Gerechtigkeit hebt wohl an in der Taufe, währt aber auch bis in den Tod, ja bis an den jüngsten Tag, da wird allererst vollbracht, was die Taufhebung (d. h. das Heben aus dem Taufwasser) bedeutet, da werden wir vom Tod, von den Sünden, von allem Übel aufstehen, rein an Leib und Seele, und dann ewiglich leben« (StA 1,260,42–261,3). Der Jüngste Tag fällt für den einzelnen Menschen mit seinem Tod zusammen. Unter universalem Aspekt bringt er das Gericht und die neue Schöpfung. Die Erwartung des Gerichtes war ein wesentlicher Impuls für Luthers Theologie, die als seelsorgerliche Antwort darauf verstanden werden kann. Im Glauben an Christus hat das Gericht seinen Schrecken verloren, aber es erinnert auch den glaubenden Menschen daran, dass er Gott Rechenschaft schuldet.

Im Laufe der Kirchengeschichte brach immer wieder das Bedürfnis auf, den Termin des Jüngsten Tages vorherzusagen, um den wiederkommenden Christus gut vorbereitet zu empfangen. Wie bei Michael Stiefel erwies jede Berechnung sich als falsch. Bestimmte Erscheinungen in der Natur und Ereignisse der Geschichte wurden mit biblischen Aussagen in Verbindung gebracht und daraus Zeitangaben abgeleitet. Nicht wenige Menschen fühlen sich dadurch angezogen, einer auserwählten Gruppe anzugehören, die über ein exklusives Wissen verfügt. Heute ist keine Esoterik nötig, um apokalyptische Bilder zu entwerfen. Nüchterne Analysen zeigen, wie bedroht die Menschheit durch ihre eigenen Errungenschaften ist. Sahen die Menschen sich in Luthers Zeit und bis hinein in die Moderne den schicksalhaften Katastrophen wie Seuchen und Hungersnöten hilflos ausgesetzt, kann heute der Mensch sich selber die Lebensgrundlagen entziehen und die Schöpfung durch Massenvernichtungswaffen auslöschen. Soll sich das Jüngste Gericht als Selbstvernichtung des Menschen vollziehen? Mit dem »lieben Jüngsten Tag« hat eine solche Vorstellung nichts zu tun. Als Luthers Schüler Erasmus Alber dichtete »Ach lieber Herr, eil zum Gericht!« (EG 6,5), bezog er sich auf das Kommen des Menschensohnes, wie Dan 7,13 f.27 es verheißt: Der Menschensohn wird kommen und sein Reich aufrichten, und alle Mächte werden ihm dienen und gehorchen. Die Bitte aus dem Vaterunser »Dein Reich komme« wird erfüllt.

In der Erwartung des »lieben Jüngsten Tages« kommt die Hoffnung zum Ausdruck, dass die Zukunft Gott gehört und wir daran teilhaben dürfen. Zukunft heißt in der Sicht des christlichen Glaubens, dass Gott in Christus auf uns zukommt und wir in ihm wie in einer festen Burg geborgen sind. Aus dieser Geborgenheit heraus können wir aktiv und zuversichtlich in die Zukunft gehen. Eins der beliebtesten geistlichen Lieder der Gegenwart aus der Feder von Klaus Peter Hertzsch ermuntert dazu:

»Vertraut den neuen Wegen, auf die uns Gott gesandt!
Er selbst kommt uns entgegen, die Zukunft ist sein Land.
Wer aufbricht, der kann hoffen in Zeit und Ewigkeit.
Die Tore stehen offen. Das Land ist hell und weit« (EG 395,3).

Das Lied lebt von Metaphern und Bildern, die der Heiligen Schrift entstammen. In der ersten Strophe wird von Gottes Bogen gesprochen, der leuchtend am Himmel stand, nämlich nach der Sintflut, als Gott seinen Bund mit Noah schloss (Gen 9,13). Seitdem »sind Menschen ausgezogen in das gelobte Land«, allen voran Abraham (Gen 12,1), der Vater des Glaubens. Worin die neuen Wege konkret bestehen, »auf die der Herr uns weist« (Strophe 1), und worin sie sich von alten Wegen unterscheiden, bleibt offen, und auch am Ziel stehen die Tore offen. Vermutlich fasziniert gerade diese Offenheit, die Raum für Deutungen lässt. Entscheidend ist, dass die Menschen gesegnet sind, die sich von Gott führen lassen und darauf vertrauen, dass er ihnen entgegenkommt und dass die Zukunft sein Land ist, »hell und weit«.

Nachwort

Auf welche neuen Wege weist der Herr die evangelische Kirche 500 Jahre nach der Reformation? Das »Impulspapier« der Evangelischen Kirche in Deutschland (vgl. Kapitel 1) will unter dem Leitmotiv »Kirche der Freiheit« zu vielfachen Aufbrüchen ermuntern und gibt anspruchsvolle, zumeist erstrebenswerte Ziele vor. Allerdings wirken die gestellten Aufgaben eher überfordernd als entlastend und befreiend. Die Erinnerung an die Reformation ermutigt dagegen zur Gelassenheit: »Das sollen wir wissen, dass all unser Schirm und Schutz allein in dem Gebet steht« (BSLK 669,18–20). Diese Gelassenheit ermöglichte den für Luther typischen Humor trotz der enormen Belastungen, denen er ausgesetzt war. Den Sinn einer Reformations- oder Lutherdekade sehe ich darin, nach dem bleibenden theologischen Erbe der Reformation zu fragen und Übereinstimmung nicht nur im ökumenischen Feld, sondern auch innerhalb des Protestantismus hinsichtlich der unaufgebbaren alten Wahrheit zu suchen.

Neu bricht die der Reformation noch fremde Frage auf, wie evangelische Freiheit sich angesichts der Abhängigkeit von der Macht der Medien, insbesondere der des Internets und des Kapitals zu bewähren hat und welche Konsequenzen sich aus der rasanten Entwicklung der Medizin am Anfang und Ende des Lebens ergeben. Worin bestehen angesichts dieser Veränderungen die neuen Wege, »auf die der Herr uns weist«? Bedrängend ist die ökonomische Abhängigkeit der Kirche. In Ostdeutschland nimmt die Zahl der Gottesdienste vor allem im ländlichen Raum rapide ab, weil aus finanziellen Gründen viele Pfarrstellen gestrichen wurden und in den schrumpfenden Gemeinden immer weniger Menschen an den Gottesdiensten teilnehmen. Ehrenamtliche Prädikantinnen und Lektoren können die Lücken bisher nicht schließen.

So zentral die Freiheit für Luther war, steht in seinem Kirchenverständnis doch ein anderes Attribut im Vordergrund: Kirche muss Kirche des Wortes Gottes sein. Daraus ergibt sich für Luther, was Freiheit konkret heißt. Eine Kirche, die Freiheit proklamiert, hat sie darin zu beweisen, dass sie sich dafür frei zeigt, die notwendigen Veränderungen im eigenen Haus vorzunehmen. Notwendig ist nicht Zentralisierung und Bürokratisierung, sondern deren Gegenteil.

Die gegenwärtig weltweit am stärksten wachsenden Kirchen sind die Pfingstkirchen. Sie sind theologisch mit den Gruppen verwandt, die Luther als »Schwärmer« heftig bekämpfte. Er konnte sich mit ihnen nicht verständigen, weil ihr Verhältnis zur Heiligen Schrift zu unterschiedlich war. Heute gestalten sich die Beziehungen zu den Pfingstkirchen und anderen charismatischen Gruppen außerhalb der Konfessionskirchen immer noch schwierig, weil sie sich äußerst vielfältig darstellen und über wenig organisierte Strukturen und repräsentative Sprecher verfügen. Für die Zukunft der Ökumene ist es aber sehr wichtig, diese Kirchen und Gemeinschaften für den Dialog und die Zusammenarbeit zu gewinnen, so wie das der katholischen Kirche mit ihren entsprechenden Gruppen weitgehend gelungen ist.

Dürfte ich mir ein Merkmal für die Kirche der Zukunft wünschen, so wäre es die Hoffnung. Wenn Menschen, die nicht in und mit der Kirche leben, nach Katastrophen in ihr Trost suchen, dann brauchen sie das Wort der Hoffnung. Ohne sie kann kein Mensch leben. In der Hoffnung öffnet der Glaube den Weg in die Zukunft: »Die Tore stehen offen. Das Land ist hell und weit«. Die Liebe ist das Medium der Hoffnung, nur durch die Sprache der Liebe lässt sie sich mitteilen, ebenso wie der Glaube. Deshalb nennt Paulus die Liebe das größte unter den drei Dingen, die bleiben, während alles andere vergeht: Glaube, Hoffnung, Liebe (1Kor 13,13).

Abkürzungsverzeichnis

Brecht	Martin Brecht, Martin Luther, 3 Bde., 2. Aufl., Stuttgart 1983–1987
BSLK	Die Bekenntnisschriften der evangelisch-lutherischen Kirche, Göttingen 1955[2]
Cl	Luthers Werke in Auswahl. Unter Mitwirkung von Albert Leitzmann hrsg. von Otto Clemen, Berlin 1950
Ebeling, WuG	Gerhard Ebeling, Wort und Glaube, 3. Bde., Tübingen 1975
EG	Evangelisches Gesangbuch, Berlin/Leipzig 1993
GG	Grundgesetz der Bundesrepublik Deutschland
GL	Friedrich Schleiermacher, Der christliche Glaube nach den Grundsätzen der Evangelischen Kirche im Zusammenhange dargestellt, Berlin 1861
Krimm II	Quellen zur Geschichte der Diakonie, hg. von Herbert Krimm, Stuttgart 1963
LDStA	Martin Luther Lateinisch-Deutsche Studienausgabe. Hrsg. von Wilfried Härle, Johannes Schilling, Günther Wartenberg unter Mitarbeit von Michael Beyer, 3 Bde., Leipzig 2006–2009
Licht	Benedikt XVI., Licht der Welt. Der Papst, die Kirche und die Zeichen der Zeit. Ein Gespräch mit Peter Seewald, Freiburg 2010

LuJ	Lutherjahrbuch. Organ der internationalen Lutherforschung. Hrsg. im Auftrag der Luther-Gesellschaft, Göttingen
Luther	Zeitschrift der Luther-Gesellschaft. Hrsg. von Johannes Schilling
Melanchthon	Melanchthon deutsch, hg. von M. Beyer, St. Rhein, G. Wartenberg, Bd. I, Leipzig 1997
StA	Martin Luther Studienausgabe. Hrsg. von Hans-Ulrich Delius, 5 Bde., Berlin/Leipzig 1979–1992
TRE	Theologische Realenzyklopädie
WA	Martin Luther, Werke. Kritische Gesamtausgabe (Weimarer Ausgabe)
WA TR	Weimarer Ausgabe Tischreden

Elke Strauchenbruch
Luthers Kinder

208 Seiten | 13,5 x 19 cm
Hardcover mit zahlr. Abb.
ISBN 978-3-374-02812-2
EUR 14,80 [D]

Weder Pest noch Standesunterschiede hielten Luther davon ab, eine »wunderlich gemischte Schar aus jungen Leuten, Studenten, jungen Mädchen, Witwen, alten Frauen und Kindern« aufzunehmen. Mit Humor, Liebe und Nervenstärke erzogen er und seine Frau Katharina von Bora sechs eigene und zahlreiche andere Kinder von Verwandten und Freunden.

Die Historikerin Elke Strauchenbruch erzählt vom Familienleben im Hause Luther und berichtet, was aus den Kindern des großen Reformators wurde, der die »Kleinen« für die »größte und schönste Freude im Leben« hielt.

EVANGELISCHE VERLAGSANSTALT
Leipzig   www.eva-leipzig.de

Tel +49 (0) 341/ 7 11 41-16   vertrieb@eva-leipzig.de

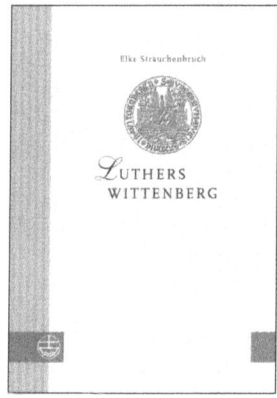